シリーズ＝怪獣化するプラットフォーム権力と法 II巻

プラットフォームと権力

How to tame the Monsters

石塚壮太郎 Sotaro Ishizuka 編

本講座の刊行にあたって

「近代」なる時代が前提にしてきた「人間の秩序」は、決して所与のものではない。むしろある時代には、「神の秩序」にこそ圧倒的な所与性があった。ルネサンスを一つの画期に、人間は、自らに宿る理性を究極の権威として「神の秩序」に挑み、幾度も血を流しつつも、神ではなく人間を中心とした「人間の秩序」を獲得していったのである。

この近代的秩序の重要な守護者が、リヴァイアサン、すなわち主権国家であった。

この〈怪獣〉の暴力性は、憲法によって管理されながら、主として秩序破壊者に対し向けられ、そうして、種々の課題を抱えながらも、近代というパラダイムは数百年（仮にヴェストファーレン条約を起点とするならば約３５０年以上）に亘り維持されてきたといってよい。

しかし、人工知能（ＡＩ）を中心としたInformation Technologyが急速な発展を遂げたいま、リヴァイアサンに対抗するもう一つの〈怪獣〉が現れた。ＧＡＦＡＭ（Google、Amazon、Facebook〔Meta〕、Apple、Microsoft）に代表されるメガ・プラットフォームである。もちろん、これまでもリヴァイアサンに影響を与えるグローバルな主体は存在したが、一主権国家の人口を遥かに超える数のユーザーをもち、その包括的な生活基盤（インフラ）として機能する主体は歴史上存在してこなかったように思われる。しかもそこでは、各ユーザーの行動および精神は、膨大なデータに基づき全面的に把握・管理され、情報・コンテンツの個別的で選択的なフィードにより効果的に形成・誘導される。ある国際政治学者の言葉を借りれば、メガ・プラットフォームは、これまでのグローバル企業とは「まったく別次元」の存在なのである（イアン・ブレマー）。

実際、仮想的存在でもある彼らは、物理的障壁をすり抜けて国家の領土奥深くにまで侵入し、国家の権力行使のありようをコントロールし始めているだけでなく、情報戦・認知戦の「戦場」として、国家間の戦争や安全保障のありようをもコントロールし始めている。かくして、かつて絶対的な権力を誇ったリヴァイアサンは、このもう一つの〈怪獣〉によって既にその手足を縛られているようにも思われる。実際、彼らのその比類なき地政学的影響力のために、主要国首脳会議（G7）のような国際会議にもプラットフォーム企業の「首脳」が列席するようになり、リヴァイアサンらによる国際的なルール形成に実質的な影響力を与えるようになってきている（渡辺淳基「AIルール動かすのは『G11』 G7と肩を並べた巨大IT企業たち」朝日新聞デジタル2023年6月11日）。

思えば、教会や諸侯といった他の権力を抑え込むことで誕生した近代の主権国家体制において、〈怪獣〉として存在してよいのはリヴァイアサンだけであった。しかしいま、急成長する情報技術、とりわけAIの力を背景に、それとは異なる〈怪獣〉が再び姿を現し、リヴァイアサン一強を前提とした近代的法システムを強く揺さぶり始めている。それは、リヴァイアサンの力（主権＝法）によって維持されてきた「人間の秩序」の危機ともいえるだろう。リヴァイアサンの力を制御する憲法の存在と実践により我々が辛うじて支えてきた自由で民主的な秩序の命運は、いまやリヴァイアサンとは異なるこのもう一つの〈怪獣〉の手に握られている。が、それにもかかわらず、この〈怪獣〉を統制する理論と技術を、我々は未だ十分に知らないからである。

「怪獣化するプラットフォーム権力と法」と題する本講座は、グローバルなメガ・プラットフォームを、海獣リヴァイアサンと二頭一対の陸獣として旧約聖書（ヨブ記40－41章）に描かれる「ビヒモス」に喩えて、リヴァイアサンとビヒモスの力の対抗と、その制御のあり方を法学的に検討し、自由と民主主義の行く末を展望しようとするものである。その検討には、この二対の〈怪獣〉がもつ力の本質や正統性、それぞれが発する「法」（法／アルゴリズムまたはコード）の本質や正統性、「人間の秩序」と「アルゴリズムの秩序」の本質や正統性などに関する根源的な問いも含まれるはずである。

――ビヒモス。周知のとおり、晩年のトマス・ホッブズもまた、リヴァイアサンに挑戦し、その手から主権を奪おうとする権力的存在を、この異形の〈怪獣〉に擬えた（ホッブズ〔山田園子訳〕『ビヒモス』〔岩波書店、２０２２年〕）。もっとも、ホッブズがそこで念頭に置いていたのは、イングランド内戦時（１６４０年～50年代）に世俗の王権（チャールズ1世）に反逆した長老派聖職者や教皇主義者、そして彼らに協力した議会派であり、現在のメガ・プラットフォームとは大きく異なる。しかし、内戦時、長老派聖職者らが、説教により人民（demos）の良心を操作して反逆へと駆り立て、政治的分断や混乱を惹起することでリヴァイアサンを動揺させた点において、メガ・プラットフォームと共通する要素を見出すこともできる。現代の〈ビヒモス〉もまた、偽・誤情報や誹謗中傷を広く流通・拡散させるアルゴリズムによって人民の良心を操作し、分断や混乱を惹起することでリヴァイアサンをすくみあがらせているからである。ビヒモスという歴史ある比喩を借りることを、ホッブズもきっと許してくれるだろう。

　もっとも、ホッブズがリヴァイアサンに制圧されるべき内乱勢力としてビヒモスを徹底して暗く描いたのに対して、本講座は全体として、ビヒモスの位置付けについてより自由な立場をとる。確かに欧州連合（ＥＵ）は、情報技術が加速するなかにあっても、主権はなお人民の同意により設置される「国家」が保持すべきとの考えに立ち、「デジタル主権」なる標語の下、一般データ保護規則（ＧＤＰＲ）やデジタルサービス法（ＤＳＡ）といった立法を通じてビヒモスの力を抑制しようと試みている。しかし、それは「国家」に一応の信頼が置かれているからで、軍事政権下にあるアジアの国などでは、むしろビヒモス（ＧＡＦＡＭ）

こそが自由と民主主義の旗手のように見えるかもしれない。また、各領土において、リヴァイアサンが絶対的権力をもち、領土を超越した——リヴァイアサン間の争いを調停する——メタ的な権力主体を想定し得ない近代主権国家体制は、国際的平面においては「自然状態」を帰結するため、グローバルな課題に対処するには不都合であり、かつまた、戦争なるものを究極的に防ぐことができない。このように近代主権国家体制の限界を強調するならば、国家を股にかけるグローバルな権力主体としてのメガ・プラットフォームに一定の期待を寄せるという考えも成り立ち得よう。かくして本講座は、ビヒモスに対しリヴァイアサンが完全勝利するというホッブス的帰結を、各執筆者に、また読者諸氏に強制するものではない。

かように、本講座は「リヴァイアサン vs. ビヒモス」に関するあらゆる考察を受容するが、次のような認識については多くの執筆者が共有しているものと考える。それは、ビヒモスとその支配形式であるＡＩ・アルゴリズムが、「人間の秩序」を一部代替しつつあり、我々はいまやリヴァイアサンの力、リヴァイアサンの法だけを見ていればよいというわけにはいかなくなった、ということである。我々は、ビヒモスの力、ビヒモスの「法」（アルゴリズムまたはコード）にも目配せしながら、二つの権力主体の対抗関係に学問的関心を向けなければならない。これは、近代の伝統的な法学からは大胆な提案であろうが、その意義が歴史的に証明される日は、近い将来必ず来るように思われる。

各巻では、リヴァイアサンとビヒモスとの相克・協働、そこでの問題点やあるべき姿が描かれる。第Ⅰ巻『プラットフォームと国家——How to settle the battle of Monsters』（山本龍彦編集代表／ポリーヌ・トュルク、河嶋春菜編）では、欧州連合の「デジタル主権」など、ビヒモスの権力化に対する各国・地域の対応が比較され、リヴァイアサンとビヒモスとのあるべき関係性が検討される。第Ⅱ巻『プラットフォームと権力——How to tame the Monsters』（石塚壮太郎編）では、プラットフォーム権力の統制理論と、その具体的な手法が、憲法や競争法などの視点から検討される。第Ⅲ巻『プラットフォームとデモクラシー――The Future of Another Monster 'Demos'』（駒村圭吾 編）では、プラットフォームの台頭による「人民（demos）」の変容が理論的に検討され、デモクラシーの未来が展望される。第Ⅳ巻『プラットフォームと社会基盤――How to engage the Monsters』（磯部哲 編集代表／河嶋春菜、柴田洋二郎、堀口悟郎、水林翔 編）では、プラットフォームが社会基盤としての地位を獲得することで、これまで国家が中心的に担うものとされてきた労働、教育、医療政策のあり方がいかに変容するかが検討される。

また、「講座本」という難易度の高い企画が実現に至ったのは、慶應義塾大学出版会・岡田智武氏の適切なペース管理と、編者・執筆者への温かい励ましのおかげだと思っている。深く感謝申し上げたい。

慶應義塾大学グローバルリサーチインスティテュート（ＫＧＲＩ）副所長、
慶應義塾大学大学院法務研究科教授
山本龍彦

目次

提言

石塚 壮太郎
山本 健人

扉画像：The frontispiece of Leviathan. From “Leviathan” by T. Hobbes, 1651, engraving by A. Bosse.
Album met prenten door William Blake gebaseerd op het boek Job. From “Illustrations of the Book of Job” by W. Blake, 1859–1921, Rijksmuseum, Amsterdam.

Ⅰ　前文：プラットフォームと権力

権力は、私個人が、そして私たちみんなが「よき生」を送るためにあるべきといえよう。しかし、権力はその目的とは独立に存在しうる。したがって現実には、権力が私たちの「よき生」のためだけに用いられるとは限らない。権力をにぎる怪獣が暴走し、私たちの「よき生」を破壊することは、これまで歴史上何度も繰り返されてきた。そこで、私たちは必要のために怪獣に権力を与え生み出しつつも、怪獣が暴走しないように安全装置を作る試みをしてきた。

私たちは、まず政治的混沌に秩序をもたらすことを求め、リヴァイアサン（国家）に権力を与えた。その際、リヴァイアサンは他の怪獣たちを駆逐し、唯一絶対の権力を手にし、私たちの安全を保障している。そのリヴァイアサンが暴走しないよう、私たちはリヴァイアサンとさまざまな約束を交わし、それを憲法に記した。私たちがプライベートな空間で自由に活動できるのは、憲法にさまざまな自由が記されているからである。

このプライベートな空間という隙間から、日々小さな権力が生まれては消えていく。企業、マスメディア、政党、その他さまざまな団体は、少なからぬ社会的・経済的権力を有する。その意味では、この世は小さな怪獣に溢れている。もっとも、それがリヴァイアサンに挑戦するほど大きな権力に成長することはほとんどない。リヴァイアサンは、大きすぎる社会的・経済的権力が私たちの「よき生」に悪影響を与えるものとして、その成長を抑制するからである。しかし、リヴァイアサンが油断しているうちに、ビヒモスの胎動は始まっていた。

ビヒモスになりうるデジタルプラットフォーム（本書では「DPF」としている）は、デジタル空間の中で胎動していた。巨大化したDPFは、いまやデジタル空間の主になりつつある。デジタル技術とそれに支えられたデジタル空間は、20世紀末頃から広がりをみせ、21世紀に入って爆発的に進歩・拡張した。膨大な情報のなかで揺蕩う私たちを集合させ、秩序をもたらし、情報を利用できるようにしてくれているのがDPFである。私たちは、DPFの助けなしにデジタル空間内で意味ある活動をすることはできない。現在ではデジタル空間での情報処理は、行政・金融・仕事・教育をはじめとする生活全般とも接続されている。私たちはリアルワールド内においても、DPFによる媒介に急速に依存し始めている。DPFは、国境のないデジタル空間内で権力を持ち、ルールメイカーとなり、リアルワールドにも浸食を進めている。リヴァイアサンは、自然発生的に生じたデジタル空間という新たな「領土（territory）」にさほど注意を払ってこなかった。しかし新世界におけるビヒモスの胎動に気づいた今、リヴァイアサンとビヒモスの競走が始まっている。リヴァイアサンは、個人情報の保護などの大義名分を掲げて、ビヒモスの過度な成長を阻止しようとしている。それに応じて、私たちとの約束の改訂もなされ始めている（例えば、個人情報保護を掲げるEU基本権憲章8条）。もっとも、リヴァイアサンの力と制御がデジタル空間にどれほど及ぶかは、いまだ不明瞭である。

私たちはこれまで、リヴァイアサン（国家）と共に、さまざまな世界の変化に対応してきた。今回も、事はそれで済むのだろうか。もし仮に、ビヒモスがリヴァイアサンに匹敵する怪獣に成長してしまったら、個人情報保護をリヴァイアサンとの約束に追加する程度では済まない。ビヒモス自体にも拘束具を嵌めるなり、ビヒモスとも約束を取り結ぶなり、さらにはリヴァイアサンとビヒモスとの関係性を新構築するなりする必要があるだろう。

本書第1章では、ビヒモスと対峙する際の全体的な方針・依拠すべき理念をデジタル立憲主義に求める。そのための方法として、憲法を通じたビヒモスの拘束が可能かどうか、またビヒモスによりリヴァイアサンが相対化した世界で、怪獣を弱体化させる権力分立というロジックの中にビヒモスをも取り込むことができるかが検討される。第2章では、デジタル言論空間を支配するビヒモスに対して、どのような方策が取られうるかを問う。デジタル言論空間の統治者としてのビヒモスのガバナンスのあり方や、ビヒモスが主張できる武器（憲法上の権利）を、表現の自由から（部分的に）放送の自由に置き換えることにより弱体化することが検討される。第3章では、ビヒモスの持つ力が強大になりすぎることを抑え込むために、競争法の可能性を追究する。ビヒモスの力を正確に認識・補足する方法や、ビヒモスの「勝者総取り」状況を防ぐための事前規制のあり方が検討される。第4章では、ビヒモスを飼い慣らすための方策として何がありうるのか、何がベターなのかに考えを巡らす。ビヒモスと国家の協働関係を築く、ビヒモスを透明化する、大きなビヒモスに小さなビヒモスを先導させる、ビヒモスに事前的・事後的な義務を課すなど、様々な方法が考えられる。方策をとる際に留意すべきポイントや、現状対処が不十分な問題にも注意が払われる。

各論稿を受けた本提言では、国家の相対性およびＤＰＦの台頭（予測）を前提とし、デジタル空間の立憲化に向けて、憲法や競争法の取り組みの展望と限界を仮説的に描く。なお本提言は、本書の執筆者の考察を踏まえた発展的・仮説的見解である。すべての執筆者がこの仮説的提言に賛同しているとは限らない。また、各提言の内容が重複していることや相互に衝突していることもありうるし、DPF規制に関するすべての論点や観点を拾うことを目的はとしていない。各提言には、本書の関連する論稿を示しているので、提言との距離を測りながら読んでみてほしい。

Ⅱ 提言

【提言1】諸アクターは、立憲的価値・原理が実現されるように、デジタル空間を構築すべきである

(1) デジタル空間において立憲的価値を真剣に考慮すべきである

日本のデジタル政策の基本原理は、デジタル社会形成基本法などで定められているが、一定の方針に沿ったグランドデザインが描かれているとはいえず、そこでの立憲主義的価値の存在感は「希薄」である。デジタル立憲主義は立憲的価値を基本原理とすべきと主張するが、少なくとも、デジタル空間の基本原理をどのように設計するかが真剣に検討されるべきである。

(2) 学説は、デジタル立憲主義の理論的課題・限界を明らかにする必要がある

デジタル立憲主義には様々な潮流をまとめるアンブレラタームとしての役割もあるため、統制の方向性は示されているが、それをどのように実装していくことが望ましいのか、従来の法理論とどのような関係になるのかなど、十分に説明されていない・合意されていない点も多い。

(3) 国家は、立憲的価値を具体化する立法によってDPFを規制すべきである

EUのデジタル政策はデジタル立憲主義アプローチに転換したと理解されており、GDPR(EU一般データ保護規則)、DSA(EUデジタルサービス法)、AIA(EU・AI法)などはデジタル立憲主義の具体化の一つのあり方と受け止めることができる。立憲主義的あるいは憲法的価値を具体化する立法を検討する際には、従来の手法をデジタル空間にそのまま移植するのではなく、デジタル空間に最適化されるように「翻訳」することも必要となる。

詳細は第1章Ⅰを参照

【提言2】DPFは、一定の場合に、憲法上の権利の名宛人として拘束を受けるべきであり、国家も人々の憲法上の権利をDPFから保護すべきである

(1) DPFは、一定の場合に、憲法上の権利に拘束されるべきであり、権利の制限がなされる際には、客観的理由や公正な手続(アクセス・参加・透明性・告知聴聞等)が求められる

DPFは、従来の学説によれば、憲法により直接拘束される対象ではない(憲法の直接の名宛人ではな

い）と考えられるが、ＤＰＦが「事実上、伝統的な国家に匹敵する義務的地位・保障人的地位に達する場合」——例えばＤＰＦが「公衆のコミュニケーションの枠条件の設定を自ら引き受け、それにより以前は事実上国家にのみ割り当てられていた機能に踏み込む場合」——には、憲法による直接の拘束を検討する必要がある。

(2) 国家は、憲法上の権利が行使される前提条件である「立憲的なデジタル社会」を実現するために、憲法や競争法を用いてＤＰＦの活動や規模に関する規制をすべきである

(3) 私たちは、国家のＤＰＦに対する規制力に期待しえない場合には、直接ＤＰＦを憲法に取り込むことを検討すべきである

詳細は第１章IIを参照

【提言3】ＤＰＦをアクターに加えた権力分立論を構想すべきである

(1) システム分化した世界における権力分立論を検討する必要がある

ＤＰＦが国家に相当するほどの権力を持つに至る、あるいは既に至っているのであれば、権力分立制は、ＤＰＦに対してもまた適用されねばならないと考えるのが自然である。しかし、国家権力の統制のために最適化してきた従来型の権力分立論をＤＰＦに適用することは可能だろうか、また、それは適切なの

だろうか。

世界は、政治や経済、医療など、様々な形で機能分化したシステムの下、異なった合理性に基づいて自身の「憲法」を形成している。また、ＤＰＦは、政治システムと経済システムを増幅させる機能を果たしている。こうした前提に立つ社会的立憲主義から見れば、従来の権力分立論は不完全であり、諸システム間の連関や影響関係を視野に入れた権力分立論を模索すべきである。

(2) インターネット権利章典による「均衡」の形成に目を向けるべきである

法的拘束力を欠き、様々な団体・個人などによって場当たり的に乱立されているとみなされているインターネット権利章典——たとえば、サンタクララ原則など——は、まさにその特徴がゆえに、諸システム間のあるべきバランスを取り戻すための議論を活性化させ、漸進的にそのバランスを形成していく方向性として望ましい。

詳細は第1章Ⅲを参照

【提言4】国家は、民主政システムの維持・発展といった憲法的価値にも配慮し、DPF事業者に対するガバナンスを検討・施行すべきである

(1) 個人の主観的権利保障だけではなく、客観的な憲法的価値の実現も視野に入れるべきである

憲法学の視点を活かして、プラットフォーム・ガバナンスを検討する際には、個人の主観的権利保障

に着目するアプローチだけではなく、民主政システムの維持・発展などの憲法的価値を実現するようなシステムのあり方を検討するアプローチにも着目するべきである。

(2) 各所で行われているDPFのガバナンス実務にも着目すべきである

DPF事業者のコンテンツ管理プロセスの透明性に関する原則や仕組みを提示している「サンタクララ原則2・0」や、外部独立機関としてモデレーションプロセスの検証などを行うMetaの「監督委員会」、官民共同による監査・影響評価・モニタリングなどによる「協調的ガバナンス」といった取組みを参考にすべきである。

詳細は第2章Ⅰを参照

【提言5】DPFによるニュースフィードの憲法上の根拠は、表現の自由ではなく、放送の自由であると考えるべきである

(1) 透明性のないアルゴリズムに基づく意見フィルターの民主主義に対する脅威は深刻に受け止められるべきである

「意見フィルターは（いまだ）世論を崩壊させるまでは至っていない」が、「実証的なデータがこのイメージを裏付けている」。

(2) さまざまな規律を前提とした放送の自由に、SNSのニュースフィードを取り込むべきである

ＤＰＦによるニュースフィードの憲法上の根拠が、自由な活動領域を保障する表現の自由ではなく、放送秩序を前提とした放送の自由にあると考えることにより、ＤＰＦに対する広範かつ様々な規制が可能となる。「発展に開かれたものと解釈されるべき放送の自由は、フェイスブックのニュースフィードによる危殆化状況を取り込むことができる」。ＳＮＳのニュースフィードは、広い範囲で恣意の自由が認められる表現の自由ではなく、一定の公益を実現するためにも保障されている放送の自由により把握するのが適切である。

(3) 放送秩序だけではなく、様々な分野の法的規制を投入すべきである

「必要なのはカルテル法、データ保護法そして放送秩序の連関であり、これらは、重点の異なった目標設定を追求するものであり、それに応じて区分されるべきものである」。

(4) 国家による規制を過大評価すべきではない

「フェイスブックへの規制の場合には、とりわけ企業の自由と技術上の発展の速さから生じる限界が考慮されなければならない。この点で、企業の自由にあまりに介入しすぎたり、技術上の限界を過小評価したりする規制案は拒絶されなければならない。現在、フェイスブックに向けられた、部分的な透明性義務および諮問委員会の設置は、多様性の保護に向けられた放送州際協定の規制の意味ある内容であるように思われる。諮問委員会は、フェイスブックによるサービスにおける多様性の構築を視野に入れて企業の活動を監視し、評価する義務をも持つべきである」（(1)～(4)につき本書１４３-１４４頁）。

詳細は第2章Ⅱを参照

【提言6】DPF事業者の企業結合による競争への影響の検討には、「総合的事業能力」の向上を積極的に検討することが望ましい

(1) 企業結合審査においては、プラットフォーム事業の実態を適切に評価できる審査が行われるべきであり、総合事業能力はその有力な考え方である

企業結合審査においてデジタルの特徴を踏まえた規制及び審査が必要であるという認識自体は共有され、企業結合ガイドラインや対応方針の改定もなされているが、不十分である。最大の問題は、間接ネットワーク効果を有するプラットフォームサービス全体が企業統合によって競争を実質的に制限するほどに強固なものとなるか否かを判断する方法が確立していないことである。日本独自の考え方である総合事業能力（企業結合後の当事会社の原材料調達力、技術力、販売力、信用力、ブランド力、広告宣伝力等の事業能力）の評価を活用することは、DPFによる企業結合の実態に即した審査を可能としうる。

(2) 学説は、総合事業能力の評価を用いた審査の具体的なあり方を明らかにしていくべきである

企業結合規制の透明性・予見可能性確保との関係では、最終的には個別事例の状況によって異なりうる総合的事業能力の内容を審査する際の具体的な考慮要素、考慮方法を提示する必要がある。

詳細は第3章Ⅰを参照

【提言7】国家は、DPFに対する競争政策上の事前規制も活用し、その際、従来的な事後規制との役割分担を精査し、適正手続を欠くことのないよう留意すべきである

⑴ 国家は、ゲートキーパー的なDPF事業者への事前規制（競争に悪影響を及ぼす危険性が高い行為類型についての事前の禁止や義務付け）も広い分野で活用すべきである

事前規制が重要なのは、デジタル市場においてエコシステムが形成されユーザーを勝ち取った「勝者総取り状態」になると、もはや市場メカニズムによる改善は困難となるため、反競争状態から有効な回復を図るために時間的問題が重要だからである。

⑵ 国家が「事前規制」を導入・運用する際には、日本におけるDPFの行為による競争への影響を踏まえ、主張・立証という本来的にとられるべき適正手続の「省略規制」にならないよう注意すべきである

反競争効果の立証や独禁法違反の具体的認定をすることなく競争政策上の規制を課す場合には、国家とDPFのみならず関係する第三者への影響も十分に考慮するべきである。

詳細は第3章IIを参照

【提言8】DPF事業者は、公的存在として公法上の規律にも服し、DPFの適正な形成に協力すべきである

(1) DPFは、私人であるとともに、ネットワーク産業としての側面や国家的側面も併せ持つ存在であることから、私法と公法の境界線を曖昧にする存在であって、両法分野から規律される存在だと認識すべきである

DPFは、私人であるため、利用者の意思決定基盤の確保という観点を突き詰めれば、私法上の情報提供義務を負う余地はある。ただし、これのみによって情報提供義務を正当化できるわけではないため、①ネットワーク産業に対する規制としての側面を有することから、完全な自由競争が許されるわけではなく、健全なDPF市場の維持・構築を義務づけられることの一環として、行政規制の観点からも情報提供義務を負うと解すべきであり、②DPFが国家的性格を有していることを認識し、国家が国民に対して一定の透明性を求められることを踏まえて、情報提供義務に関する基礎理論を構築すべきである。

(2) DPFは、透明性の向上を通じて、プラットフォーム市場の適正化に寄与すべきである

DPFは、利用者が詐欺的取引に巻き込まれるリスクや錯誤に陥るリスクを減らし、ひいては適正な市場を形成するという観点から、利用者にとって必要な情報をDPF上に表示すべきである。この表示は、通常の理解力を有する利用者であれば、容易に理解することのできるものでなければならない。

(3) 一定規模を超えるDPFは、国家と協働して、DPF全体の透明性の向上に寄与すべきである

全体として適正なプラットフォーム市場の形成に寄与するために、一定規模を超えるDPFには、他のDPFが参考とすることができるように、情報開示をどのように実施しているのかをまとめた文書を作成して、それを公開することが推奨される。デジタル市場における情報開示義務の履行方法は前例が

乏しいため、一定の巨大ＤＰＦに指導的立場を担わせるべきである。国家と巨大ＤＰＦの協働モデルとして、こうした発想を評価すべきである。

詳細は第４章Ⅰを参照

【提言９】ＤＳＡで採用されている手続統制という方向性は、ひとまず肯定的に評価すべきである

(1) 現状においては、ＤＰＦに関するリスクや副作用に関する知識も浅いため、透明性と批判可能性に基づく手続的アプローチが望ましい。ただし、実体的規制の可能性も留保し、そのための知識と経験を提供するためにも、透明化や報告は必要である

(2) 国家は、ＤＰＦによる投稿の削除により影響を受ける投稿者も含め、すべての利害関係者をコンテンツモデレーションの手続に含めるべきである

(3) 規制や監督に対応する主観的権利の設定には慎重であるべきである

(4) ＤＰＦが提供すべきコンテンツモデレーションの手続は、国家間で異なるべきではなく、可能な限り調和すべきである

詳細は第４章Ⅱを参照

【提言10】国家は、コミュニケーション・プラットフォームの透明性を高める方策を模索し続けなければならない

(1) コミュニケーション・プラットフォームの透明性要請の目的は、①個人的利益（表現の自由、消費者の経済的利益、個人データ）の保護、②意見の多様性保障、③効果的な統制と評価の実現にあり、各目的に対応した方策がとられるべきである

(2) 国家は、コミュニケーション・プラットフォームにより投稿等が削除等された場合には、表現の自由の保護のために、DPFに対して本質的理由を提示する義務をもうけるべきである

(3) 国家は、コミュニケーション・プラットフォームがリコメンドシステムを用いている場合には、リコメンドシステムの利用はもちろん、そこで用いられているアルゴリズムの透明性を高める──例えばある投稿が本人に表示された理由を示す──義務を課すべきである

(4) 国家は、意見の多様性を保障するために、例えばソーシャルボットのようなコンピュータープログラムを用いた自動的なコンテンツ配信には、そうであることを表示する義務をコミュニケーション・プラットフォームに課すべきである。なお、意見の多様性を保障するための法的枠組みはまだ不十分である

(5) 国家は、コミュニケーション・プラットフォームの統制と評価の透明性を高めるために、①広告に関する情報を記録し、記録にアクセスを可能にする義務、②監督機関による監視に協力する義務、③違法

なコンテンツの通報への対処について報告し、報告へのアクセスを可能にする義務をコミュニケーション・プラットフォームに課すべきである

詳細は第4章Ⅲを参照

第1章

立憲主義・憲法 vs. ビヒモス

I　デジタル立憲主義
——怪獣たちを飼いならす

山本健人

1　ビヒモスの台頭——DPFの「権力」

巨大なデジタル・プラットフォーム（以下、「DPF」という）が国家に匹敵する私的権力主体となっているのではないか。この認識は日本においても徐々に共有されつつある。既に各所で紹介されているがいくつか象徴的な事例を紹介しよう。

記憶に新しい新型コロナウイルス感染症の蔓延防止対策において、日本政府はDPFの出す条件を受け入れざるを得なかった。日本政府は、「新型コロナウイルス感染症拡大防止に資する統計データ等」の提供をプラットフォーム事業者・移動通信事業者等に要請したが、ヤフー・ジャパン社は政府の要請に条件をつけ、厚生労働省と「協定」を締結することでこれに応じた。その条件は、ヤフーが提供するデータの利用目的の限定、データを利用した成果を適切な時期に公表すること、ヤフーが任意にデータ提供を中止できること等である。事業者が政府のガバナンス体制の統制を補うという「行政契約としては珍しい」事例であるが、[1]「ＤＰＦの持つデータに依存せざるを得ない政府」は、その条件を受け入れたのである。[2]もう一つの象徴的事例は、接触確認アプリ（ＣＯＣＯＡ）である。このアプリは、最終的にApple・GoogleのＡＰＩ（アプリケーション・プログラミング・インターフェース）を利用することになったが、その結果、両社が提示するＡＰＩの利用条件に強く拘束された。両社が提示した条件は、利用者のプライバシーに最大限配慮したものであったが、「有効な感染症対策とプライバシー保護のバランシングという、大きな主権レベルの決定が、海外ＤＰＦによって先行的に行われた」と評価しうるものである。[3]

海外でも事例に事欠かないが、２０２０年にオーストラリアの連邦議会が提案したニュース・メディア交渉法をめぐる騒動が注目される。この法案は、伝統的なニュースメディアとＤＰＦとの交渉力格差を是正するために、ＤＰＦに特別な交渉に応じる義務、交渉が合意されなかった場合に強制的に調停や仲裁の手続きを付すこと等を予定していた。[4]この法案に対して、Facebook（現Meta）やGoogleは激しく抵抗し、Facebookは、オーストラリアにおいて自社の運営するプラットフォームにおいて、ニュースの閲覧・共有サービスを停止した。オーストラリア連邦議会はこうした対抗措置や両社との交渉を通じて、２０２１年２月に大幅に修正した法案を可決した。[5]なお、カナダの連邦議会も同様の内容をもつオンライン・ニュース法を可決したが、[6]同じくMetaやGoogleからの抵抗と交渉があり、様々な調整が行われた。[7] 山本龍彦はこれを皇帝（世俗権力）が教皇（宗教権力）の前に跪いて許しを請うた「カノッサの屈辱」になぞらえて「リヴァイアサンの屈辱」だという。国家による立法権の行使がDPFによって制約されうる――すなわち、国家権力が私的権力（DPF権力）に跪かなければならなくなる――という事態が生じているのである。[8] この他にも、民主主義の基礎である選挙における投票行動をDPFが左右しうる可能性を知らしめたケンブリッジ・アナリティカ事件[9]や、現代の戦争においてDPFがもつ安全保障上の影響力[10]等、象徴的な事例は数多く存在する。

DPFは、我々の日常生活に不可欠となったデジタル技術を生み出し、その使用をコントロールする技術力を背景とした権力主体であり、[11] いまや、莫大な経済的利益と資金力を背景に国家に政治的圧力をかける存在となっていることが確認できる。DPFの規模を数字で確認しておくと、たとえば、2023年10月時点で、Meta社が提供するプラットフォームの月間アクティブ利用者数は39億6000万人であり、これは世界中のどの国家の人口よりも多い。また、2022年のAppleの総売上高は3943億ドル（約58兆円）であり、これは、アラブ首長国連邦やデンマークの名目GDPに匹敵する（Appleの総売上高を上回る名目GDPを持つ国家は世界中で約30か国程度しかないことになる）。[12]

山本龍彦は、国家に匹敵する権力主体にまで成長したDPFを旧約聖書に登場する怪獣ビヒモスにたとえる。[13] ビヒモスは、しばしば国家のメタファーとして用いられる海の怪獣リヴァイアサンと対になる陸の怪獣である。本書は、リヴァイアサンとビヒモスという2匹の怪獣が跋扈するデジタル空間に対して、（憲）法学が如何なる方向性を示すべきか――従来の議論の応用可能性及び限界、新たな（憲）法理論の展望——を問うものである。その冒頭に位置づけられる本稿の役割は、その方向性の一つとして注目されるデジタル立憲主義（digital constitutionalism）が如何なるものかを明らかにするとともに、[14] 本書の全体像を示すことにある。

2　怪獣たちを飼いならす——デジタル立憲主義の構想

では、デジタル立憲主義とは何か。デジタル立憲主義は、デジタル空間における権力構造が変容していることを重大な問題だと受止め、デジタル空間の基本原理を「立憲主義の価値」を参照点として考察しようとする新たな研究潮流といえる。現在、発展途上であるこの議論は、思想喚起的な「立憲主義」というキーワードを用いることで、多種多様なアプローチを試みる研究を取り込んでおり、全体像を把握することが難しい。筆者はこの分野の第一人者であるダブリンシティ大学の憲法学者セレストの議論に依拠しつつ、その全体像及び概念の位相——立憲主義や憲法、法律等の位置づけ——を整理したことがあるが、ここでもその整理を再掲することが有益であると思われる。[15]

まず、「立憲主義」概念に依拠することの説明が必要であろう。「立憲主義」の広く合意された定義を明らかにすることは想像以上に困難な作業であるが、日本の憲法学において、「立憲主義」概念は、概ね〈国家権力を憲法よって制限する思想〉としてイメージされてきた。また、そこでいう「憲法」が特定の近代的価値——法の支配、権力分立、基本的人権の尊重、民主主義——に基づくものである、との認識も概ね共有されてきたように思われる。よって、デジタル立憲主義に対するありうる誤解は、「憲法」による私的権力の制限を主張する思想であるとの理解である。しかし、後述するように、デジタル立憲主義は必ずしも「憲法」による私的権力の制限を主張しているわけではない。

デジタル立憲主義は、「立憲主義」を制限のない権力の出現を抑えるための〈権力制限の思想〉と捉える。そして、これまで強大な権力主体であった国家の権力の制限に貢献してきた立憲主義的価値——基本的には法の支配、権力分立、基本的人権の尊重、民主主義が想定される——を、私的権力主体の権力の制限にも応用しようとするのである。デジタル立憲主義のパイオニアの一人といえるオーストラリアの情報法学者フィッツジェラルドは1999年の時点で次のように述べている。曰く、「かつては、立憲主義とは国家の公的機関の権力行使を規定する法的・政治的概念だと考えられていた（と教えられていた）。それが大きく変わった。今日、立憲主義には、特に企業、集団、個人による私的領域での権力行使や、私たちの日常生活における国際組織（多国籍企業を含む）の重要性の高まりを包含する、より広範な定義が必要である」[16]。また、セレストは、「非国家主体が個人の権利に影響を与える潜在的な能力を見過ごすことは時代錯誤であり、究極的には、公私の両者によって等しく侵害されうる人間の尊厳を保護することに失敗する」という[17]。したがって、デジタル立憲主義は、国家が支配するアナログ空間の基本原理である立憲的価値を、国家と巨大テクノロジー企業が支配するデジタル空間の基本原理にもすべきだ、と主張するものであるといえる。

次に、デジタル立憲主義の基本的な議論構造を説明することにしたい。デジタル立憲主義の議論構造を理解するうえでは、①デジタル空間の基本原理となる価値を考察する次元と、②基本原理となる価値を現実のデジタル空間で実現する手法や過程を考察する次元（この次元は「デジタル空間の立憲化」とも呼ばれる）を区別することが有益である。デジタル立憲主義にコミットする論者やデジタル立憲主義に関する研究成果はここ数年で急激に増加しているが、DPF等の私的権力主体に対する法規制の在り方といった個別具体的な論点に関して、異なる主張やアプローチが混在するのは、①立憲的価値をデジタル空間の基本原理とすることには同意しつつも[18]、②その実現方法については見解が分かれうるからである。②の段階の具体例としては、（a）憲法の直接適用の可能性を検討するもの、（b）立憲的価値を具体化する法律による実現を重視するもの、（c）私的主体の自主規制の評価軸に立憲的価値を用いることで私的主体の取組みが立憲化することを促すもの、（d）市民社会でボトムアップ的に提起されるインターネット権利章典等からデジタル空間の立憲的統制のアイディアを得ようとするもの等、実に様々なアプローチが探求されている。

こうしてみると、「デジタル立憲主義」は、立憲的価値をデジタル空間の基本原理にすべきだとする「主義」であり、かつ、立憲的価値をデジタル空間で実現するための多様な方法を分析する一連の研究を包摂し総称するアンブレラターム、として機能しているともいえよう。

3　戦うリヴァイアサンズ——デジタル立憲主義とEU

学説において、デジタル立憲主義の理論的検討が急速に進展しているのと並行し、EUのデジタル政策がまさにデジタル立憲主義的なアプローチに変化してきたとの指摘がある。EUのデジタル戦略を丹念に追うポルトガル・カトリック大学の情報法学者グレゴリオの研究がその代表例である。[19] 彼の研究についてもかつて整理したことがあるが、本稿の性格上、ここでも拙稿の整理を再掲することにしたい。[20]

グレゴリオによれば、欧州統合がもともと欧州域内の経済的統合（共通市場の確立等）を目指したものであったこともあり、EUも2000年代中頃までは経済成長を促進することを中心としたデジタル自由主義アプローチを採用していた。このアプローチは、基本的には私的アクターの経済的自由及び表現の自由の保障を強調し、公権力からの規制を最小化し、私的アクターの自主規制による対応に委ねるものである。このアプローチには、国家としてもデジタル技術のイノベーションから恩恵を受けることができるというメリットが存在した。たとえば、アメリカ合衆国の通信品位法（Communication Decency Act 1996）230条の影響も受けていた電子商取引指令（Electronic Commerce Directive 2000）は、域内市場の円滑な発展を優先する自由主義アプローチの典型であるとされる。電子商取引指令は、コンテンツの作成に関与しないインターネットサービスプロバイダの受動的役割を認め、違法な第三者のコンテンツを送信またはホスティングした場合の責任免除を認めていた。こうした仕組みの背景には、欧州人権条約10条1項が規定する表現の自由を保護し、情報サービスの自由な流通を目指したという側面もある。

しかし、私的主体の経済的自由や表現の自由を重視し、長期間立法的対応を怠ったことにより、デジタル環境における私的主体（DPF等）が権力主体として台頭し、個人の基本的権利が深刻に制約されることへの懸念が顕在化してくるようになる。EUにおいてこうした状況にいち早く対応したのは、欧州司法裁判所である。欧州基本権憲章が採択され、2009年にその拘束力が認められた――EUの一次法に組み込まれた――ことを背景に、積極的な判断を下していったのである（司法積極主義の段階）。たとえば、著作権に関するScarlet Extended SA v. SABAM事件[21]、「忘れられる権利」に関するGoogle Spain SL v. AEPD事件[22]等が挙げられる。

そして、データ保護の分野での一般データ保護規則（GDPR）の登場を皮切りに、EUのデジタル政策はデジタル立憲主義アプローチに変化したとされる。AI-HLEGの一員でもある情報哲学者フロリディは、①GDPR、②AI法（AIA）、③デジタルサービス法（DSA）、④デジタル市場法（DMA）、⑤データガバナンス法（DGA）、そして、⑥医療データスペース規則案[23]がEUのデジタル立憲主義を具体化する中心的規範であると整理する。[24] 2でのデジタル立憲主義の理論的検討に照らせば、EUデジタル立憲主義は、立憲的価値に嚮導された立法によって、デジタル空間の制御を行おうとするものと位置づけられる。

なお、EU条約（Treaty on European Union）は第2条で、人間の尊厳、自由、民主主義、平等、法の支配、人権の尊重をEUの価値とし、第3条で「その価値」の推進を目的とする。また、先述の通りEU条約によってEU基本権憲章がEU条約及びEU機能条約と同等の法的地位にあることが承認されている

（第6条）。こうした一次法は、GDPR、AIA等の二次法に優位するため、あえてデジタル立憲主義という概念を導入して説明しなければならないわけではなく、単に一次法が重視する価値を十分に反映した二次法が制定されているに過ぎないと考えることもできる。

とはいえ、GDPR、AIA、DSAといったデジタル分野の二次法にはデジタル立憲主義のいう立憲的価値と重なるEUの価値が相当強く反映されている。立憲的価値を反映する法律によるデジタル空間の統制もデジタル立憲主義の実現化の方法の一つであると考えるなら、現在のEUのデジタル政策を「デジタル立憲主義」アプローチと整理することは、その特徴をよく表わすものといってよいだろう。

また、AIAやDSA等の提案に際しては、ロビー活動等を通じてDPFをはじめとするIT企業から激しい抵抗があり、AIAについては、大幅に修正されて成立した（2024年6月時点で立法手続きは事実上完了している[25]）。しかし、この大幅な修正にもかかわらず、AIAの中心となっているリスクベースアプローチにおいて、立憲的価値を考慮してリスクを特定している点は、変わっていない。この意味で、現在のEUはデジタル立憲主義のアプローチを実践している戦うリヴァイアサンズであるといえる。

4 彷徨うリヴァイアサン――デジタル立憲主義と日本

次に、デジタル立憲主義の観点から日本のデジタル政策の方向性がどのようなものかを整理しておきたい。これは日本の現在地を把握するうえで重要と思われる。

日本のデジタル政策の基本原理はどのようなものだろうか。現在の日本において、デジタル政策全般の指針となるのはデジタル社会形成基本法であるといえるだろう。同法は、2020年に閣議決定された「デジタル社会の実現に向けた改革の基本方針」が示す「デジタル社会を形成するための基本原則（10原則）」の要素を取り込んだうえで、デジタル社会の形成の基本的枠組みを提示したものである。この10原則とは、①オープン・透明、②公平・倫理、③安全・安心、④継続・安定・強靭、⑤社会課題の解決、⑥迅速・柔軟、⑦包摂・多様性、⑧浸透、⑨新たな価値の創造、⑩飛躍・国際貢献である。この10原則に対して、この分野を牽引する憲法学者の一人である宍戸常寿は、「これらは現在進められているデジタル政策の目標を余すところなく表現している」と評価するものの、「民主主義・人権保障・法の支配」といった価値が「デジタル化推進のための様々な他の動機のうちに埋没して」存在感が「希薄」になっていると指摘する。[26] デジタル社会形成基本が規定する基本理念（第3条～第12条）においても、個人の権利保護や平等、透明性、公正性等の観点が組み込まれているが、宍戸の指摘が同じように当てはまるといえる。宍戸が、これらの原則や基本枠組みにおいて、立憲的価値が当然の前提とされている可能性、各原則に立憲的価値を読み込める可能性も指摘していることは注意すべきであるが、その痕跡が明示的に示されているとはいい難い。

個別のデジタル技術に関する基本方針に目を移すと、AI技術に関して内閣府総合イノベーション戦略推進会議が2019年に公表した「人間中心のAI社会原則」が注目される。人間中心のAI社会原則では、国等の立法・行政機関が留意すべき「AI社会原則」のなかで、「AIの利用は、憲法及び国際的な規範の保障する基本的人権を侵すものであってはならない」とされている。ただし、「人間中心のＡＩ社会原則」は、「ＡＩ社会原則」とＡＩ開発者及び事業者向けで非拘束的な「ＡＩ開発利用原則」に分かれており、両原則の上位に「基本理念」が置かれるという構造になっている。この「基本理念」としては、①人間の尊厳が尊重される社会、②多様な背景を持つ人々が多様な幸せを追求できる社会、③持続性ある社会の３つが挙げられている。この原則は望ましい方向性を示していると評価できる部分も多いが、立憲的価値は基本原理としてではなく、考慮または配慮する様々な価値の中の一つという位置づけに留まっており全体像が見え難くなっている。[27] 人間中心や人間の尊厳への言及にもかかわらず、その取組みを「表層的」と評する論者もいる。[28] このような状況は個人情報保護、[29] ＤＰＦビジネスに関するルール整備[30]といったその他の領域でも大差ない。日本はデジタル政策に対する明確な基本原理を定め切れておらず、場当たり的な対応を続けている彷徨うリヴァイアサンなのではないか。

その一方で、興味深いのは、日本政府が対外的には立憲的価値に基づいたデジタル政策の推進に賛同していることである。たとえば、日本が議長国を務めた２０２３年５月のＧ７広島首脳コミュニケでは次のような宣言がなされている。「……デジタル経済のガバナンスは、我々が共有する民主的価値に沿って更新し続けられるべきである。これらは、公正性、説明責任、透明性、安全性、オンラインでのハラスメント、ヘイト、虐待からの保護、プライバシー及び人権の尊重、基本的自由、そして個人データの保護を含む」。また、これに先立ち、２０２３年４月に開催されたＧ７群馬高崎デジタル・技術大臣会合の閣僚宣言では、「デジタル技術のガバナンス」等を検討する枠組みに言及する際に、「法の支配、適正手続き、民主主義、人権尊重の原則」の運用を前提とする宣言等がみられる。この他、日本は、「我々は、デジタル技術が接続性、民主主義、平和、法の支配、持続可能な開発、そして人権と基本的自由の享受を促進する可能性を秘めているという信念によって団結している」という文章からはじまる「未来のインターネットに関する宣言」に参加している。

対外的には立憲的価値を基本原理とすることを宣言しつつ、対内的には立憲的価値の考慮が不鮮明になっているというのが日本のデジタル戦略の現状といえるのではないだろうか[31]。そうだとすれば、宍戸が主張するように、立憲的価値へのコミットメントは、「外向けの表明に終わってはならず、上位の要請として常に参酌されるよう、基本的な目標ないし課題として具体的に明示されるべきであろう」〔傍点筆者〕[32]。なお、こうした対外的な表明のあと、国内の議論の一部では立憲的価値への明示的な言及への兆しがみられる。２０２３年９月８日の内閣府ＡＩ戦略会議の資料として示された「新ＡＩ事業者ガイドラインスケルトン（案）」では、「我々が共有する民主的価値に沿った、信頼できるＡＩの構築」が目的とされ、Ｇ７デジタル・技術大臣会合において合意した立憲的価値の活用等への言及がなされている[33]。上位の基本原理として立憲的価値を位置づける方向性へと進むことに期待したい。

念のため付言しておくと、基本原理として立憲的価値を位置づけたうえで、この価値をどのように解釈すべきか、あるいは、どのように具体化すべきかは開かれた別の問題である。そして、将来的な技術の発展等の結果、場合によっては立憲的価値とは異なる価値を基本原理として選択した方が望ましいという結論になる可能性もありうる。しかし、それは立憲的価値を基本原理とすることを明示的に真剣に検討し、その上で、立憲的価値に基づくことの限界が説得的に示された後の話である。いまの日本のデジタル政策は、立憲的価値を基本原理とすることを真剣に検討すべき段階にあるといえるのではないか。

5　戦略を練る――本書の見取り図

デジタル立憲主義が基本原理にすべきと主張する立憲的価値はそれ自体解釈に開かれた概念である。それらの価値を基本原理にしたとしてもどのような手法やアプローチでデジタル空間を立憲化することが望ましいかについて、唯一の正解が導かれるわけではない。しかし、デジタル立憲主義の意義は、デジタル空間を立憲化するための憲法解釈や具体的な法規制、ガバナンス構造等のあり方はどのようなものかを考えるべきだという議論枠組み及び既存の様々なデジタル空間に対する規制やガバナンスを立憲主義的価値に適合的かという視点から評価するという評価枠組みを明確化する点にある[34]。

では、具体的な手法やアプローチとしてどのような議論をすべきであろうか。この問題は本稿に続く各稿で詳細に論じられる。本稿ではデジタル立憲主義の観点から、本書で扱われる各領域についてごく簡単な整理をしておくことにしたい。

(1)　憲法総論の再構築

第1章では本稿に続き、憲法総論に係わる論点が扱われる。その一つが、憲法という法規範をどのように扱うかに係わるものである（⇒第1章Ⅱ）。憲法を用いた統制を考察するとしても、そのアプローチは様々である。たとえば、①憲法の名宛人に私的DPFを加える（これには憲法改正が必要になるだろう）[35]、②デジタル空間における諸問題に対応するための憲法規定を追加する、③デジタル空間における諸問題に対応するための新たな憲法解釈論を提示する、④憲法上の権利の私人間効力によってDPFと国民（ユーザー）の紛争を裁定する、⑤憲法的価値を具体化する法律を国家が制定することを促す、⑥既存の法律の憲法適合的解釈を行う、といったものが考えられる。憲法が立憲的価値を最も色濃く反映した法規範であることを考えれば、憲法をどのように活用するかはデジタル立憲主義の観点から重要な論点である。デジタル空間においては国家権力も強化されること、対国家的法規範として憲法が果たしてきた役割といった視点も踏まえ、検討することが有益であろう。

もう一つの論点が、国家とDPFの権力分立に関する論点である（⇒第1章Ⅲ）。国家とDPFの権力分立がどのような形であるべきかという点は見﨑論文に譲るとして、ここでは、この論点が憲法論の大前提を揺るがすポテンシャルを持っていることを示しておきたい。近年のデジタル技術革命がかつての産業革命に匹敵するとの指摘は散見されるが、山本龍彦はデジタル技術革命を、産業革命ではなく「宗教革命」以来500年振りの「人間精神の革命」であると位置づけている[36]。AI・アルゴリズムによって我々の内面が可視化され、その操作可能性も示されていることから、「内面的支配可能性を力の源泉としたPFは、従前の『社会的権力』とかなり異なる側面を有している」という[37]。彼の議論を図式的に整理すれば、憲法学の関心が〈一つの権力の統制〉――すなわち国家権力の統制――に集中することができた時代から、〈二つの権力の抑制・均衡〉――中世においては世俗権力と宗教権力の抑制・均衡であり、現代では国家権力とＤＰＦ権力の抑制・均衡――を前提としなければならない時代が到来している（に回帰している）可能性がある、ということになる。[38] ＤＰＦの権力の根源を内面的支配可能性にみる山本龍彦の見解には異論の余地もありうるが、デジタル技術を扱う主体がデジタル空間において国家とは異なる別種の権力主体となっており、[39] 憲法論の前提が変わりうるという主張は検討すべき重大な問題提起であると思われる。デジタル立憲主義を、デジタル空間における二権――リヴァイアサンとビヒモス――の存在を肯定した上で、その統制を試みる理論として鍛え上げていく方向性もありうるだろう。

（2） 憲法上の権利論の力点の変容

ＤＰＦによって運営されるＳＮＳは表現の自由の在り方を劇的に変化させている。デジタルな方法はあくまで権利行使の方法に過ぎないのではあるが、表現の自由を中心とする情報交換に関わる幅広い基本的権利の行使を劇的に強化する基盤的道具となっており、状況によってはアナログな方法で権利行使の可能性が残されていることはもはや有効な代替案にならない可能性が示唆されている。[40]

他方で、ＳＮＳにおける偽・誤情報、誹謗中傷表現の氾濫等の問題があり、コンテンツ・モデレーションやアカウント停止等のＤＰＦの対応の適切性や、こうしたＤＰＦの対応を義務付ける法律の必要性とその具体的な法規制の枠組みをめぐって活発な議論が展開されている。その詳細は、第２章の各論稿に委ねるが、デジタル立憲主義の観点からは、憲法上の権利の力点の変容を支持できる点を指摘しておくことにしたい。

表現の自由の性質は多元的であるが、従来は消極的権利――すなわち国家による介入を排除する防御権――としての側面が強調されてきた。この理解は広く共有されており、総務省の「プラットフォームサービスに関する研究会」の最終報告書（２０２０年２月）は、日本における偽・誤情報の対策に関し、民間事業者の自主規制によることを基本として、その理由として、「プラットフォーム事業者による情報の削除等の対応等、個別のコンテンツの内容判断に関わるものについては、表現の自由の確保等の観点から、政府の介入は極めて慎重であるべきである」と述べている。従来の表現の自由観からすれば、この見解は一見穏当なようにみえるが、デジタル立憲主義の見立てによれば、ＤＰＦはデジタル空間において国家に匹敵する権力主体なのである。そうであれば、国家による偽・誤情報対策が憲法上の表現の自由の観点から懸念されるのと同様に、ＳＮＳの環境を設計できる私的権力主体であるＤＰＦによる対策も基本的人権としての表現の自由やその他の国民（ユーザー）の権利、法の支配等の観点から懸念される。[42]国家は表現の自由等の保護を憲法によって直接義務付けられている存在であること、しかし、国家は表現の自由を侵害する主体として最も警戒されてきたことも踏まえれば、国家とＤＰＦが、それぞれが単独で行うのではなく、協働して責任を果たすような法的枠組みが検討されるべきであると思われる。[43]最近になって、総務省の有識者会議もこの方向性を示し始めている。[44]もちろん、国家による積極的な介入を認めれば、その介入が過剰にならないかが問われ、ＤＰＦとのパワーバランスとの関係で介入が過少にならないかも問題となろう。どのような法的枠組みや国家による介入が適切であり、効果的

[41]

であるのかを探求することが学説の課題である。

（3）　法律による立憲的価値の実現に向けて

ＥＵのデジタル立憲主義がそうであるように、デジタル空間の立憲化のためには、法律による立憲的価値の実現が重要な役割を担う。実際、個人情報保護法、競争法、知的財産法といった法律の活用が行われており、ＤＰＦを直接対象とした法律（ＥＵのＤＳＡや日本の透明化法等）やＡＩ規正法（ＥＵのＡＩＡは世界初の包括的ＡＩ規正法であるとされる）等の新たな法律の制定もなされている。

デジタル立憲主義は、こうした法律による立憲的価値の実現を主張しているが、この要請は、法秩序における憲法の最高法規性及び立憲的価値を最も色濃く反映する法規範が憲法であることから、法律による憲法的価値の実現の主張とも重なりうる。いずれにせよ、この段階で考えなければならないのは、デジタル空間、ＤＰＦのビジネスモデル、ＤＰＦが提供するサービスの特徴を踏まえたうえで、どのような立憲的・憲法的価値をどのような形で法律に具体化するのか、である。言い換えれば、アナログ空間で立憲的・憲法的価値を実現するために用いられてきた従来の手法をデジタル空間にそのまま移植するのではなく、デジタル空間に最適化するように「翻訳」することが必要になる場合がある、ということである。[45]

たとえば、適正手続に関して、ＤＰＦによるコンテンツ・モデレーションにおいて、個人の手続的権利保護と異議申立てによる裁判的統制というアナログ空間における標準的図式を導入することを批判する見解がある。[46]これは、コンテンツ・モデレーションの対象となりうるコンテンツの「量」からすれば、[47]個別の手続保障にどれほどの意味があるかを疑うものである。個別の手続保障の仕組みが不要かどうかはともかく、現実のSNSの環境を考慮すれば、この観点だけでは対策として不十分であり、コンテンツ・モデレーションの包括的なシステム設計を視野に入れたよりマクロな観点[48]が必要になるとの主張は説得的だと思われる。

本書では、第3章で競争法の観点が、第4章で適正手続と透明性の観点が扱われ、それぞれ、独占禁止法やDSA、透明化法等の法律が検討素材となる。繰り返しになるが、デジタル立憲主義は、これらが、どのような立憲主義的・憲法的価値をどのように（翻訳して）具体化しているのか、デジタル空間の立憲化においてどのような役割を果たしているのか、あるいは、より善い立憲化に向けてどのような改良が望ましいのか、という分析の視点を提供している。

【注】

1 宍戸常寿「パンデミック下に情報の流れの法的規律」論究ジュリスト35号（2020年）67頁。なお、宍戸が指摘するように、ヤフーの条件は安易な想定をしていた政府に対する対応である点は見過ごせない。

2 山本龍彦「近代主権国家とデジタル・プラットフォーム」山元一編『講座 立憲主義と憲法学 第1巻 憲法の基礎理論』（信山社、2022年）148頁。

3 山本龍彦「新型コロナウイルス感染症対策とプライバシー」同『〈超個人主義〉の逆説』（弘文堂、2023年）206頁。

4 同法案の詳細は、木下昌彦「デジタル・メディア・プラットフォームの憲法理論」情報法制研究9号（2021年）30頁-33頁を参照。

5 Treasury Laws Amendment (News Media and Digital Platforms Mandatory Bargaining Code) Act 2021. なお、同法は2010年競争・消費者法の改正法である。

6 Online News Act (S.C. 2023, c. 23).

7 Nadine Yousif, "Meta's news ban in Canada remains as Online News Act goes into effect" BBC News (19 December 2023) [https://www.bbc.com/news/world-us-canada-67755133]. ニュースメディアとDPF（「ヤフー!ニュース」に代表されるニュースポータルサイトや検索エンジン）との交渉力格差、対価に関する問題は日本においても重大な論点として注目を集めている。公正取引委員会「ニュースコンテンツ配信分野に関する実態調査報告書」（2023年9月）を参照。なお、本稿におけるウェブサイトの最終閲覧日は全て2023年12月31日である。

8 山本龍彦「デジタル化と憲法（学）」自治研究99巻4号（2023年）22-23頁。

9 クリストファー・ワイリー（牧野洋訳）『マインドハッキング』（新潮社、2020年）等を参照。

10 山本（龍）「まつろわぬインフラ」・前掲注（3）327頁以下等を参照。たとえば、ロシアによるウクライナ侵攻では、人の認知領域を攻撃する情報戦——認知戦という言葉も人口に膾炙した——が重要な戦場となっており、この戦場においてDPFの協力が不可避であるとされる。

11 デジタル空間においては、コードの設計者がデジタル技術を用いた製品の使用（行動）をコントロールすることが可能である。DPFの権力の源泉については、山本（龍）・前掲注（2）154-159頁も参照。

12 Global Note「世界の名目GDP国別ランキング・推移（国連）」（2023年1月）[https://www.globalnote.jp/post-12794.html]。

13 山本（龍）・前掲注（2）150頁。

14 デジタル立憲主義に着目する日本の憲法学者として、山本龍彦、曽我部真裕、宍戸常寿を挙げることができる。それぞれ、山本（龍）・前掲注（2）（8）、曽我部真裕「社会のデジタル化と憲法」憲法理論研究会編『次世代の課題と憲法学』（啓文堂、2022年）33頁以下、宍戸常寿「憲法と社会のデジタル化についての覚書」世界2023・11（2023年）156頁以下。また、この議論の動向を紹介検討する拙稿として、山本健人「EUのAI規則案とデジタル立憲主義」IFI Working Paper no.13（2023年）〔EUのAI規則案とデジタル立憲主義〕、同「デジタル立憲主義と憲法学」

情報法制研究13号（２０２３年）56頁以下〔デジタル立憲主義と憲法学〕がある。

15　この記述は、山本（健）「デジタル立憲主義と憲法学」57、61-64頁と記述の内容において重複する。ただし、記述の順序や表現は変更した。

16　Brian Fitzgerald, "Software as Discourse? A Constitutionalism for Information Society" (1999) 24 Altern. Law J. 144, at 144.

17　Edoardo Celeste, *Digital Constitutionalism* (Routledge, 2022) at 85.

18　より正確には、立憲主義的価値の内容理解、従来の立憲主義的価値のデジタル空間での翻訳の方向性、立憲主義的価値同士の相互関係に関する理解も論者によって異なりうる。なお、デジタル立憲主義の他に、デジタル空間の基本原理となる構想としては、差し当たり、デジタル自由主義とデジタル権威主義があると考えられる。この２つの主義に対してデジタル立憲主義がどのような利点を持ちうるかについては、山本（健）「デジタル立憲主義と憲法学」・前掲注（14）65-67頁以下の参照を願う。

19　Giovanni De Gregorio, *Digital Constitutionalism in Europ* (Cambridge University Press, 2022).

20　この記述は、山本（健）「ＥＵのＡＩ規則案とデジタル立憲主義」・前掲注（14）12-14頁と重複する。ただし、内容や表現を一部変更している。

21　Case C-70/10, Scarlet Extended SA v. Société belge des auteurs, compositeurs et éditeurs SCRL (SABAM), ECLI:EU:C:2011:771 (Nov. 24, 2011).

22　Case C-131/12, Google Spain SL and Google Inc. v. Agencia Española de Protección de Datos (AEPD) and Mario Costeja González, ECLI:EU:C:2014:317 (May 13, 2014). 同事件を紹介・検討するものとして、石井夏生利「『忘れられる権利』をめぐる論議の意義」情報管理58巻4号（２０１５年）２７１頁以下等。

23　Proposal for a Regulation of the European Parliament and of the Council on the European Health Data Space, COM (2022) 197 final.

24　Luciano Floridi, "The European Legislation on AI: a Brief Analysis of its Philosophical Approach" (2021) 34 Philos. Technol 215.

25　この大幅修正の背景には、ＡＩＡ提案から可決までの間に生成ＡＩの衝撃があり、生成ＡＩに対応する条文を追加したという事情もある。

26　宍戸・前掲注（14）１６０頁。

27　また、ＡＩ技術に関しては、総務省の「ＡＩネットワーク社会推進会議」や経産省の「ＡＩ事業者ガイドライン検討会

（旧ＡＩ原則の実践の在り方に関する検討会、旧ＡＩ社会実装アーキテクチャー検討会）」、内閣府の「ＡＩ戦略会議」等、各省庁に検討機関が設けられ、ガイドライン等が公表されており、原則やガイドラインが分散・混在し、相互関係がわかり難くなっている。無秩序に検討機関が設置され原則やガイドラインが公表されているというわけではないと思われるが、全体像の把握が難しくなっていることは否めない。

28 山本（龍）「はしがき」・前掲注（３）iv頁。

29 たとえば、山本龍彦は、日本の個人情報保護法は「基本的な航路も示せていない」と指摘し、憲法具体化法として個人情報保護法を位置づけるべきだと主張している。この指摘は２０２０年の個人情報保護法改正前のものであるが、山本龍彦の主張は２０２０年改正後も変わっていない。山本（龍）「個人情報保護法制のゆくえ」・前掲注（３）１１５頁、１３９‐１４０頁参照。

30 たとえば、「特定デジタルプラットフォームの透明性及び公正性の向上に関する法律」（以下、透明化法）が制定されているが、同法の基本理念（第３条）、同法の下になったとされる経産省、公取委、総務省の合同による「プラットフォーマー型ビジネスの台頭に対応したルール整備の基本原則」（２０１８年）においても立憲主義的価値が考慮されていることが明示的に示されているわけではない。

31 関連して、鈴木正朝が山本龍彦との対談のなかで次のようなことを述べており、興味深い。「個人情報保護委員会委員長時代の堀部政男先生がＥＵ側に日本の個人情報保護法の説明をする際のプレゼン資料には、一番上に「The Constitution of Japan」を置いていました。しかし、日本国内向けに事務局が用意した図では「憲法」の部分が省略されていました」。山本（龍）「個人情報保護法制のゆくえ」・前掲注（３）１２５頁〔鈴木正朝発言〕。

32 宍戸・前掲注（14）１６０頁。なお、宍戸は「民主的諸価値」という言葉を用いるが本稿でいう立憲主義的価値と互換性のある概念と言いうるように思われる。

33 さらにその後、２０２４年４月に公表された「ＡＩ事業者ガイドライン（第１・０版）」において、「共通指針」のレベルではあるが、憲法及び立憲的価値への言及がやや手厚くなっている。

34 山本（健）・前掲注（14）「デジタル立憲主義と憲法学」69頁。

35 国民民主党憲法調査会「憲法改正に向けた論点整理」（２０２０年12月）は、憲法21条第３項に、巨大ＤＰＦを名宛人にとする規定を追加する提案を行っている。

36 山本（龍）「はしがき」・前掲注（３）ii‐ｖ頁。

37 山本（龍）・前掲注（8）4-7頁。

38 山本（龍）・前掲注（8）30頁。

39 この見立てについては、高橋正明「私人間における権利の保障」山本龍彦＝横大道聡編『憲法学の現在地』（日本評論社、2020年）135-138頁も参照。

40 Celeste, *supra* note 19, at 15. 山本（健）・前掲注（14）「デジタル立憲主義と憲法学」59-60頁。

41 「アーキテクチャーの設計者」としてのDPFへの着目を促すものとして、成原慧「情報法からみたプラットフォームをめぐる法的課題」千葉恵美子編『デジタル・プラットフォームとルールメイキング』（日本評論社、2023年）92-93頁を参照。

42 *See*, Nicolas Suzor, "Digital Constitutionalism: Using the Rule of Law to Evaluate the Legitimacy of Governance by Platforms" (2018) 4 Social Media + Society 1.

43 国家による介入を憲法解釈論として基礎づける見解として、第35回比較憲法学会における曽我部真裕による報告等もある（比較憲法研究36号（2024年）に掲載予定）。

44 総務省「誹謗中傷等の違法・有害情報への対策に関するワーキンググループ　とりまとめ（案）」（2023年11月28日）

45 Celeste, *supra* note 19, at 78-79, 91.

46 Evelyn Douek, "Content Moderation as Systems Thinking" (2022) 136 Harv. L. Rev. 526. この議論を紹介したうえで、多様な翻訳の可能性を指摘するものとして、水谷瑛嗣郎「デジタルメディア環境の立憲化」情報法制研究14号（2023年）119頁以下を参照。

47 2022年第2四半期にFacebookは9億1450万のコンテンツを削除し、YouTubeは398万7509のチャンネルと449万6933の動画を削除し、2022年第1四半期にTikTokは1億2330万5516の動画を削除している。*See*, Douek, *ibid.* at 537-538.

48 水谷・前掲注（46）、朝日新聞「事業者任せの中傷対策は変わるか「問題投稿自体されにくい環境を」」（2023年11月28日）〔曽我部真裕〕も参照。

Ⅱ　憲法の名宛人

——ビヒモスの拘束具？

石塚壮太郎

デジタル空間を立憲化するのに（⇒本章Ⅰ参照）、憲法はどのような役割を担うことができるのか。とりわけ、近時デジタルプラットフォーム（ＤＰＦ）に関連する人権問題に注目が集まってきており、人権カタログを有する憲法も無関係でいることはできないはずである。

ただし、ネックになるのは、憲法が国家を構成する法であり、同時に国家を制限する法であるという点である。[1] ある程度憲法に詳しい人であれば知っていると思われるが、憲法は元来国家——すなわち本書のモチーフを借りていえばリヴァイアサン——を拘束する道具であり、ＤＰＦのような社会的権力——すなわちビヒモス——を拘束するものではない。したがって、憲法という拘束具は、構造上リヴァイアサンを拘束するのに特化しており、ビヒモスに使うのには一般的に適さない。それはなぜか。

近代憲法は、権力が集中した近代国家に被治者が対抗するために作られた道具であり、国家と個人の力の非対称性が、その道具を使う前提となっている。一方で、力のない個人は国家に対して人権を主張することができ、場合によっては国家の政策を曲げたり止めたりすることができる。他方、絶対的な権力を持つ国家は人権を主張することができない。そうしなければ非対称性が解消されないからである。これに対して、社会的権力は、個人が構成する社会の中から生まれてくる権力であり、アプリオリに権力を独占している国家とは異なり、絶対的な存在ではない。個人も企業・団体も、事実上強い権力を持つときもあれば、そうでないときもある。したがって、社会の中には、アプリオリに固定化された構造的な非対称性は存在しない（確かに、社会の中にはたくさんのミニ・ビヒモスがうごめいているが、リヴァイアサンほどの絶対性を有してはいないのである）。そうすると、個人であれ、企業・団体であれ、人権を主張することができることになり、そのような私人間では人権の主張が勝負の分かれ目にはなりづらい。

しかし、憲法上の人権カタログが何の役割も果たしえないと考えるのは早計である。これまでも人権カタログが社会権力の抑制に力を発揮してきた面もあるし、これからも異なる形で力を発揮する可能性がある。その両面について検討してみたい。

Ⅰ　憲法と〈国家・中間団体・個人〉

(1)　憲法と人権

人権という言葉は、政治的、社会的および法的な意味で、広く用いられる。政治運動や社会運動の場面では、外国人参政権、LGBTQの権利、死ぬ権利、自然・動物の権利など、憲法典に何が書かれているかとは無関係に、様々な人権の内容が主張される。それらは何らかの道徳・政治哲学や社会理論などに支えられた生の主張であり、今後の社会において、あるいは政治を通じて実現されていくことが期待されるものである。これらの主張は、人間は安全に暮らせなければならない、自由でなければならない、平等でなければならない、尊厳が守られなければならない、困窮すべきでないなどといった根源的な要求から生じ、時代や社会状況が変化していく中で新たに形を変えて拡張してきた。人権というのは、人間社会の新たな発展を包摂し、合意可能な形で継続的に展開していくための理念装置でもある。ある論者は、人権を「野性味ゆたかで生きのいいじゃじゃ馬みたいなもの」と評している。[2]

これに対して、人権が法的意味で用いられる場合には、主に憲法で規定された諸権利を指す。法的権利というのは、それが侵害された場合には、何らかの形で法的保護を受けることができるものでなければならない。[3] しかしそのためには、誰がその権利を主張することができ（権利主体）、誰がその権利に対応する義務を遵守し（名宛人）、その権利に基づいて何が主張できるのか（権利内容）が明確になっている必要がある。そうでなければ、裁判で用いることは困難だからである。人権というじゃじゃ馬を「ひとびとが憲法秩序に適合するように飼いならすことによって、『人権』は『憲法が保障する権利』となる。このことによって、『人権』の本性が憲法制度上発揮できることになる」。[4] 本稿では、法的意味の人権を、憲法上の権利とか基本権と呼ぶことがある。

法的意味の人権が憲法に内在するものだとすると、それを規定する憲法というもの自体の性質が問題になる。大学における「憲法」という授業の最初で必ずといっていいほど説明されるのは、憲法という語は、英語の constitution ないしドイツ語の Verfassung の訳語であるということである。この語は、構成・構造、組織といった意味を持ち、憲法とはすなわち国家を構成・組織する法である。確かに、どの国の憲法の章立てをみても、立法府、行政府、司法府、地方自治制または連邦制、財政などについての規定群があり、憲法により国家の大きな構造[5]が定められていることが分かる。統治者は、国家組織のあり方について、憲法に従わなければならず、それに従いながら全体の利益を実現しなければならない。憲法とは、国民にむけて書かれた、国民が遵守しなければならないルールなのではなく、国家にむけて書かれた、[6] 国家が遵守しなければならないルールなのである。[7] そこで定められている人権も、国家が全体の利益を実現する際に、主に国家がしてはいけないことを示した、「べからず集」ということになる。

(2) 中世社会から近代社会へ

憲法に規定された権利が国家に宛てられている理由が、憲法全体が国家に向けて書かれているからだとして、そもそもなぜ憲法は国家だけに向けて書かれているのだろうか。制御されるべき権力は他にもあるはずなのにもかかわらず。それは現代の先進諸国が有する憲法が、近代立憲主義憲法であることによる。

日本国憲法もそうであるが、近代立憲主義憲法は、近代国家を構成・統制の対象としている。近代国家以前の中世身分制社会では、個人は何らかの身分集団に属しており、身分集団ごとに規律を受け、特権を享受する。具体的には、貴族、教会、ギルド（職業組合）などといった、いわゆる中間団体である。これに対して、近代社会では、身分制は国家により解体され、国家以外の社会的な力の公権力性が否定される。[8] さらに公権力は国家により独占されている。そこでは中間団体が解体されたことが前提となっており、舞台の登場人物は国家と個人しかいない。したがって、権利が守られるためには、その権利は「国家からの自由」を意味しておけばそれでよいことになる。近代社会では、①権力を独占する国家、②被治者たる国民、③国家を構成し同時に拘束するルールを定め（権力分立）、国民に対国家的権利を保障（権利保障）する憲法という構図ができあがったと考えられている。

この構図から導かれるもう一つの帰結は、「私的自治の原則」である。すなわち、私人のあいだの関係の問題は、原則として私人同士の判断にゆだねるという立場である。この立場は、身分制が解体され、国家に権力が集中している状況では、私人同士は等質であるということを「擬制」している。[9] もっとも、この擬制が維持されなくなると、「私的権力ないし社会的権力からの自由をどうやって確保するかが問われるようになってくる」。

（3） 近代社会における中間団体と個人

近代社会では、特定の集団が身分を形成したり、特権を付与されたりするといったことは、憲法で禁じられている場合が多い。しかし、公的ではないにせよ、事実上強い影響力を及ぼす団体は存在しうる。私人が持つ（経済的・社会的な意味での）力が等しいという擬制は、現代においてはもはや維持しえなくなってきている。

これに対して、憲法という観点からは3つの処方箋が考えられる。①憲法の名宛人に国家だけでなく一定以上の社会的権力も含め、権利規定を含む憲法規範の効力を当該社会権力にも及ぼす、②近代国家成立の前提となっている中間団体の解体を憲法の前提と考え、国家に匹敵する力を持つ団体についてはその力を弱める（⇒競争法の観点からは第3章）[10]、③全生活領域に影響するような団体については、国家との関係性を憲法で規律する（本稿3）というものである。以下では、①については2で検討し、②については3で言及し、③についても「おわりに」でふれたい。

巨大化するDPF企業を念頭におけば、事態はより深刻であり、今後さらに深刻化していく可能性がある[11]。これに対して、憲法はどのような答えを用意することができるのか。世界では、進撃するビヒモスを念頭に、様々な対応が準備され、またはすでに対応がとられている。

2　憲法上の権利の名宛人

(1)　憲法上の権利の私人間効力論

①　日本における理解

すでに述べたように、憲法で規定されている権利の名宛人は国であり、国民ではない。つまり、憲法を守らなければならないのは国家であって、国民ではない。権力をふるうのが国家だけであれば、国民は国家から身を守られればそれでいいが、実際には国家には遠く及ばないにせよ、社会で力を持つ個人なり団体なりが現れてくる。問題なのは、個人なり団体なりがいかに大きな力をもっていたとしても、原則論からいえば、そこに憲法の効力は及ばないということである。そこで、憲法上の権利の効力が私人と私人との関係にも及ばないのかが論点となる。これがいわゆる私人間効力論である。

典型的には、大企業と消費者、雇用者と被用者、マスコミと報道される者、公衆施設と利用者などの間で法的紛争が起きた際に、両者の力関係の差から、憲法の効力を及ぼすべきではないかと考えられる場面は少なくない。例えば、ある企業がアルバイトの雇用時に差別的な取り扱いをしていたり、社員の採用時に思想・信条を調査して採否を決定していたり、報道機関や週刊誌が報道される側の名誉やプライバシーを侵害したり、外国人であることを理由に公衆浴場の利用が拒否されたりする場合に、憲法上の権利の私人間効力が問題となる。

これに対する憲法の回答は大きく分けて3つある。①憲法上の権利は私人間には及ばないと考える無効力説。憲法の成り立ちや性質を考えればこれが最も自然である。②私人も権利の名宛人になると考える直接効力説。これはかなりラディカルな説で、元々の憲法のあり方を根底から変えてしまうことになるので、あまり支持されていない。③私人間の争いごとを解決する私法（民法など）の条項を解釈・適用する際に、憲法の理念を考慮する間接適用説。これは、私人間に憲法を直接適用せずに、憲法の考え方を私法上の判断に読み込むことができる点で妥当であるとして広く支持されている。

仮に強大すぎるDPF（ビヒモス）が問題だというなら、②の直接適用説か、③の間接適用説であれば、憲法上の権利の効力を何らかの形では及ぼすことができることになる。もっとも、②と③では効力の及び方が全く異なる。なぜなら、私人間で憲法上の権利が機能する場合と、対国家で権利が効力を発揮する場合とでは、基本的構図が異なるからである。私人間で権利の効力が生じる場合には、対立するどちらの私人も権利を有しているということが問題となる。例えば、報道される人が名誉権・プライバシー権（憲法13条）を有しているのと同様に、報道機関や出版社も表現の自由（同21条）を有しているし、被用者が思想・信条の自由（同19条）を有しているのと同様に、企業も自由に人を雇用する権利（同22条）を有している。このような場合、どちらの権利・自由がアプリオリに優先されるとはいえず、事案ごとに判断する必要がある。これに対して、国家は憲法上の権利の主体ではない（むしろ名宛人である）。したがって、国家は権利を主張することができない。前述の通り、そもそも憲法上の権利とは、公権力を独占する強大すぎる国家に対し、か弱い国民に法的武器を与えるためのものなので、それも当然である。この場合、憲法上の権利を主張できるのは、国民個人の側だけになり、国民の権利・自由が（国家が主張できる公益に対して）原理的に優先される。私人間効力においても、②の直接適用を主張する場合には、一方の私人は国家と同様に権利を主張できないことになり、アプリオリに不利な立場に置かれることになる。私人間の関係の強弱がさまざまであることを考えれば、あらゆる私人間の関係で、②の直接適用をすべきでないことは当然としても、「新たな統治者」[12]と呼ばれるほど強大なDPF事業者については、別に考えていくことも必要かもしれない。仮にそうだとして、問題は何をメルクマール（基準）として、憲法上の権利を直接適用すべき私人とするかということである。

② ドイツにおける直接適用の萌芽

ドイツでは、すでに私人に対して憲法上の人権（ドイツでは基本権という）の直接適用をしているともいいうる事案が存在する。[13]これは当初はDPFに対する事案ではなかったが、DPFにも転用しうるロジックを構成しており、近時DPFに対しても用いられるようになってきている。

ⓐ フラポート事件判決（2011年）[14]

この事件では、フランクフルト空港を運営するフラポート社が、デモ目的での空港施設への立ち入りを禁じ、フランクフルト地方裁判所も当該禁止を認める判決を下した。これに対して、連邦憲法裁判所は、当該判決が憲法（集会の自由）に反するとし、その前提として2つの決定的な理由を示した。第一に、フラポート社は民間企業だが、国家が過半数の株式を保有しており、基本権の直接の拘束が及び、フラポート社側は逆に基本権を主張することができないとされたことである。これにより、デモ開催者側は原理的に優位な立場になる。第二に、公道や公民館のような公の施設だけでなく、私的に営まれているショッピングセンターや空港でも、公衆に開かれた空間（パブリック・フォーラム）には、集会の自由の保護が及ぶとされたことである。これにより、手荷物検査場通過後の出発エリアといった一般に入場が制限される場所等を除けば、限界はあるにせよデモ開催が許される可能性が高くなる。もっとも、本件でデモ開催者側の主張が認められた理由が、主にどちらなのかは不明確である。

ⓑ ビール缶フラッシュモブ決定（2015年）[15]

フラポート事件判決の第二の理由を一般化する形で展開されたのが、次の事件である。この事件では、ショッピングモール外の広場で、公共空間での自由を主張するために、ビールを一斉に飲み干すパフォーマンスをすることを含めた集会が計画されていたのに対し、広場の所有者である企業が集会を禁じ、地方裁判所がそれを認めた。これに対して、連邦憲法裁判所は、裁判所の禁止命令を取り消す仮命令を下した。この企業には国は関与しておらず、したがってフラポート判決で用いられた第一の理由（国家による過半数の株式保有による国家同視）は用いることはできない。同決定によれば、確かに「私的土地所有者である企業は、国家権力と同じように基本権に直接拘束されることはなく」、基本権の間接適用がなされるにすぎないとされつつも、次のように述べられる。

「私人は……自ら基本権を有するにもかかわらず、（相手方の）基本権により国家と類似または全く同じ範囲で義務を課されることがある。それはとりわけ、その私人が事実上、伝統的な国家に匹敵する義務的地位・保障人的地位に達する場合である。保障内容や事案によっては、私人に対する間接的な基本権拘束は、国家に対する基本権拘束に近づくか、同等のものとなりうる。コミュニケーションの保護でそれが考慮されるのは、とりわけ私企業が公衆のコミュニケーションの枠条件の設定を自ら引き受け、それにより以前は事実上国家にのみ割り当てられていた機能に踏み込む場合である」。

ここではあくまで私企業が私人であり国家ではないこと、すなわち基本権の直接の拘束を受けないことを前提としつつも、国家と同様に基本権により拘束される場合があることが示されている。また、私企業に対する基本権拘束の可能性が、必ずしも表現活動に関わるパブリック・フォーラムのみに限られないこと、すなわち私企業によるパブリック・フォーラムの設定が、基本権により拘束が及ぶ一例にすぎないことが示されている。

ⓒ　スタジアム入場禁止決定（2018年）[16]

次の事件は表現活動に関わるものではない。この事件では、サッカーファンが暴動を起こしたことに対して、クラブが当該ファンに対し全国のスタジアムを入場禁止にした。ここでもサッカークラブは私人であり、基本権の間接適用のみが問題となる。ただし、クラブとファンとの利益を衡量する際には、とりわけ「サービスの社会的意義や一方の社会権力性」などが重要な役割を果たすとされた。また、サッカーの試合のように、主催者が自らの決定により公衆に開かれた社会的に重要な行事を開催することで、「私人にも憲法から特別な法的責任が生じる。この私人は、ここでは財産の私的管理権（Hausrecht）

から生じる――その他の場合には独占や構造的優位から生じるかもしれない――決定権を、特定の人を適当な理由なくそのような行事から排除するのに用いてはならない」とされ、クラブ側に客観的な理由や事前の聴聞といった手続が求められることになった。本件では、コミュニケーション空間に限られず、社会的に重要とされるイベントにも、国家同等の基本権拘束が認められた。[17]

ⓓ 「第三の道」決定（2019年）[18]

そしてついに、DPFが問題となる事件が起きる。この事件では、ドイツの極右政党「第三の道」がFacebook上でヘイトスピーチに当たる投稿をしたとして、Facebookにアカウントをブロックされた。地方裁判所はこのブロックを妥当としたが、連邦憲法裁判所は欧州議会選挙の結果が出るまで一時的にブロックを解除するよう命じた。本件では、Facebookとその影響力について、次のように述べられている。

「申立人（第三の道）は被申立人（Facebook）のサービスを利用しており、Facebookの広告によれば毎月3000万人以上の人々が、自らの政治的見解を述べたり、日々の政治的出来事について立場を表明したりするのにそのサービスを用いている。Facebookにより相互交流や意見表明のために開かれたフォーラムの利用は、第三の道にとって非常に重要である。なぜなら、ユーザー数からして圧倒的に最も影響力の大きいソーシャルネットワークだからである。まさに政治的な綱領や理念を広めるためには、この簡単には替えのきかないメディアへのアクセスが極めて重要である。この排除により、第三の道は、その政治的メッセージを広め、Facebookにより運営されるソーシャルネットワークのユーザーと積極的に議論することを拒絶される。仮命令が発せられなければ、この機会は第三の道に対して妨げられ、第三の道とその議論の知名度はこの間、著しく影響を受けることになるだろう」。ここでは、仮命令ではあるが、スタジアム入場禁止決定で述べられた「サービスの社会的意義や一方の社会権力性」が考慮されたものと思われる。

ⓔ　小括

以上のようにドイツでは、間接適用の枠内ではあるが、一定の「特別な状況下で」は、私人に対しても国家と同等の基本権拘束が及ぶことになっている。そこで、「サービスの社会的意義や一方の社会権力性」が考慮されるのだとすれば、巨大なＤＰＦやその事業者との関係では、ほとんど常に「国家と同等の基本権拘束」が及ぶことになり、間接適用の枠内であっても事実上直接適用といっても差し支えない状況が生じることも考えられる。

この点、本書第２章Ⅱにも寄稿しているカイザーは、一定の「特別な状況下で」も、「私的な大規模事業者は基本権をなお援用できる」ものの、通常対立する利用者側の基本権の下に置かれるという、「優位思考」を提唱している。[19]

③　日本における直接適用の萌芽？

日本においても、パブリック・フォーラムの枠組みで、私人に対して基本権の拘束を及ぼす議論があった。有名な吉祥寺駅構内ビラ配布事件[20]における伊藤正己裁判官の補足意見である。

「ある主張や意見を社会に伝達する自由を保障する場合に、その表現の場を確保することが重要な意味をもつている。特に表現の自由の行使が行動を伴うときには表現のための物理的な場所が必要となつてくる。この場所が提供されないときには、多くの意見は受け手に伝達することができないといつてもよい。一般公衆が自由に出入りできる場所は、それぞれその本来の利用目的を備えているが、それは同時に、表現のための場として役立つことが少なくない。道路、公園、広場などは、その例である。これを『パブリック・フオーラム』と呼ぶことができよう。このパブリック・フオーラムが表現の場所として用いられるときには、所有権や、本来の利用目的のための管理権に基づく制約を受けざるをえないとしても、その機能にかんがみ、表現の自由の保障を可能な限り配慮する必要があると考えられる。」

「もとより、道路のような公共用物と、一般公衆が自由に出入りすることのできる場所とはいえ、私的な所有権、管理権に服するところとは、性質に差異があり、同一に論ずることはできない。しかし、後者にあつても、パブリック・フオーラムたる性質を帯有するときには、表現の自由の保障を無視することができないのであり、その場合には、それぞれの具体的状況に応じて、表現の自由と所有権、管理権とをどのように調整するかを判断すべきこととなり、前述の較量の結果、表現行為を規制することが表現の自由の保障に照らして是認できないとされる場合がありうるのである。本件に関連する『鉄道地』（鉄道営業法35条）についていえば、それは、法廷意見のいうように、鉄道の営業主体が所有又は管理する用地・地域のうち、駅のフォームやホール、線路のような直接鉄道運送業務に使用されるもの及び駅前広場のようなこれと密接不可分の利用関係にあるものを指すと解される。しかし、これらのうち、例えば駅前広場のごときは、その具体的状況によつてはパブリック・フォーラムたる性質を強くもつことがありうるのであり、このような場合に、そこでのビラ配布を同条違反として処罰することは、憲法に反する疑いが強い。このような場合には、公共用物に類似した考え方に立つて処罰できるかどうかを判断しなければならない。」

これは――補足意見とはいえ――まさに日本版フラポート判決と言ってもよい内容であり、すでに1980年代において、パブリック・フォーラム論を拡張し、私人にも基本権の拘束が及ぶべきとする議論が我が国の最高裁でも展開されていたことは誇るべきことといえよう。もっとも、このような考え方がその後、法廷意見に大きな影響を及ぼしたとはいえず、ドイツのようにより一般化させた形で、私人間効力論につなげて昇華させるといったこともなかった。そのような意味では、ドイツの議論はパブリック・フォーラム論を、デジタル空間も含む形で「物理的な場所」からも解放し、憲法上の表現の自由からも解放したという点で画期的である。他方で、事実上基本権の名宛人に私人を取り込むような状況が何なのかについては、なお検討の余地が残ろう。

近時の日本では、GAFAの一角であるGoogleの検索システムが問題となった事件[21]で、最高裁は以下のように述べる。

「検索事業者は、インターネット上のウェブサイトに掲載されている情報を網羅的に収集してその複製を保存し、同複製を基にした索引を作成するなどして情報を整理し、利用者から示された一定の条件に対応する情報を同索引に基づいて検索結果として提供するものであるが、この情報の収集、整理及び提供はプログラムにより自動的に行われるものの、同プログラムは検索結果の提供に関する検索事業者の方針に沿った結果を得ることができるように作成されたものであるから、検索結果の提供は検索事業者自身による表現行為という側面を有する。また、検索事業者による検索結果の提供は、公衆が、インターネット上に情報を発信したり、インターネット上の膨大な量の情報の中から必要なものを入手したりすることを支援するものであり、現代社会においてインターネット上の情報流通の基盤として大きな役割を果たしている。そして、検索事業者による特定の検索結果の提供行為が違法とされ、その削除を余儀なくされるということは、上記方針に沿った一貫性を有する表現行為の制約であることはもとより、検索結果の提供を通じて果たされている上記役割に対する制約でもあるといえる。」（傍点筆者）

この決定では、Google側の表現の自由が考慮されていることがうかがわれ、そのサービスが公衆にとって重要であることが、その考慮にさらなる重みを加えているように読める。そうだとすると、ドイツの方向性とは逆に、サービスの重要性や公共的役割がGoogle側に有利に働く構図になっている。[22] 逆にドイツのように、Google側が表現の自由を主張できない（あるいは表現の自由が原理的に劣位する）とすれば、確かに、サービスの重要性や公共的役割は、検索サービスそれ自体を正当化する要素になるとしても、個々の権利侵害的影響については、――国家による憲法上の権利侵害が正当化されるかという観点から――その目的と手段とが比例しているか（目的の正当性、手段の適合性・必要性・相当性）が問われなければならないことになるだろう。

なお本件は、原告が自らの逮捕歴等に関する検索結果を削除すること求めた事件であるが、最高裁は以下のように述べて、Googleに有利な衡量枠組みを設定している。

「当該事実を公表されない法的利益が優越することが明らかな場合には、検索事業者に対し、当該URL等情報を検索結果から削除することを求めることができるものと解するのが相当である。」（傍点筆者）

それとは逆に、本件がカイザーのいうように、利用者に有利な「優位思考」を用いるべき「特別な状況」に当てはまるかは再検討されてもよいだろう。

（2） 基本権保護義務

憲法上の権利の私人間効力が問題となるのは、基本的には裁判の場面である。直接適用とか、間接適用という言葉が使われていることからもわかるように、法（ここでは憲法）の適用場面、すなわち司法による憲法の適用が念頭に置かれた議論である。もっとも、憲法は裁判の場においてのみ意味を持つものではない。そもそも裁判になるような争いごとが生じない方が望ましいし、複数のアクターが関わる複雑な利害調整のためには、様々な手続が定められていた方がスムーズに各々の憲法上の利益が調整される。そのためには、憲法上の権利を保護し、調整する立法が必要となることも多い。

憲法上の権利――とりわけ自由権と呼ばれるもの――は、古典的には、国家に権利を侵害しないことを求める。近時ではそれだけではなく、憲法上の権利は、ある人の権利が第三者により侵害されることから保護することを、国家に対して義務づけていると考えられている。すなわち、憲法上の権利により、国家の不作為（規制しないこと）だけではなく、国家の作為（加害者である第三者を規制すること）も要請されることになる。これは基本権保護義務と呼ばれ[23]、ドイツでは、連邦憲法裁判所の確立した判例となっている。そしてこの義務を果たすべきなのは、第一に立法府だとされている。

例えばＤＰＦは、名誉権・プライバシー権・著作権を侵害する投稿を放置したり、ユーザーの投稿・アカウントを削除したりすることによって、憲法上の権利により保護されるべき利益を侵害することがある。しかしすでに述べたとおり、憲法で保障された権利は、原則としてＤＰＦを直接の名宛人としないので、ＤＰＦによる人権侵害が直接に憲法問題とはならない（前述のように私人間効力は考慮されうる）。

これに対して、基本権保護義務は、憲法上保障された利益の保護が、国家に義務づけられるというものなので、憲法の名宛人の問題は生じない。国家の一部である立法府は、市民の表現の自由（憲法21条）、名誉権・プライバシー権（同13条）や著作権（同29条）などを保護しなければならず、第三者であるＤＰＦがそれを侵害するような事態が起きないように、法律を制定して保護することを憲法上命じられている。もちろん私人間の利害を調整するため、両者が各々憲法上の利益を有する形で対立する可能性があり、具体的にどの程度・どうやって保護するかは、立法府に裁量が認められているが、何もせずに放置することは憲法上許されないと考えられる。

その際にも、前述2（1）②の議論が効いてくる可能性がある。基本権保護義務を履行する際に、立法府は、加害側の権利と被害側の権利の両方を調整する必要があるが、加害側であるＤＰＦに国家同等の基本権拘束が認められる場合には、加害側の権利は考慮されないか、あるいは被害側の利益に比べて少なく見積もられる可能性がある。

① 個人情報（プライバシー権）保護

ＥＵの人権カタログである欧州基本権憲章は、その8条1項で「何人も自己の個人データの保護に対する権利を有する」として、明示的にデータ保護の権利を規定している。話題を呼んだＧＤＰＲ（ＥＵ一般データ保護規則）は、私企業から個人データを保護することをも企図しており、ＧＤＰＲは、同権利から生じる私企業から個人を保護すべき義務をＥＵが履行したものと考えることもできる。

日本でも、少なくとも一定の個人データは、憲法13条から生じるプライバシー権により保護されるべきものと考えられているところ、事業者による個人情報の取扱いの適正化のために定められた個人情報保護法は、プライバシー権保護義務を履行した立法であると考えることもできる[24]（もちろん、現行の法制度が十分なものとなっているかについては憲法上問われうる）[25]。

②　SNSからの人権保護

ドイツでは、SNS上での一定の刑法上の規定に反する違法な内容の投稿を減らすため、ネットワーク執行法（通称SNS対策法、フェイスブック法）が2017年に成立した。同法は、「SNS事業者に、違法内容削除義務、その義務を果たすための苦情対応、手続整備義務、苦情対応状況の報告義務を課すとともに、これらの義務に対する違反に科される過料について定める」ものである[26]。明らかに違法な内容は申立てから24時間以内に、すべての違法な内容は申立てから原則1週間以内に、削除又はブロッキングの措置がとられなければならないとされている。

EUでも、2022年にデジタルサービス法（DSA）が制定され、違法コンテンツへの対処、透明性要請と報告義務、サービス設計の要件などが定められている。DSAは、ドイツのネットワーク執行法に優先するため、DSAの適用が開始される2024年2月以降、ドイツのネットワーク執行法は適用されなくなる。

③ AIからの人権保護

EUは、様々な場面で今後より広く用いられると考えられているＡＩの規制を進めようとしている。２０２１年にはＡＩ規制法案を公表し、すでに成立に向けた段階に入っている。このＡＩ規制法案は、リスクベース・アプローチを採用し、ＡＩによるリスクが高くなればなるほど、厳しい規制を課すものとなっている。例えば法案５条では、無意識下で作用するサブリミナルな技法や、人の身体的・精神的脆弱性の利用等を禁じている。これは、実質的に自己決定権を保護する規制とも考えられる。

(3) 対ビヒモスの人権戦略

以上のように、ビヒモスがごときＤＰＦ事業者に対しては、大きく分けて２つの人権戦略がありうる。

第一に、(民事)裁判の場で、ビヒモスに憲法上の権利による拘束を及ぼすもの。憲法上の権利の拘束は本来、リヴァイアサンに対してしか及ばないところ、ビヒモスもリヴァイアサンと同等に扱うことで、ビヒモスにデバフをかけ、可能な限り市民との「武器対等」状況を作り出す。

第二に、ビヒモスが人権を侵害することがないように、リヴァイアサンにルール作りをするよう命じるもの。憲法上の権利がリヴァイアサンに働きかけて、人権保護立法をすることにより、法律を通じてビヒモスに規制をかけ、人権侵害になる危険がある行為をする際の手順を定めたり、それを破った時の制裁を設定したりする。これにより、ビヒモスと市民との間での利害調整を、あらかじめリヴァイアサンに行わせることになる。

3 デジタル空間の立憲化

そのような戦略は、ビヒモスがある程度の規模に収まっていることを前提としている。なぜなら、①デジタル社会のビヒモスが巨大になりすぎると、市民の選択肢がなくなり、法的には自由であっても、事実上自由がなくなってしまうから、②いずれの戦略も司法の場、立法（およびそれを執行する行政）の場での利害調整を前提としているが、それはリヴァイアサンのフォーラムにビヒモスが収まっていて、ビヒモスがリヴァイアサンの言うことを聞く状況がなければ機能しないからである。その点についても触れておきたい。

（1） 社会の自由化──法的自由の前提問題

憲法は、様々な権利に関する規定を含んでいる。例えば、信教の自由、表現の自由、職業の自由、人身の自由、住居不可侵といった、いわゆる自由権である。自由権は、法的自由を保障している。すなわち、国家による規制から自由であるということである。もっとも、人間は国家による規制から自由であるからといって、あらゆることを自由にできるわけではない。そこにはまだ社会的制約というものがある。

その分かりやすい例が、職業の自由と独占禁止法との関係である。ある事業を立ち上げることが法的に許されていたとしても、すでにその業界に独占企業がいる場合には、事実上事業を立ち上げることはできない。そこでは、職業の自由は法的に規制されてはないが、事実上行使できない状況になっている。現在では多くの国家はそのような状況を避けるため、すなわち職業の自由が法的に確保されていても、実際にそれを行使できなければ意味がないために、または市場経済のメリットを保護するために、独占的営業に法的規制をかけている。憲法学の通説的には、職業の自由が独占的な営業の自由を含むものであるため、そのような独占禁止法上の規制は、職業の自由に対する制約に該当する。[27] これに対して、職業の自由は独占営業の自由を含むものではなく、むしろ社会における自由な営業を保護していると考えるのであれば、独占禁止法はむしろ職業の自由を促進する法律であるということになる。[28] 自由行使の社会的な前提条件の整備（社会的自由）[29] まで憲法が要請しているかどうかは、個別の条文ごとに検討されるべき課題であろう。

《国家による規制⇕法的自由》というコンビネーションと、《社会的制約⇕社会的自由》というコンビネーションのどちらが重視されるかは、その時々の状況によるのではないか。たとえば、不自由が多い社会においては、まず社会が自由化していかなければ、国家による規律が解除されても、人間は自由にはなれない。そういったところでは、まず国家が社会の自由化を進めていく必要がある（しかし一旦社会が自由になり、国家による規制が前景化してくると、今度は法的自由が重視されるようになる）。

例えば、1798年フランス人権宣言は、結社の自由を規定しておらず、反結社個人主義の立場をとっているとされ、「同業組合（corporation）は多数を犠牲にして一部の特権を保護し、個人の自由を不当に制限するものと考えられた」。[30] その実現は、営業の自由を保障し宣誓ギルドを禁止した1791年ダラルド法、同業組合を禁止したルシャプリエ法によってなされる。ルシャプリエ法は、「封建的な特権的同業組合のみならず労働者の団結も禁止して自由な労働市場を作り出すことがその主要な目的であった」とされている。

ドイツでは、19世紀初頭のプロイセンで行われたシュタイン＝ハルデンベルクの改革のなか、十月勅令により農民解放が行われ、農民が領主との農奴的関係から解放され、諸種の自由が与えられた。また同時期に、営業の自由のための勅令も出され、そこから北ドイツ連邦営業令、さらに1919年ワイマール憲法153条3項で営業の自由（Gewerbefreiheit）が保障されるに至ったとされている。[31]

戦後日本でGHQにより進められた経済民主化政策の一環である、財閥解体や農地改革も、様々な目的があると考えられるが、少なくともその効果としては、経済的自由を社会的に行使する際の障害を取り除いている点で、社会的自由を促進するものであったといえよう。

（2）デジタル空間は中世社会？

中世身分制社会から近代へと移行する過程で、大きすぎる社会的実存としてのビヒモスは、いなくなったと想定されているし、too big to control な結社は、例えば経済領域では独占禁止法により生まれなくなっている。もっとも、ビヒモスが生まれるのは、経済領域との関係だけではなく、表現領域や自己決定領域においても同様である。

これに対して、デジタル社会は誕生してから年月も浅く、その特性に合わせた形での国家による規制も少ない。デジタル社会には規制の隙間を縫って巨大化したビヒモスが生息している。デジタル社会はまだ歴史的に「反・結社型自由主義」[32]を経ておらず、なお自由化ないし立憲化していないといえるかもしれない。[33]人々がデジタル社会で生活するためには、様々なシステムやプラットフォームが必要であり、そのほとんどは私企業によって運営されている。大きすぎる中間団体は、経済市場をゆがめるだけではなく、個人情報の保護（プライバシー権）、自己決定権といった憲法上の人権を犠牲にする可能性があり、また民主主義の根幹たる選挙にも影響を及ぼす可能性[34]がある。様々な人権が現実に保障されるためにも、DPFはnot too big to controlである必要がある。この点ドイツにおいて、独占禁止法上禁止される優越的地位の濫用で、取引の公正だけではなく、消費者の自己決定という憲法上の利益が考慮されたFacebook事件が参考になる。[35]また、DPFの特徴を踏まえた、DPF事業者に対する企業結合規制のあり方については、「総合的事業能力」という概念の活用が検討に値しよう（⇓第3章Ⅱ）。

おわりに

結局、憲法はビヒモスの拘束具たりうるだろうか。

本稿では、憲法、とりわけその権利の名宛人に焦点をあてて検討してきた。問題となるのは、ビヒモスが憲法およびその定める権利の名宛人ではないという点である。ビヒモスをコントロールするための処方箋として、①一定の場合にビヒモスを憲法上の権利の名宛人とすること（直接的第三者効力）、②憲法上の権利からリヴァイアサンにビヒモスをコントロールさせる義務（基本権保護義務）を引き出すことを検討した。①のアプローチはすでにドイツで萌芽が見られ、②のアプローチはドイツで確立した法理であり、ＥＵで――基本権保護義務という言葉はあまり用いられないが――そのロジックが積極的に用いられているようにみえる。

また、憲法上の権利の行使は真空空間で行われるわけではない。国家の規制から自由だからといって、実際に何でも自由であるわけではなく、社会的諸条件の中で行使せざるを得ない。そうすると実は、権利が実際に行使できるためには社会が自由であることが前提となっている。そのための条件整備は、一般的に憲法上の権利により命じられるものではない。近代社会は中間団体が力を持ちすぎない自由な状態を前提としているが、デジタル社会では必ずしもその前提を共有できない可能性がある。そのような場合には、人権は自らの前提条件にも配慮する必要があるといえるかもしれない。

もし、このいずれの戦略も機能しないほどビヒモスが大きくなる場合には、憲法にＤＰＦを編入し、統治構造の一部に取り込む必要がでてくるかもしれない。国家と教会が協約を結ぶ政教協約になぞらえて、ＤＰＦをコントロールするという方途も提示されている。[36] 国家とＤＰＦとの関係値をどのようにとらえるかについては、本章Ⅲで検討されている。

【注】

1 憲法は、一般的に、「統治機構」に関する部分と、「人権」に関する部分からなる。前者は、立法府、司法府、行政府といった国家の主たる機関を創設するもの、後者は、それにより構成された国家による人権侵害の禁止を定めるものであり、いずれも国家に関する事柄を内容としている。

2 奥平康弘『憲法III 憲法が保障する権利』(有斐閣、1993年)20頁以下。

3 Marbury v. Madison, 5 U.S. 137 (1803).

4 奥平・前掲注(2)21頁。

5 日本では人権・統治という名称で区分をすることが多いが、ドイツの憲法の授業や教科書は、基本権(Grundrecht)・国家組織法(Staatsorganisationsrecht)というように区分されている。

6 アメリカ連邦憲法にも影響を与えた、アメリカ独立宣言には、イギリス国王の行ってきた統治における悪行が書き連ねられている。

7 憲法のルールを守らなければならないのは国民であると誤解している方も少なくないかもしれない。横大道聡ほか「人権教育についての覚書」鹿児島大学教育学部教育実践研究紀要19号(2009年)1頁以下も、一般国民の意識における人権理解のズレを指摘する。

8 樋口陽一『人権』(三省堂、1996年)18頁、37頁。そこでの個人は、「身分的共同体の拘束から解放されたと同時にその保護からも放り出され——その意味で『二重に自由な』状態に置かれる(同50頁)。

9 樋口・前掲注(8)、19頁。

10 これは独占禁止法的発想だが、——ビヒモスが担っている役割を考慮すれば——その目的と効果は、自由かつ公正な競争秩序というだけではなく、自由で民主的な社会秩序にも資するという意味でより広い。

11 山本龍彦『〈超個人主義〉の逆説』(弘文堂、2023年)は、日本では「社会構造の根本的な変化、さらには権力の移行に対応した実質的な憲法論が十分には展開されていない。……デジタル空間に想到しない憲法は、近い将来、きわめて狭い射程しか持たない単なる紙切れと化すだろう」と指摘している。

12 水谷瑛嗣郎「オンライン・プラットフォームの統治論を目指して」判例時報2487号(2021年)110頁参照。

13 Vgl. *Anna-Bettina Kaiser*, Privatautonomie, in: Matthias Jestaedt/Hidemi Suzuki (Hrsg.), Verfassungsentwicklung III, Mohr Siebeck 2021, S. 7 は、スタジアム入場禁止決定では、「間接的第三者効力(=間接適用)から、事実上の直接的第三者効

力（＝直接適用）になった」と評する（〔　〕内筆者）。

14 BVerfGE 128, 226. 門田美貴「私有地における集会の自由と管理権」法学政治学論究128号（2021年）128頁以下参照。

15 BVerfG, 18.07.2015 - 1 BvQ 25/15.

16 BVerfGE 148, 267.

17 *Kaiser*, Fn. 13, S. 7. 本件での拘束が「国家同等」とされるのは、「同様の事案でも、客観的な理由やとりわけ手続法的要求以上のものは国家に課されないから」だとされる。

18 BVerfG Beschluss 22.5.2019, 1 BvQ 42/19.

19 *Kaiser*, Fn. 13, S. 14.

20 最判昭和59年12月18日刑集38巻12号3026頁。

21 最決平成29年1月31日民集71巻1号63頁。

22 同様の論理として、報道機関の報道が「国民の『知る権利』に奉仕する」ことから、「報道のための取材の自由も、憲法21条の精神に照らし、十分尊重に値いする」とした博多駅事件（最大決昭和44年11月26日刑集23巻11号1490頁）があるが、この事件は裁判所によるテレビフィルムの提出命令が争われた「対国家的事案」であり、対私人においても、サービスの重要性・公共性を強調すべきかについては疑問の余地がある。

23 小山剛「基本権保護義務論」大石眞・石川健治編『憲法の争点』（有斐閣、2008年）86頁以下参照。

24 山本・前掲注（11）125頁以下［鈴木正朝・山本発言］参照。

25 批判的なものとして、山本・前掲注（11）87頁以下。

26 鈴木秀美「ドイツのSNS対策法と表現の自由」メディア・コミュニケーション68号（2018年）1頁。同「ドイツSNS対策法の2021年改正」メディア・コミュニケーション72号（2022年）1頁参照。

27 伊藤正己『憲法（第3版）』（弘文堂、1995年）360頁以下参照。

28 樋口・前掲注（8）85頁以下は、これを「国家による＝実質的自由」と呼び、独禁法等をその例に挙げている。

29 小山剛「『憲法上の権利』各論（12）」法学セミナー59号（2014年）68頁は、「自由な職業選択と職業活動は、国家による制約からの自由に加え、社会における自由な競争を通じて実現される。〔憲法〕22条1項は、主観的権利の保障に加え、自由な競争秩序という客観的価値決定を含むものと解される」とする（〔　〕内筆者）。

30 村田尚紀「フランスにおける結社の自由史試論」関西大学法学論集49巻1号（1999年）56頁。
31 赤坂正浩「職業遂行の自由と営業の自由の概念」立教法学91巻（2015年）134頁以下、127頁。
32 樋口陽一『比較憲法〔全訂第3版〕』（青林書院、1992年）520頁参照。
33 山本・前掲注（11）217頁以下参照。
34 ケンブリッジ・アナリティカ事件についても含め、水谷瑛嗣郎「フェイクニュースと立法政策」社会情報学8巻3号（2020年）52頁以下参照。
35 新井貴大「デジタルプラットフォームと情報自己決定権」法学館憲法研究所ウェブサイト連載『デジタル社会と憲法』（2022年）参照。
36 山本・前掲注（11）318頁以下。

Ⅲ　社会的立憲主義から見たDPFと国家

――システムの中の怪獣たち

見崎史拓

この文章を書いているのは、〈私〉という〈自由な主体〉なのだろうか――。

また訳のわからないことを言い出したぞ。さては原稿がうまく書けなかったから、言い訳をするつもりだな――。そのように思われた皆さん、（まあ全くそういう要素がないかといえば嘘になるが……）少し待ってほしい。実際、執筆にあたって、私は様々な制約を受けている。〈法〉というシステムの中で活動している私は、著作権を守って執筆する必要がある。本書（とそのシリーズ）は〈経済〉というシステムの中で執筆されているので、標的とするマーケット――どの層にどれほどの値段でどの程度の採算で売ろうとしているか――に沿う形で執筆せねばならない。

さて、なぜこのような話をしたかといえば、本書（とそのシリーズ）でいうところの〈怪獣たち〉も、また、真空の空間ではなく、様々なシステムの下で活動している、という点に注意喚起をしたかったからである。怪獣というと、街に現れて自由に建物を破壊し、好き勝手に光線を放つ、というイメージを持たれるかもしれない。しかし、国家という怪獣（リヴァイアサン）も巨大なデジタル・プラットフォーム（以下「DPF」）という怪獣（ビヒモス）も、実際には様々なシステムによる制約下において活動しているのではないだろうか。

こうしたシステムとの関係に目を向けることで、従来の議論とは違った形で怪獣たちの暴走を描くとともに、その暴走を上手く止める手段を見つけることができるようになるのではないか。そしてまた、従来の憲法学が論じてきた制約の手段や理論を新たな形で提示し、また刷新することも可能となるかもしれない。

以上のような問いに正面から取り組んだものとして、「社会的立憲主義（societal constitutionalism）」を挙げることができる。以下では、この社会的立憲主義という理論に基づきつつ、怪獣たちの関係値について考察していくことにしたい。

構成は次のとおりである。まず1で、社会的立憲主義とはどういった理論であるのか概説する。続く2では、怪獣たちとの関係を論じるにあたって、社会的立憲主義の知見を踏まえたとき、従来の権力分立論では上手く捉えられない点があること、そしてそれを踏まえた上でどのような理論的革新がありうるかを論じる。最後に3では、社会的立憲主義に基づく具体的な処方箋として、エドアルド・セレストによるインターネット権利章典の議論を取り上げる。

1　社会的立憲主義とは何か

社会的立憲主義は、「(社会) システム論」と呼ばれる社会学上の理論などを基にして、デヴィッド・シウリやグンター・トイプナーといった論者らによって発展された理論である。以下、近時に出版されたアンジェロ・ゴリアとトイプナーによる入門的な論文に基づきつつ (Golia and Teubner 2021)、本稿の考察に必要な限りで、簡潔に紹介する。より正確かつ詳細な説明については、以前私が執筆したものや (見崎2019)、その他にも優れた検討が我が国でも公刊されているので (e.g. 山田2021)、そちらの参照をお願いすることにしたい。

(1)　定義と世界観

それではまず、社会的立憲主義とはどのような理論であるのか確認しよう。一言でいえば社会的立憲主義とは、「2つの異なる方向性で国民国家を超えている、憲法化 (constitutionalisation) という動向を明らかにする……法多元主義・憲法多元主義の理論」だということができる (Golia and Teubner 2021: 359)。

多くの人は、〈憲法〉と聞くと、日本国憲法、アメリカ合衆国憲法など、単一の国家と結び付けて考えるだろう。しかし、憲法を持ちうるのは本当に単一の国家だけだろうか。社会的立憲主義の答えは否であり、**社会における様々な主体が憲法を持つ**と考える。だからこそ、わざわざ「社会的」という冠詞を付けるのである。

では、引用中にある「2つの異なる方向性」とは何か。一つは、国際政治＝公的な領域におけるものである。具体例として、EUを考えてみよう。EUは単一の国家ではない集合体であるが、「ヨーロッパの憲法を定める条約（Treaty establishing a Constitution for Europe）」に基づき、統治原則や人権保障を制定している。これは、どの単一の国家にも還元されない、EU独自の憲法を形成していると見ることが可能だ、というわけである。

こちらがより重要であるが、もう一つは、公的な政治の外部である私的な領域におけるものである。すなわち、社会的立憲主義は、私的な団体もまた憲法形成の主体となる、と主張しているのである。その最も分かりやすい近時の例として、Facebook（現Meta）の監督委員会（Oversight Board）を挙げることができるだろう。監督委員会は、Facebookから独立した機関として、Facebookのアカウント停止措置などの措置に対する異議申し立てを受け付け、事前に設定されたルールに基づき審理し、その判断はFacebookを拘束する。これは何かに似ていないだろうか——。そう、国家でいうところの裁判所である。Facebookは、疑似的な形ではあれ、憲法学でおなじみの〈司法権の独立〉を実現している、というわけである（優れた紹介・検討として、水谷2021）。

近時、巨大DPFことビヒモスは、小さな国家よりもはるかに多くの資産を持ち、様々な国家を飛び越えて活動し、我々の生活に影響を与えている。法や憲法の理想を実現するためには、いまや国家のみを分析対象としていては不十分であり、超国家的な機関や私的団体を含む、より広い視座を持たねばならない、と社会的立憲主義は主張するのである。

（2）背景的理論としてのシステム論

さて、ここで皆さんは次のように考えたのではないだろうか。ビヒモスが世界を股にかけて活動しているなど、何と恐ろしい。これは世界全体を統制する１つの憲法を作っていかねばならないのではないか、と。

社会的立憲主義の特徴の一つは、そうした〈世界で１つの憲法〉という可能性を否定することである。その背景にあるのが、ニクラス・ルーマンらが発展させた（社会）システム論の考え方だ（Golia and Teubner 2021: 367-372）。システム論は非常に難解な理論であり、またルーマンと社会的立憲主義のシステム論は少なからぬ差異があるのだが（詳しくは、e.g. 尾崎２０１２）、ここでは誤解を恐れず、かなり単純化した形で述べよう。

社会が複雑化していく過程で、それに対応するために様々な機能が分化し、それぞれの合理性に基づく異なるシステムが発達してきた、とシステム論は考える。近時のコロナウイルス感染症を例にとろう。この感染症にどう対処するか。考えるべきことは山ほどあり、全てを考慮しようとすればパンクしてしまう。それゆえに、それぞれのシステムは、それぞれの合理性に従って事象を単純化して捉え、判断を下す。たとえば、政治システムは〈民衆の支持が得られるか／得られないか〉、経済システムは〈ＧＤＰを減少させるか／減少させないか〉といった具合である。

そしてこれらのシステムは、ときに互いにバッティングし、一部のシステムが他のシステムを大きく浸食して社会全体に破壊的な効果をもたらすことが少なくない。たとえば、政治システムの暴走としては、古くはナチス、近時ではポピュリズムの台頭などが挙げられよう。経済システムが暴走し、全てが市場的に判断されることになった社会となれば、あまりお金にならなそうな人材は、高く売れそうな臓器パーツでしかなくなるかもしれない。

では、なおさらこれらシステムを統括する1つの憲法が必要ではないのか、と皆さん思われたかもしれない。しかしながら、出発点を思い出そう。そもそも、そうした全ての普遍的な判断基準となるような合理性が存在しない、あるいは複雑すぎて発見できないからこそ、社会の諸システムはそれぞれの合理性に従って機能を分化させていったのである。そうであるならば、悲劇を回避する可能な道筋は、それぞれのシステムが自らの合理性に矛盾しない形で、システムの成長・拡張を自制するような機構を内的に発展させていくことであろう。この機構こそ、社会的立憲主義がいうところの〈憲法〉なのであり、システムの数だけ憲法が多元的に存在する、ということになる。

(3)〈憲法〉の意味

既に明らかになりつつあると思われるが、社会的立憲主義がいうところの〈憲法〉は、システム論という見地を踏まえた特殊な意味を持つものとなっており、その内容について改めて確認しておく必要があろう。トイプナーらによれば、〈憲法〉は、以下のような4つの要素から成るという（Golia and Teubner 2021: 378-387)。

① 機能（functions）

第一に要求されるのは、「機能」としてまとめられているものであり、以下のような2つに区分されて説明されている。一つは、「構成機能（constitutive function）」である。これはいわば、システムとシステムを切り分け、他と異なる〈我々〉を創出する機能を意味する。たとえば国家の憲法は、それによって宗教的権力などから自律した〈我々〉を創出した。これと同じように、国境を越えた諸システムの憲法もまた、国家から自律した〈我々〉を形成する、というわけである。

もう一つは、「制限機能（limiting function）」である。自身が過度に成長・拡張していくことにより、社会に大きなダメージを生じうるため、こうした成長・拡張を制限する機能が必要となる。

なお、以下の②～④は、①と並列する形で論じられているが、これらの機能を具体化するための機構として理解してよいだろう。

② アリーナ（arenas）

暴走を引き起こす要因の1つは、反対の意見や見解が塗りつぶされ抑圧されることにある。これは裏を返せば、暴走を止めるためには、意見の多元性を確保し、様々な意見を出しあう場を形成すればよい。この場のことをトイプナーらは「アリーナ」と呼ぶ。典型的には国家の政治システムにおける議会などが挙げられるが、そうしたものに限られず、草の根運動的な次元も含め、アリーナの形態はシステムごとに多様な形をとりうる。

③ プロセス（processes）

以上のような機能やアリーナを実現するためにも、システム内の手続的規範の発達が必要となるだろう。1つには、H・L・Aハートがいうような二次的ルールをシステム内に発達させることが有用である（ハート2014）。二次的ルールは、あるものがルールであると、誰がどのように認定・解釈し、変更できるか、といったことを定める、いわばメタ・ルールである。これは、反省性（reflexivity）をシステムにもたらす契機となるだろう。なお、こうした二次的ルールの形態も1つではなく、システムごとに異なるものとなり、それぞれの合理性に基づいて発達する。

④ 構造（structure）

様々なシステムに社会は分化しているのだが、それらはときに自律性を保ちつつも重なりあい、結びあうような関係を形成する。たとえば、先に挙げたFacebookと監督委員会もまた、こうした関係を形成している。すなわち、監督委員会は、事例判断の中で、Facebookや監督委員会自身のルールに加え、国連人権理事会の「ビジネスと人権に関する指導原則（UN Guiding Principles on Business and Human Rights）」などに言及し、国際人権法との結びつきを形成した。こうした結びつきを構造として安定化させていくことで、システムの暴走を防止しうる、というわけである。

ただし注意すべきは、システムはあくまで自身の合理性に基づいて、他のシステムに言及するのであり、他のシステムと完全に1つになるということはない。機能分化により合理性が分化している以上、ありうるのは結びつきであって、同一化ではない。

（4）憲法が形成される条件——外的な圧力の必要性と国家の役割

では、以上のような憲法の形成（憲法化）は、自動で発生するのだろうか。その答えは否である。システムの外からの刺激、つまりは外圧が依然として重要とされる。しかし、外圧を与えればよいというものではなく、「外部からの刺激が有効なものとなるためには、それぞれのシステムの内的な合理性に従って再構成されることが必要だ」と社会的立憲主義は主張する。すなわち、システム内の合理性にそれがうまく変換されないならば、無視されて終わりだ、というわけである（Golia and Teubner 2021: 388）。

それでは、具体的にはどのような外圧が考えられるだろうか。彼らは様々なものを挙げるが、そこには投機的金融取引を抑制するトービン税の導入や、学術研究資金の多元化政策の他、人権訴訟や公益訴訟が挙げられている（Golia and Teubner 2021: 388-390）。このことからも分かるように、彼らは国家中心主義を否定しつつ、しかし一方で、国家はもはや無意味で無力であって論じる価値はない、とは考えていない。彼らが否定しているのは、あるシステムの論理を無理に拡張することであり、たとえばここで挙げられている人権訴訟や公益訴訟も、法システムの論理で全て解決するということではない。社会的立憲主義から見た場合のこれらの訴訟の目的は、議論に無理やり巻き込み、歴史的な事実や責任を明らかにしていくことなどにより、諸システムがそれらを内部化して処理する機構を実現する、いわば自己学習に向けた外圧を生じさせることにある。国家にはなお、こうした圧力を生む機構として、重要な役割が与えられている。ただし、こうした外圧としての役割を無理に超えようとしたならば、（2）で見たような暴走と悲劇を招くことになるだろう。

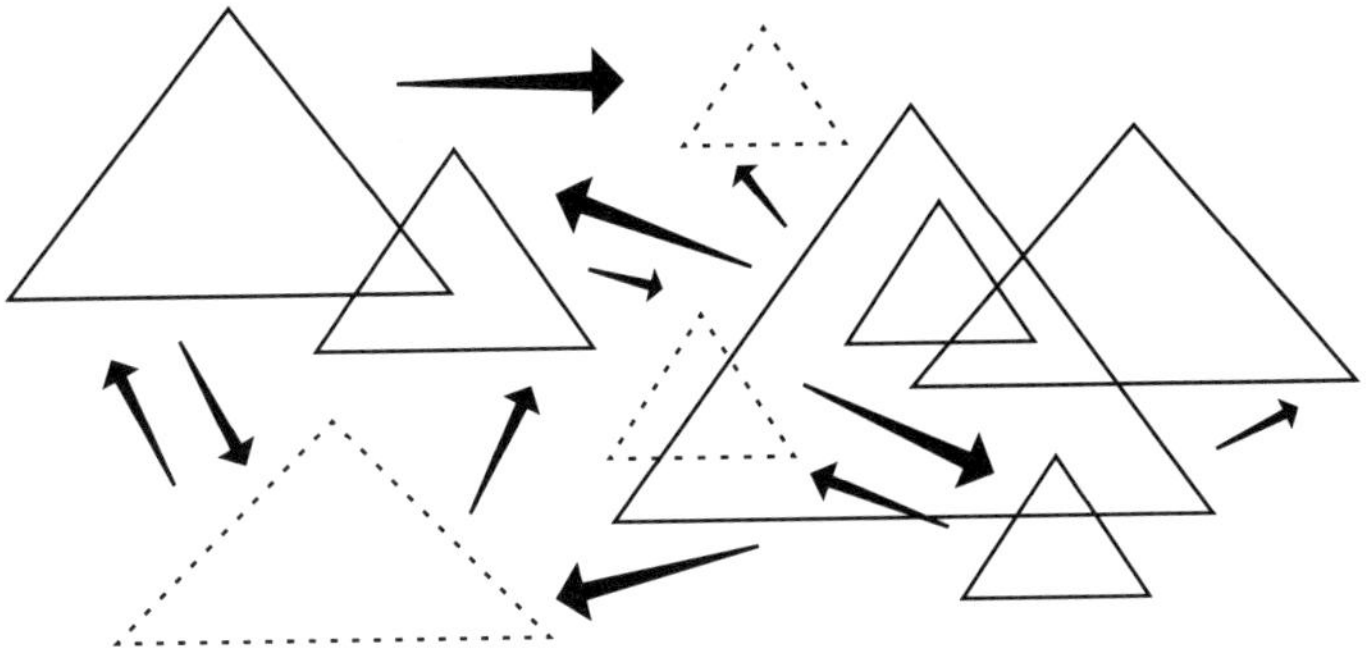

（5） 小括

小括として、社会的立憲主義が描く世界を大雑把ながら図示してみよう。

世界には、国家に限らず、大小様々な憲法が存在する（図の三角形）。それはEUのような国家の連合体である場合もあれば、企業のような私的団体であることもある。また、点線にて示しているように、形成の途上にあるものも存在する。これらの憲法は、政治や経済、医療など、様々な形で機能分化したシステムの下、異なった合理性に基づいて自身を形成しているがゆえに、重なりあい、つながりを形成することもあるが、完全に1つになることはない。

それぞれのシステム、そして団体は、矢印で示しているように、自らの合理性に従って自身を拡張しようとして、ときに暴走し、社会全体の破壊へとつながってしまう。しかし、こうした破壊的な事態は防ぎうる。憲法化によって構成機能・制限機能を発達させ、それらを実現するための機構を形成することで、諸システムは自制性を獲得するのである。

だが、憲法化は、自然発生的に自動でなされるものではない。外部からの刺激、すなわち外圧が必要となる。ただし、単に外圧を与えるだけでは憲法化は進まず、それぞれのシステムの内的合理性にうまく変換される必要がある。社会的立憲主義は、以上のような憲法化という現象やそれを可能にする条件を明らかにし、システムの暴走を防ごうとする議論である。

2　従来的な権力分立論の陥穽――社会的立憲主義が描く怪獣たちの関係性

(1)　機関の分立を超えて――伝達過程への着目

それでは、以上のような社会的立憲主義は、本書の主題である怪獣戦争――リヴァイアサン(国家)vsビヒモス(巨大DPF)――について、どのような知見をもたらしてくれるのだろうか。2023年に、社会的立憲主義を踏まえつつDPFについて論じた特集(「デジタル憲法:社会的立憲主義の変革的なポテンシャルについて」)がジャーナルで組まれているので、それを参照させてもらうことにしよう。

特集のイントロダクション的な論考において、ゴリアとトイプナーは、憲法理論上の様々な概念の見直しを提唱している。ここでは、本稿の主題に直結する、権力分立論に着目することにしよう。彼らは次のように述べる。

……権力にのみ焦点を当てるのは、不十分である。〔というのも、〕社会的権力に〔のみ〕専心してしまったならば、他の拡張的なコミュニケーション・メディア(貨幣、知、法的権威)の過剰化が曖昧なも

> のとされてしまう〔からである〕。こうした過剰化に対しては、たとえ社会的権力の中心が存在しない状況であろうとも、憲法的な制限が必要とされる。憲法的な方策は、政治の権力的要請により生み出されてしまう負の外部性以外に対しても、制限的ルールを発達させるべきである。そうした外部性としては、とりわけ、経済における利益の要請、学問における評判という要請、技術における革新の要請、情報メディアにおける新規性の要請、医療システムにおける健康の要請、法における法化の要請が生む外部性が挙げられる。（Golia and Teubner 2023: 6）（〔　〕内、筆者）

先に見たように、悲劇は、特定のシステムが過剰に成長・拡張することによって発生する。経済的利益＝貨幣のみによって処理される世界、ありとあらゆるものが学問＝知によって分別される世界などに、我々は住みたいと思わないだろう。こうしたシステムの過剰な成長・拡張は、単純に権力に着目し、複数の機関や集団に分割するだけでは止めることができない、というのがここでのポイントである。

もう少し立ち入って説明しよう。過剰な成長・拡張が起きている状況がいかに発生するかといえば、あるシステムの合理性（前記引用でいう「コミュニケーション・メディア」）に基づく思考のみが覇権を握ることによって、である。経済システムが暴走するとき、我々の思考は貨幣によって塗りつぶされ、全てを貨幣に基づいて考えるようになる。学問システムが暴走すれば、我々は知＝真理の探究のために、あらゆるものを犠牲にし、人体実験などを行うようになるかもしれない。法システムが席巻すれば、あらゆる人間関係が法に還元され、情に欠けた世界が実現しうる。では、これらの世界において、複数・多数の機関や集団への分割がされていないかといえば、されている可能性は十分に考えられる。たとえば、経済システムの支配下では多くの企業が互いに競争しているかもしれないし、学問システムの支配下でも様々な学問領域に分かれて学会同士が相対立しているかもしれない。司法府も権力分立という法理に——少なくとも建前上は——従っているだろう。

このように、社会的立憲主義から見たとき、機関を分割するという意味での権力分立は、不完全たらざるをえない。権力分立が果たそうとする制限機能を十全に機能させるために必要なのは、諸システムの思考が過剰に成長・拡張していく、その伝達過程の分析と統御であり、よって、権力分立論もその使命を果たそうとするならば、そうした点を踏まえつつ再定立する必要があるのである。

(2) 加速器としてのビヒモス

以上のような認識に基づきつつ、次に問うべきは、ビヒモスこと巨大ＤＰＦが、この伝達過程においてどのような役割を果たしているのか、である。この点について、ゴリアとトイプナーは次のように述べている。

> 政治と経済という2つの支配的な機能システムが包括的にデジタル化されるとき、それらから滲み出す圧力である利益及び権力は、デジタル化から同程度に強く滲み出す圧力によって大きく強化されることになる。内的には、デジタル化は政治システムと経済システムにおける内発的な成長のダイナ

ミクスを増強する。外的には、政治システムと経済システムが他の社会システムへと拡張していこうとする傾向を悪化させる。（Golia and Teubner 2023: 8）

このように、彼らによれば、ビヒモスは、政治システムと経済システムの合理性の伝達過程を増強するという機能を果たしているのである。そして、その結果、「学問、教育、健康、芸術といった他の社会領域において現れつつある、脆弱ながらも新しい社会——デジタル的制度（socio-digital institutions）を構造的に腐敗させてしまう」のだという（Golia and Teubner 2023: 9）。

ここでただちに次のような疑問が浮かぶ。すなわち、なぜ政治システム及び経済システムの成長・拡張だけがとりわけ増強されることになるのか、である。この点について、彼らは明確な答えを示してはいない。よって以下では、彼らの考えとは若干ずれることになるかもしれないが、私なりに社会的立憲主義的視座からの考察を試みることにしたい。

① 比較対象としての学問システム

さしあたり、学問システムを比較対象として考えてみよう。まずは、ＤＰＦが、学問システムの成長・拡張を促しうるという点を確認しよう。近時、ＤＰＦが発達したことで、何かを研究しようとするとき、関連する文献を入手することは以前に比べてはるかに容易になっている。いま私が書いているこの文章も、Google Scholar がなければ全く違ったものとなったであろう。Amazon のおかげで研究に役立つ書物を偶然発見することも少なくない。遠くの研究者とのやり取りや情報収集に、Facebook や Twitter

（現X）を活用している者も多いだろう。他にもいろいろと挙げていくことが可能であるが、このように、DPFの存在は、研究のスピードを加速させ、学問システムの成長・拡張を促進しているのである。

しかしその一方で、同時に、DPFは、学問システムの成長・拡張を阻害するような性質を持つ。その典型として、DPFが引き起こす、「エコーチェンバー」や「フィルターバブル」と呼ばれる現象を挙げることができよう。

「エコーチェンバー」とは、「ソーシャルメディアを利用していると、自分と似た興味関心をもつユーザをたくさんフォローし、結果的に、同じようなニュースや情報ばかりが流通する閉じた情報環境」が形成されやすくなる、という現象を指す（笹原２０２１：80）。類似するが、「フィルターバブル」は、「ユーザの個人情報を学習したアルゴリズムによって、その人にとって興味関心がありそうな情報ばかりやってくるような情報環境」を意味する（笹原２０２１：96）。

両者に共通するのは、情報に偏りをもたらすということであり、残念ながら、学者たちに対しても同様の働きをする。私の下には、私の専門関心に近い情報――たとえばこの章で扱われている社会的立憲主義――が集まり、私はそうした情報環境下で研究をする。結果、どんなに注意していても、評価や検討について歪みが発生してしまっているだろう。あくまで私の肌感覚ではあるが、これは他の学者についても同様である。こうした歪みが、真理の探究を機能とする学問システムに負の影響を与えることは、想像に難くない。

こうした負の影響は、他のシステムに及ぶことも、最後に簡単ながら確認しておこう。昨今のコロナ騒動を見れば、医療システムにＳＮＳが与えた負荷が大きなものであることを理解するのは難しくないだろう。法システムに対しても、Facebook や Twitter などにおいて表現の自由といった人権の問題を惹起し、政治闘争の舞台とされることで、その自律性を侵害する結果につながっていると評価できよう。このようにビヒモスは、成長・拡張を促すと同時に阻害するという、相反する役割を担っているのである。

② 政治システム・経済システムとの相性の良さ

しかし、学問システムなどの成長・拡張を阻害する以上のような性質は、政治システムや経済システムにも同様の影響を与えるのであろうか。答えは否であり、学問システムなどに対する前記のような阻害的性質は、政治・経済システムに対しては、逆に成長・拡張を促すのである。

まずは、経済システムから考えてみよう。エコーチェンバーやフィルターバブルは、経済システムには負の影響を与えず、それどころか、経済システムの産物であるといってもよいであろう。そもそも、なぜこのような情報環境が形成されるのかといえば、それは人々の購買意欲を刺激するためである。ビヒモスたちは、人々を監視しデータ化することで、人々が欲しがるであろうものを予測し、それらを人々の周囲に並べ立てる。我々はいまや、いわゆる「監視資本主義」の下にいるのである（ズボフ２０２１）。

もちろん、経済システムへの負の影響が全くないわけではない。たとえば、私の Amazon のおすすめ欄には、消費ミニマリズムや反資本主義を掲げた本が並び、私の購買意欲を減少させているかもしれない。しかし、翻って考えるべきは、こうした著書の流通もまた、経済システムに刺激を受けてのことだという点である。経済システムへのアンチもまた経済システムへと——少なくとも部分的に——回収されてしまう。「資本主義の終わりより、世界の終わりを想像するほうがたやすい」という言葉は、非常に重い（Jameson 1994: xii; フィッシャー2018：第1章）。近時の資本主義に対する批判の興隆は、経済システムの過剰拡大を裏打ちするものであろう。しかし、経済システムは、自らへの批判すら、市場へと回収してしまうのである。

さて、ではもう一方の政治システムはどうであろうか。こちらの論点はやや複雑である。というのも、多くの論者が、エコーチェンバーやフィルターバブルは政治システムにとって問題だ、と考えているからである。最もよく知られた批判者の一人であるキャス・サンスティーンは、次のように主張する。すなわち、なぜエコーチェンバーやフィルターバブルが問題かといえば、まずは端的に、集団的に過激化して暴力へとつながりやすいからである。そして、暴力にまで至らない場合であっても、正しさではなく党派性に基づく判断を助長し、良き政策を妨げ、悪しき政策を実現してしまう。加えて、人々が誤った情報を信じやすくし、個人の自由を大きく阻害するという結果にもつながる（サンスティーン2018：15–19）。

こうした主張は、いたって説得的に思われるかもしれない。しかし、ここで注意せねばならないのは、システムの成長・拡張と、それが望ましいかどうかは別問題である、という点である。規範的な望ましさとは無関係に、分極化それ自体は、政治システムを大いに加熱させ、成長させる。人々は、党へと分派し、自分と異なる党を選挙や政治運動によって圧倒しようと努める。こうした中で、政治システムは、個々の人々の思惑に左右されることのない自律性・閉鎖性を獲得し、より強固なものとなっていく。サンスティーンは、ある共和党議員が彼に対し、ある重要な問題について、「もちろん、この問題では民主党の案に賛成票を投じたいのだが、そんなことをしたら自分の仕事を失うことになる」と語ったことを紹介しているが（サンスティーン2018：17）、これはまさに、政治システムが、個々人を超えたシステムの自律性・閉鎖性を獲得したということを示すものだと考えうる。以上のような事態を受け、「分断」や「ポピュリズム」などをキーワードとして、サンスティーンに限らず、多くの政治システム批判がなされている。しかし、社会的立憲主義の見地からいえば、そうした批判は（主として）学問システムからのものであり、うまく政治システムに入力可能な形で変換されないならば、政治システムへと取り入れられることはないのである。

(3) 小括

以上、社会的立憲主義に基づきつつ、怪獣たちの姿を描き出した。1での議論も踏まえ、見えてきたものを整理しておこう。

社会的立憲主義によれば、世界は様々なシステムに分化しており、そして国家のものに限られない様々な憲法が形成されている。それゆえに、権力分立を論じるにあたっては、1つの憲法を見ればよいというのではなく、システムの中にある様々な憲法間の連関や影響関係を理解していかねばならない。

こうした連関や影響関係を踏まえて見えてくるのは、単純に機関や制度が分立していればよいのではない、ということである。重要なのは、ある一部のシステムの合理性が他のシステムを圧倒してしまわないようにすることであり、機関や制度の分立はそのための必要条件にすぎない。権力分立論は、その目的を達成しようとするならば、システムの合理性がいかに伝達されていくかについての洞察も含めていく必要がある。

以上のような社会的立憲主義の権力分立論から見たとき、ビヒモスは特殊な機能を果たしていることがわかる。すなわち、ビヒモスは、他のシステムの成長・拡張も促すものの、政治システム・経済システムの成長・拡張をとりわけ大きく促し、結果、社会全体のシステム間のバランスを崩す――政治・経済システムの合理性を過剰に伝達する――のである。ビヒモスは、デジタル化を推進することによって、人々の購買意欲を強く刺激して経済システムの発展を促し、また政治を大きく過熱させることで政治システムの成長も促す。この過剰化の裏返しが、出口の見えない、近年の資本主義への危惧や、分断的な政治への警戒論だと考えてもよいだろう。ビヒモスはいわば、〈憲法〉の条件たる制限機能を破壊する、加速器の役割を果たしているのである。

3　インターネット権利章典という処方箋――社会的立憲主義の応用例

それでは、ビヒモスがもたらす以上のような事態に歯止めをかけることはできないのだろうか。社会的立憲主義的知見に基づく方策は様々に考えうるが、以下では、エドアルド・セレストのインターネット権利章典の擁護論に注目することにする。セレストは、先に挙げた特集においても（トイプナーとゴリアのイントロダクションを除き）巻頭を飾っており（Celeste 2023b）、イギリスの代表的な学術出版社であるラウトレッジから、インターネット権利章典をテーマとした単著も公刊している（Celeste 2023a）。セレストの議論は、社会的立憲主義のみに基づいて展開されているものではないが、社会的立憲主義がその理論の基底となる部分を形成していることは間違いない。そして彼の議論は、社会的立憲主義の意義を直截に示すという点でも優れている。興味深いことに、彼の議論は、社会的立憲主義を介することによって、インターネット権利章典の弱みだと通常考えられているものが、弱みでなくむしろ強みであることを明らかにしているのである。以下、彼の単著（Celeste 2023a）に基づきつつ、その内実を見ていくことにしたい。

（1） 均衡の歴史としての憲法

まずは、セレストの憲法観について確認をしておきたい。彼の憲法観の根幹を示す概念がある。すなわち、「均衡（equilibrium/balancing）」がそれである。先に検討対象とした権力分立論もまた、この「均衡」という概念によって読み替えられている。すなわち、「権力の制限は、決して権力の消滅を意味するものではなかった。むしろ均衡の作用に言及するものであった」のであり、権力分立というと、「権力の『限界付け』や『分割』というように、制限的な形で解釈したくなるかもしれないが、むしろ権力の

『均衡』や『再分配』という観点から考えるべきであろう」と主張する (Celeste 2023a: 9)。

この「均衡」は不変のものではない。憲法は、均衡を模索する中で、社会の大きな変化に準じて、歴史的に様々な進化を遂げてきた、とセレストは述べる。18世紀末には貴族などの特権階級と一般市民の間の均衡を達成するために選挙権などが発達し、20世紀以降には資本家と労働者の均衡を実現するために各種の社会権が興隆した。そして現在、「デジタル革命によって促進された変革、すなわち、自分自身との関係や自分以外の人々との関係、そして究極的には社会全体に対する変革は、『アナログ』なコミュニティのために形成された憲法規範の貯蔵場の下で〔マグマのごとく〕煮えたぎっている」のであり (Celeste 2023a: 23-24、〔 〕内、筆者)、我々は新たな憲法の形を模索していく必要がある。そして実際、そうした動きが現に見られるのであり、それこそがインターネット権利章典だ、というわけである。

以上のような機能を中心とした理解と、憲法 (論) を動態的に論じる姿勢は、社会的立憲主義のそれと通底するものだと考えられよう。

(2) インターネット権利章典とは何か

さて、ではインターネット権利章典とはどういったものなのか。インターネット権利章典とは、従来の憲法によっては制御できない形で活発化・過熱化してきているインターネットに対して、(国家も含むが) 国家に限られない様々な団体・個人が定立した、それ自体では法的強制力を持たない権利宣言・規定のことを指す。必ずしも「権利章典」という名称を持つ必要はなく、たとえば人権団体や学者らのグループが作成した「コンテンツモデレーションにおける透明性と説明責任に関するサンタクララ原則（Santa Clara Principles on Transparency and Accountability in Content Moderation）」（現在第2版）といったものも含まれ、また、条文数や長さもまちまちである（Celeste 2023a: 2, 44-46, appendix A）。

以上のような抽象的な説明ではわかりにくいかもしれないので、雰囲気を摑んでいただくためにも、簡潔な具体例を示しておこう。アメリカのオバマ政権下で、議員らによって検討されたインターネット権利章典案の翻訳を総務省がしてくれているので（総務省２０１８）、それを部分的に引用させてもらうことにする（なお原文については Swisher 2018）。

インターネット時代とデジタル革命は、アメリカ人の生活様式を変えた。我々の生活と米国経済はインターネットに結びついているため、オンラインでの基本的な保護をアメリカ人に提供することは不可欠である。

あなたには、以下の権利がなければならない：

（1）企業が収集・利用する全ての個人データにアクセスし、その内容について知ることができること

（2）個人情報の収集と第三者との情報共有にオプトイン方式で同意できること

（3）適切な状況と公平な手続きを以て、企業が保管する個人データを取得・修正・削除でき、第三者にもこれらを要求できること

（4） 個人データの安全な保管と、個人データ流出時の時宜を得た報告を受ける権利を有すること

……（略）……

以上に引用したインターネット権利章典には記載がないが、統治機構論（組織論）的な内容を定めるものもある。たとえば先に挙げたサンタクララ原則は、企業に対して独立した異議申し立てシステム、いわば司法に近い制度の確立を推奨し、また政府及び他の国家機関と企業のあるべき関係性についても触れている。先に少し触れたFacebookの監督委員会――疑似的な司法府――も、こうした規範と同じ線上で生まれたものと位置づけることが可能であろう（Klonick 2020: 2448-2449）。

（3） 弱みか強みか――強制性の不在と多数性・場当たり性

以上のようなインターネット権利章典の動向に対して、懐疑的な視線を向ける者も少なくない。インターネット権利章典は、法的な強制力を欠くものであって、綺麗ごとを並べただけではないのか（①）。また、様々な団体、様々な場所において、数多くの権利章典が乱立しており、体系性や包括性に欠けた場当たり的なものにしかなっていないのではないか（②）、といった具合である。

それに対して、セレストは、逆に以上のような性質は、インターネット権利章典の強みを示すものであるという（Celeste 2023a: chapter 8）。この主張の背景となるのが、社会的立憲主義である。

まずは①強制力の不在について見てみよう。セレストによれば、「インターネット権利章典は、他の

規範的な文書とは対照的に、法的拘束力がないがゆえに、特に伸縮性、可塑性、可鍛性を持つ」のであり、これにより、「NGOやアドボカシー・グループなど、トイプナーが『自生的（spontaneous）』と呼ぶ社会領域の事例を伝達する」とともに、そうしたグループと「政治や経済上の強力な主体との対話」を可能にするのだという（Celeste 2023a: 118-119）。すなわち、強制力を伴うことが要件となると、十分な力を持たないNGOやアドボカシー・グループなどの意見は無視されることにつながってしまう。また、どうにかして一部のNGOやアドボカシー・グループの権利章典が強制力を得たとしても、それによって、より強力な政治主体や経済主体が警戒を示すようになり、問答無用で抑圧しにかかる可能性も高い。翻って、こうした抑圧を警戒して、NGOやアドボカシー・グループも思い切った主張ができなくなり、多数から安定して支持を取り付けられそうな無難な内容を主張するにとどまってしまう、ということも考えられる。

そこで、インターネット権利章典は、あえて強制力のないレベルにとどまることを選択するのである。これにより、ビヒモスが加速させている政治システムや経済システムの合理性の席巻に対抗し、ビヒモスに釘を刺しつつ、別の合理性の表出する空間を可能とするのだ。2で見てきたように、重要なのは、制度・機関の単純な分立ではなく、システムの合理性の伝達過程におけるバランスである。インターネット権利章典の強制性の不在は、ネット上での議論の活性化につながり、あるべきバランスを取り戻すことへとつながりうるのだ。

続いて、②多数性・場当たり性についてはどうか。セレストは、これはいわば、健全な「漸進主義

> (gradualism)」を示すものだと応答する。
> 　当然のことながら、漸進主義には時間が必要である。インターネット権利章典は――トイプナーの言葉を借りれば――ある種の規範的な「ビッグバン」のように、首尾一貫し、すぐにでも適用可能な原理体系を生み出したりはしない。デジタル社会という文脈の中、現代立憲主義の中核的な価値や原理を翻訳する最も適切な方法について、それらに関係する人々が熟考する可能性を提供しながら、インターネット権利章典はゆっくりと反省性を発揮していくのである。(Celeste 2023a: 125)

先に見てきたように、社会的立憲主義は、諸システムが互いに拡張しようとし絡みあう、動的な過程において憲法を理解する。社会において既にシステムは分化し、それぞれの合理性を独自に発達させている以上、それらを全て白紙にして社会全体に1つの憲法を形成しようとすることは、現実的ではない。様々なシステムが別の様々なシステムと絡みあうそれぞれの場において、漸進的に多数の憲法を発展させ、そしてまたそうした多元的な憲法の間での対話を継続していくこと――憲法多元主義――こそ、社会的立憲主義の洞察を踏まえた上での、望ましい方策であるといえるだろう。一挙に1つの憲法を形成しようとすることは、諸システムへの分化という事態から目を背けたものでしかないのである。

おわりに

以上、社会的立憲主義とはどんな理論であるかから始め、現代の怪獣戦争を前にしていかなる方策が考えられるか論じてきた。インターネット権利章典は、強制性を欠き、多数性と場当たり性を孕むが、そうした弱点にも見える性質が、社会的立憲主義の知見に基づけば、むしろその有用性を示すものだ、ということが理解できるのである。

さて、最後に一抹の不安を示しておこう。本稿もまた、複数のシステムが分化しつつも複雑に絡みあう世界において執筆されており、筆者たる〈私〉もまた、システムの一部に過ぎないということが、社会的立憲主義からは示唆される。現に私は、批判対象であるビヒモスことDPFを大いに活用することで、本稿を何とか書き上げることができた。しかし、私はこれを活用したのだろうか、それとも活用させられたのだろうか。活用させられたのだとすれば、私はどこに誘導されたのだろうか——。

何にせよ、本稿で展開した主張が、諸システムにそのまま受け入れられることはないだろう。同じ意味内容で全てのシステムに共通する規範が成立するとすれば、それは諸システムの自律性・閉鎖性を主張する社会的立憲主義の世界観と矛盾する。しかしながら、諸システムに対する、一抹の外圧としては機能する可能性はある。そうなることを祈りつつ、ここで筆を置く——正確にはwordファイルを閉じるだが——ことにしたい。

【参考文献】

尾崎一郎（２０１２）「トイブナーの社会理論と法律学」瀬川信久編『システム複合時代の法』信山社

笹原和俊（２０２１）『〔新版〕フェイクニュースを科学する：拡散するデマ、陰謀論、プロパガンダのしくみ』ＤＯＪＩＮ文庫

サンスティーン、キャス（２０１８）『#リパブリック：インターネットは民主主義になにをもたらすのか』伊達尚美訳、勁草書房

ズボフ、ショシャナ（２０２１）『監視資本主義：人類の未来を賭けた闘い』野中香方子訳、東洋経済新報社

総務省（２０１８）「欧州におけるネットワーク中立性に関する政策動向について」https://www.soumu.go.jp/main_content/000582211.pdf（最終閲覧：２０２４年６月６日）

ハート、Ｈ・Ｌ・Ａ（２０１４）『法の概念（第３版）』長谷部恭男訳、ちくま学芸文庫

フィッシャー、マーク（２０１８）『資本主義リアリズム』セバスチャン・ブロイ＝河南瑠莉訳、堀之内出版

見崎史拓（２０１９）「憲法的機能は国家のみに見出せるのか？（１）（２・完）：シウリ、トイブナーの社会的立憲主義」名古屋大学法政論集２８１・２８２号

水谷瑛嗣郎（２０２１）「Facebook『最高裁』の可能性：オンライン言論空間の憲法的ガバナンスに向けて」情報法制研究第10号

山田哲史（２０２１）「G. Teubner の『抵触法アプローチ』：議論の整理を中心に」岡山大学法学会雑誌70巻３号

Celeste, Edoardo（2023a）*Digital Constitutionalism: the Role of Internet Bills of Rights*, Routledge

Celeste, Edoardo（2023b）“Internet Bills of Rights: Generalisation and Re-Specification
towards a Digital Constitution,” 30 *Indiana Journal of Global Legal Studies* 25

Golia, Angelo Jr and Gunther Teubner（2021）“Societal Constitutionalism: Background, Theory, Debates,” 15 *ICL Journal* 357

Golia, Angelo Jr and Gunther Teubner（2023）“Societal Constitutionalism in the Digital World: An Introduction,” 30 *Indiana Journal of Global Legal Studies* 1

Jameson, Fredric（1994）*The Seeds of Time*, Columbia University Press

Klonick, Kate（2020）“The Facebook Oversight Board: Creating an Independent Institution to Adjudicate Online Free Expression,” 129 *Yale Law Journal* 2418

Swisher, Kara（Oct. 4,2018）“Introducing the Internet Bill of Rights,” N.Y. TIMES, https://www.nytimes.com/2018/10/04/opinion/ro-khanna-internet-bill-of-rights.html（最終閲覧：２０２４年６月６日）

第2章
コミュニケーション・インフラとしてのビヒモス

I デジタル言論空間における憲法的ガバナンス

——ビヒモスを統治する*

水谷瑛嗣郎

デジタル技術とインターネットの普及により、人々のコミュニケーション機会が大幅に拡大したことで、現代のデジタル表現環境は、真の意味での「思想の自由市場」を私たちにもたらしたように見えた。しかしながら、私たちの日常を支えるオンライン環境は、これまでのリベラリズムを基調とする民主政システムにとって無視し得ないパラダイムシフトを迫っている。その背景の一側面として、ペニープレスと呼ばれる新聞から始まった「アテンション・エコノミー（関心経済）」は、今やオンライン環境に深く根付く経済原理となった。そこでのコミュニケーションは、「『思想の競争』から『刺激の競争』」へシフトしつつあることが指摘される[1]。

例えば偽・誤情報の流布も、これまでは言論市場における理性的な議論の中で淘汰されることが望ましいとされ、表現環境への政府介入は可能な限り回避されるべきと考えられてきた。しかし、アテンション・エコノミーが通底する現環境においては、より効率的に私たちの「注目」を奪える情報に価値の重点が置かれ、その結果、事実に基づくニュースよりも、よりセンセーショナル又はサブリミナルな形態で発信・流通が行われる偽・誤情報の方が優位な位置を占めることになった。そのうえ、特にグローバルな経済圏の覇権を握ることとなった一部のデジタル・プラットフォーム事業者（以下、「DPF事業者」）は、こうした環境に適応するために、ユーザーを「監視」して多くの情報を集めて分析・適用することで、ユーザーが自社ウェブサイトにより長い時間とどまり続ける（＝「粘着性」を高める）ための様々な仕組みを実装している。同時にこれら事業者の多くは、アメリカに拠点を構えており、表現活動に対する政府介入を強く拒否する「修正1条ロックナー主義」の恩恵を享受し、巨大に成長してきた。[2]その結果、経済市場における支配力を強めたDPF事業者は、言論市場においても無視し得ない力を持つようになった。

本稿は、こうしたDPF事業者がオンライン空間で発揮する事実上の権力に対して、近時のアメリカの判例及び学説の動向を踏まえつつ、憲法学の観点から、どのように統御を試みていくべきかについて若干の検討と展望を示すものである。

1　DPF事業者と現代のメディア環境

（1）　DPF事業者の情報環境形成機能

そもそもDPF事業者は現代の表現環境の中でどのような役割を果たしているのだろうか。筆者は、かねてからDPF事業者は、オンライン空間において、「情報環境形成」機能を有していると指摘してきた。これは、多くのユーザーに情報発信及び受領のために必要不可欠となる「場」を提供したうえで、そうした「場」それ自体の「形成・管理・運営」を行う機能のことを指している。私たち一般市民のみならず、政治家から企業、報道機関に至るまで、私たちがオンライン空間でより効率的にコミュニケーション活動をとるためには、いまやDPF事業者が提供する「場」に依存せざるを得ない。そこでは、一見すると自由な情報発信や受領が行われているように見えるが、ドナルド・トランプ元米大統領のSNSアカウント凍結をめぐる一連の騒動を見ても明らかなとおり、私たちユーザーの自由は、ますますDPF事業者の「手のひらの上の自由」にすぎないものとなっている。[3] そして、この力は、その「場」が寡占的であればあるほど、私たちを強力に縛り付けることとなる。

（2）　DPF事業者が有する3つの要素

上記のDPF事業者の機能は、以下の3つの要素が相互関連的に働くことで構成されている。第一に、「アーキテクチャ（コード）」である。かつてローレンス・レッシグが指摘したとおり、「社会生活の『物理的に作られた環境』」[4]であるコードは、オンライン空間においてユーザーの行動を制約し、まさに「コードが法」として機能する。例えば、X（Twitter）は通常、一投稿につき、字数制限がかけられている（2024年現在は、プレミアム機能を設定することで、この制限は解除できる）。このような環境の「デザイン」は、ユーザーが長文を投稿することを制約するにとどまらず、非常に更新間隔が短い、反応の早いコミュニケーションを促すことも示唆される。[5]

第二に、「アルゴリズム（AI）」の存在も欠かすことはできない。ソーシャルメディア上の投稿のうち、「おすすめ」を優先的に表示するレコメンドシステム（パーソナライゼーション）はその典型といえる。

そして、第三に「コンテンツ・モデレーション」の仕組みが挙げられる。ソーシャルメディアを運営するDPF事業者は、ユーザー生成コンテンツを管理するためのポリシー（ルール）を設定し、違反する投稿に対する取締りを行っている。その仕組みは各社によって異なる部分があるものの、多くの場合、ルール違反の疑いがある投稿を別のユーザー又はAIが「通報」し（これを「フラグが立つ」という）、これを人間のモデレーター又はAIが審査するという流れとなっている。審査を担当する人間のモデレーターは、Yahoo! JAPANで約70名、Facebookで約1万5000人、Xで約2000人とも言われており、その多くがアウトソーシングされている。後述するとおり、コンテンツ・モデレーションのプロセスには、審査対象となる投稿の数が膨大な量に及ぶこと、そしてそれ故に、（完全ではないものの）AIを用いた自動化が実装されていることが、大きな特徴として挙げられる。

2　コンテンツ・モデレーションをめぐるアメリカの状況

（1）　DPF事業者による「検閲（Censorship）」？——コンテンツ・モデレーションと修正1条

上記のような表現環境で行使されるDPF事業者の（事実上の）権力に対して、アメリカにおいても警戒感が広がっている。ただしその警戒感の中身は、保守派とリベラル派で大きく異なる。リベラル派が問題視するのは、ヘイトスピーチや偽情報へのDPF事業者の対応の不十分さである。その一方で、保守派・右派側からあがっているのは、DPF事業者によるコンテンツ・モデレーションは「検閲（Censorship）」だという声である。彼らは、特にトランプ大統領のSNSアカウント凍結の一件なども、（真偽のほどは定かではないが）DPF事業者が左派・リベラル側の味方をしているためと考えているようである。その一方で、そもそもモデレーションの運用プロセスそのものの不透明さに対する指摘も見受けられる。例えば国連人権理事会特別報告者によるレポートは、コンテンツ・モデレーションを、不透明な「プラットフォーム法」であると指摘している[6]ところである。

しかしながら、伝統的なアメリカの憲法学からすると、憲法は国家権力を縛るものであり、私的アクターを拘束するものではないために、私企業にすぎないDPF事業者によるコンテンツ・モデレーションは憲法上の問題とはならないと言える。DPF事業者がどれだけ巨大な経済力を有していようとも、憲法を根拠に法律で縛ってよいことにはならず、むしろ国家「からの」表現の自由を保障したアメリカ憲法修正1条は、DPF事業者側の「武器」となる。むろんそうしたアメリカにおいても、「ステイト・アクション」と呼ばれる非常に限られた条件を満たせば、裁判を通して憲法による拘束が認められる場合もあるが、ＤＰＦ事業者がこれを満たすことは現状困難である。

さらにアメリカではＤＰＦ事業者の自主的なコンテンツ・モデレーションを推進するために、広範な免責を認めた通信品位法２３０条の存在もあり、ＤＰＦ事業者のコンテンツ・モデレーションに対する規制は、これとも矛盾する可能性がある。むしろ、修正１条は「私」企業たるＤＰＦ事業者を政府の規制から保護するものとして作動するのであり、ある意味でＤＰＦ事業者には「モデレーションをする自由」が認められることになる。

（２）２つの州法に対する仮（暫定的）差止命令めぐる一連の訴訟

以上のような伝統的な考え方があるにもかかわらず、アメリカの２つの州でＤＰＦ事業者のコンテンツ・モデレーションに対する興味深い法制化の動きが見受けられる。

一つは、フロリダ州によるＳＢ７０７２と呼ばれる州法である。これは、ソーシャルメディア・プラットフォームによる選挙候補者（candidate）のアカウントに対する凍結措置や、候補者の投稿等に対する事後的な優先順位付けやシャドウバンの禁止、ジャーナリズム企業への検閲等の禁止などに加えて事業者の透明性確保やユーザーへの告知の義務付けを行うもので、違反には多額の罰金が科せられることになる。[7] もう一つは、テキサス州によるＨＢ２０である。こちらは、ソーシャルメディア・プラットフォームによるユーザーの「見解」に基づいた「検閲」の禁止などに加えて、事業者に対する透明性、情報開示規定を設けている。[8]

これらの州法は、私企業たるＤＰＦ事業者のモデレーションの自由を制限するため、修正１条に違反する可能性（加えて、通信品位法２３０条に矛盾する可能性）が指摘され、ＤＰＦ事業者の団体であるNetChoiceにより、州法を仮差止めするための訴訟が行われている。訴訟は、まず連邦地裁の段階で、フロリダ州法、テキサス州法ともに、修正１条違反の疑いで差止めが認められたのだが、その後の控訴裁判所では、引き続き差止めが認められた第11巡回区控訴裁判所の判断と、差止命令が覆された第５巡回区控訴裁判所の判断が分かれてしまっており、決着は連邦最高裁にもつれ込むことになっている。まさに本稿執筆現在に口頭弁論が開かれており、判決は２０２４年夏ごろに下される予定となっている。[9]

では、上記のように分かれてしまった裁判所の判断というのは、それぞれどのような理屈なのだろうか。州法を差止めすることを認めた（すなわち、州法は憲法違反の可能性が高いと判断された）判決では、多かれ少なかれ、モデレーションを修正１条で保護される新聞社等が行っている「編集上の判断」と同じようなものと位置づけ、違憲かどうかを判断するための裁判所の厳格な審査又は中間的な審査をクリアできないと考えている。その一方で、差止めを覆した（すなわち、州法は憲法違反ではない可能性が高いと判断された）判決では、コンテンツ・モデレーションを編集上の判断と同じようなものとみていない。むしろ、後述するようにＤＰＦ事業者は、新聞社等と異なって、通信会社のように流通する情報に手を出さないコモンキャリアとして機能すべきだと考えられているようである。

(3) DPF事業者は「コモンキャリア」か?

このように判断が割れた背景には、DPF事業者を「コモンキャリア」と位置づけようとする動きと関連があるように見受けられる。コモンキャリアという存在を理解するためには、情報の媒介者にどのような法的責任を負担させるべきかに関するアメリカの古典的な分類を理解する必要がある。まず新聞社や雑誌社のように自ら編集活動を行っている事業者は「パブリッシャー」と呼ばれ、修正1条のもとで表現の自由と編集の自由を有する一方で、誰かの言説を掲載しただけであっても違法な表現(例えば誰かの名誉を毀損するような表現)の流通に対しては、発信者そのものと同様の責任を負うことになる。その一方で、書店や図書館といった事業者は、「ディストリビューター」と呼ばれ、コンテンツの頒布の自由を有するが、違法な表現が流通していることを知っていた場合に限って責任を負うことになる。最後に、コモンキャリアは「導管(Conduit)」とも呼ばれており、まさに文字通り、AからBまで表現をそっくりそのまま流通させることが求められる事業者となる。典型的には、電話会社などの通信事業者がこれに当たり、他の事業者のように編集の自由等を有しておらず、流通する表現に介入することは許されないが、その一方で責任を負うこともないのである。

実際に、先ほど紹介したコンテンツ・モデレーションを制限する州法の差止めを覆した判決では、州がDPF事業者をコモンキャリアとして扱うために規制を行っていると評価している。また今後、この問題に決着がつけられる場所である連邦最高裁の中にも、DPF事業者はコモンキャリアに位置付けられるべきと考えているクラレンス・トーマスという裁判官がいる。彼は、別の裁判の中で、ソーシャルメディアのコモンキャリア又はパブリック・アコモデーションとの類似性を指摘している。[10] また学者の中でも、DPF事業者にコモンキャリアとしての地位かディストリビューターとしての地位かを選ばせるように通信品位法230条の改正を行うことを提案する者もいる。[11] ただし筆者から見ると、こうした「DPF事業者＝コモンキャリア」論は、アメリカ固有の事情が色濃く出た議論のように思われる。というのも、アメリカにおいては、修正1条の権利が非常に重視され、政府による規制（特に内容規制）に関してはその多くが違憲とされてしまううえ、最近では修正1条ロックナー主義と呼ばれるほど、表現の自由が規制緩和手段として強力に機能してしまっているとの指摘があり、こうした議論は、修正1条が建設した強大な「壁」を迂回するための手段と言えるかもしれない。

3 オンライン言論のガバナンスに対するガバナンス

（1） “The New Governors”の意味――中間団体としてのDPF事業者

その一方で、アメリカでもケイト・クロニックという法学者が、情報媒介者の法的責任の議論とは別の観点から、DPF事業者の位置づけを検討している。クロニックは、DPF事業者に対するインタビューや資料調査を通じて、彼らが、中央集権的組織と詳細なルール及び訓練を確立しており、またティア1からティア3に至る3階層のエスカレーション構造を持ったコンテンツ・モデレーションの仕組みを有し、政策やルールの更新に際して外的な影響を受けていることなどを指摘して、DPF事業者を

「オンライン言論の新たな統治者（the New Governors）」と位置づけるのである。[12]

日本においても、同様の視点からの研究がある。憲法学者の山本龍彦は、国家とＤＰＦ事業者の間の関係性を考えるうえで、特に重要となるのが「中世ヨーロッパ封建制社会における国家的なるものと『中間集団』との関係である」とし、なかでもＤＰＦ事業者と「カトリック教会との類似性」を指摘している。[13]すなわちＤＰＦ事業者は、①中世の「教会」と同じく、「〈コード＝アルゴリズム〉という独自の法（ius canonicum）を有し」、②「アカウント凍結（追放）等の独自の制裁を有し」、③そして「データ徴収等の独自の『課税』システムを有している」。[14]そのうえで、リヴァイアサンたる国家と対比して、ＤＰＦ事業者を「ビヒモス」ととらえ、国家とＤＰＦ事業者の関係について、「協約（コンコルダート）」に基づいた「戦略的な協力関係を構築すること」を提唱している。[15]

このように一部の巨大なＤＰＦ事業者を国家に匹敵する機能を有した存在とみなすことで、憲法的観点からそうした事業者のガバナンスを検討する必要性を見出すことができるだろう。もっとも、ここでいう「新たな統治者」としてのＤＰＦ事業者も、純粋に国家そのものとは言えないことには注意が必要である。なぜなら、彼らはやはり根本的には経済市場における利潤追求を行う私企業としての側面が否定できないからである。そもそも、ＤＰＦ事業者がモデレーションをはじめとするコンテンツ管理を自発的に行う背景の一面には、経済的必要性が控えているように思われる。アテンション・エコノミーの経済原理のもとで、ＤＰＦ事業者は、ユーザーが自社のプラットフォームになるべく長く滞在してくれることを望んでいる。その点でいえば、自社が提供している空間での違法有害な情報の蔓延は、ユーザーの離脱を招きかねない。[16] またアテンション・エコノミーを大きく支えているのが広告収益のシステムであることを考えるならば、広告主のブランドを維持するためにも、ヘイトスピーチなどがプラットフォーム上に蔓延し過ぎることは好ましくないだろう（「ブランドセーフティ」）。

このように、国家が経済市場における活動だけでは還元しきれない「公共の福祉」を実現する主体であるとするならば、DPF事業者はやはりそれとは異なる、経済的な利潤追求を稼働原理とする主体であると考えざるを得ない。そのため、国家と同じように、DPF事業者に対して、ユーザーの「人権」としての「表現の自由」を直接適用して規律することは、原則として行うべきではない（又は困難である）ように思われる。

しかし、こうした国家との相違点を踏まえたうえで、DPF事業者が自社の空間で行使し得る「権力」に対して、「表現の自由」を支えている民主政システムの維持・発展という客観的な価値を実現するために、一定の「ガバナンス」の手法を模索することには、検討の余地がある。そこでの主要な問題点は、ガバナンスをどのようにデザインすることが（憲法学的に）適切なのかという点にあるだろう。

（2）権利論ベースでのガバナンスの限界

こうしたDPF事業者の憲法的なガバナンスを考えるうえで、重要となってくるのは、彼らが自社の運営する場で、どのようにユーザーのコンテンツを管理しているのかという、コンテンツ・モデレーションの仕組みについての理解である。先ほど、DPF事業者のコンテンツ・モデレーションを制限しようとする州法をめぐる裁判で、新聞社の「編集上の判断」と同じように位置づけようとする考え方が示されている。しかしながら、コンテンツ・モデレーションの世界は、どちらかと言えば新聞社の編集作業というよりは、工場での流れ作業に近いと考えられ、また裁判における法廷のように一つ一つの表現を丁寧に議論して扱う場所というよりは、公衆衛生（Public Health）に近い発想でコンテンツを扱っているように見受けられる。例えば、ヘイトスピーチのような問題のあるコンテンツについて、DPF事業者の多くはルールで禁止をしているが、DPF事業者の取組は、いかにしてユーザーが問題のあるコンテンツに接触するリスクを減らせるか（＝インプレッションの割合を減らせるか）という視点で行われている。

また毎日、DPF事業者の運営するソーシャルメディアには、大量のコンテンツが投稿されており、そのうち審査しなければならないものも膨大な数にのぼる。そうした量的な問題に対処するためには、人間のモデレーターに依存していては解決し得ず、結果的に、多くのDPF事業者は、AIによる自動検知・削除の仕組みに頼っている。こうしたAIの積極的な導入には、どうしてもエラー（偽陽性／偽陰性）の問題が付きまとい、そのためコンテンツ・モデレーションを確率論的な世界にしている。そこで、こうした世界観のガバナンスにおいては、個人の権利をベースにしたものというよりは、必然的に生じるエラーを許容したうえで、それを踏まえたガバナンス設計を行うシステミックな視点が不可欠となる。[17]

（3） DPF事業者に対する憲法的ガバナンスの方向性

以上のような特徴を持ちながら、ユーザーのコンテンツを管理しているDPF事業者に対しては、従来の憲法学が重視してきた主観的な権利論（個々の表現の利益とそれによりもたらされる不利益の調整）をベースにしたアプローチの限界をふまえながら、よりマクロな視点で、表現の自由の背景にある民主政システムの基盤となる世論形成過程を維持するという観点からのガバナンス方法を検討する必要があるように思われる。ここでは、そうした憲法的なガバナンスに関する展望として、以下で2つの方向性を提示して筆をおきたい。

第一の方向性としては、DPF事業者のコンテンツ管理の「プロセス」の透明性を高め、当該プロセスの設計が「正統性」あるものといえるかどうかを問う事業者に対するデュー・プロセス的観点の導入である。こうした方法は、近時、EUで制定されたデジタル・サービス法の中にも盛り込まれている。さらに、いくつかのDPF事業者から支持を得ている「サンタクララ原則2.0」と呼ばれる学者らによって作成された私的原則の中にも、コンテンツ・モデレーションに対する透明性、ユーザーへの告知に加えて、異議申立ての仕組みの確保が謳われている。[18] これ以外にもDPF事業者の自主的な取り組みとして、Metaの資金により設置された外部独立機関である「監督委員会」の存在は興味深い。監督委員会は、主としてMetaのプラットフォーム上でのコンテンツ・モデレーションに対する不服申し立てを受け付ける仕組みであり、個人のデュー・プロセスの保障という意味では不十分な面もあるが、事後的にモデレーション・プロセスを外部検証し、ポリシーの設計不備などを指摘して、その改善を促すことも可能となっている。

　第二の方向性としては、ソーシャルメディアの世界で、個々のエラー（過剰規制、過少規制）を事後的に検証・是正・救済するというスキームをベースに議論することに限界があることを念頭に置き、よりプロアクティブなガバナンス設計を行うものである。[19] こうしたプロアクティブなガバナンスモデルとしては、DPF事業者上層部でのコンテンツ管理の政策決定レベルでの透明性を継続的に確保したり、独立した監査システムを設け、コンテンツの流通・管理が及ぼすリスクアセスメントや、コンテンツ・モデレーションのクオリティアセスメントを行うといった手法を駆使していくことになる。むろんこれらをDPF事業者が自主的かつ継続的に行うことには限界があると思われるため、取組を官民共同で行っていく「協調的ガバナンス（Collaborative governance）」の仕組み等も検討に値するだろう。[20]

おわりに

　以上のように、DPF事業者に対するガバナンスを検討する際には、上記の2つの方向性のいずれを模索するにせよ、事業者を一括りに扱うのではなく、その規模や機能に応じて分類する必要がある。EUのデジタル・サービス法では、「超巨大オンライン・プラットフォーム」をはじめとしてDPF事業者を規模で分類したうえで、課せられる責任にグラデーションを設けている。また、機能的な差異でいえば、近時、我が国の最高裁が、前科情報の削除に関する判決で、検索エンジンたるGoogle（「インターネット上の情報流通の基盤としての大きな役割を果たしている」）とSNSであるX（「その利用者に対し、情報発信の場や投稿の中から必要な情報を入手する手段を提供するなどしている」）[22]の機能を区別している点も注目に値するだろう。

加えて、重要となるのはDPF事業者が有している「統治構造」及び「生態系」を把握したうえで、それに対する憲法的価値の観点からの統御を議論するという点であろう。本稿では紙幅の関係からこの点について検討を深めることができなかったが、関連して欧州の憲法学者を中心に展開されている「デジタル立憲主義」の動向が注目される。[23]「新たな統治者」が行使する権力に対する統制という立憲主義の試みをオンライン表現環境にどのように発展・拡張していけるかが、今後のインターネット・ガバナンスにおける要諦となるように思われる。本稿で残された数々の課題の検討は、筆者の今後の責務としたい。

【注】

＊ 付記：本稿は、拙稿「ソーシャルメディア・プラットフォームに対する憲法的ガバナンスの展望」法とコンピュータ41巻（2023年）33頁以下の内容に、大幅に加筆修正を施したものである。

1 山本龍彦『〈超個人主義〉の逆説―AI社会への憲法的警句』（弘文堂、2023年）2-2頁。

2 水谷瑛嗣郎「思想の自由『市場』と国家：表現の自由の『環境』構築を考える」法律時報92巻9号（2020年）30-37頁を参照。もちろん、DPF事業者のビジネス形態やその規模は多岐にわたるものの、本稿では、その中でも特に、筆者の問題関心である我が国の表現の自由及び民主政システムに影響力を有している検索エンジン、ソーシャルメディア

（Google、Facebook、X、YouTube 等）に主眼を置いて議論を進めることとする。

3 水谷瑛嗣郎（聞き手：小嶋麻友美）「トランプ氏のアカウント凍結で気づいた『手のひらの上の自由』水谷瑛嗣郎・関西大准教授」東京新聞２０２１年１月28日〈https://www.tokyo-np.co.jp/article/82699〉。またトランプ元大統領のＳＮＳアカウント凍結に関しては、水谷瑛嗣郎「米大統領のアカウント凍結からプラットフォームのあり方を探る」Journalism ３７１号（２０２１年）54-61頁を参照。

4 ローレンス・レッシグ（山形浩生訳）『CODE VERSION2.0』翔泳社（２００７年）１７１頁。

5 例えば濱野智史『アーキテクチャの生態系―情報環境はいかに設計されてきたか』ちくま文庫（２０１５年）２１２頁。

6 *Report of the Special Rapporteur on the promotion and protection of the right to freedom of opinion and expression*, UN Doc A/HRC/ 38/ 35, 18 June-6 July 2018, pp. 3.

7 The Florida Senate Website, SB 7072: Social Media Platforms, 〈https://www.flsenate.gov/Session/Bill/2021/7072〉. ＳＢ７０７２法案と連邦地裁による差止命令については、水谷瑛嗣郎「ソーシャルメディア・プラットフォームのコンテンツ・モデレーションと『表現の自由』―フロリダ州法ＳＢ７０７２に対する連邦地裁の仮差止命令を題材に―」慶應義塾大学メディア・コミュニケーション研究所紀要72巻（２０２２年）27-40頁を参照。

8 Texas Legislative Online Website, HB20, 〈https:// capitol.texas.gov/ billlookup/ History.aspx?LegSess = 872&Bill = HB20〉.

9 Amy Howe, *Social media content moderation laws come before Supreme Court*, Scotusblog (Feb. 23, 2024), 〈 https://www.scotusblog.com/2024/02/social-media-content-moderation-laws-come-before-supreme-court/〉. なお当該フロリダ州とテキサス州のコンテンツ・モデレーションに関する規制法を扱った差止訴訟について、連邦最高裁は２０２４年７月１日に破棄差戻しの判断を下している。この判決に関しては、後日別稿で詳しく検討する。*See*, Amy Howe, *Court sends social media moderation cases back to lower courts*, Scotusblog (Jul. 1, 2024), 〈https://www.scotusblog.com/2024/07/court-sends-social-media-moderation-cases-back-to-lower-courts/〉.

10 *See*, Biden v. Knight First Amendment Institute at Columbia Univ., 141 S. Ct. 1220 (2021) (Thomas, J., concurring).

11 Eugene Volokh, *Treating Social MediaPlatforms Like Common Carriers?*, 1 J. Free Speech Law 377, 457 (2021).

12 Kate Klonick, *The New Governors: ThePeople, Rules, and Processes Governing Online Speech*, 131 Harv. L. Rev. 1598 (2018).

13 山本龍彦「近代主権国家とデジタル・プラットフォーム―リヴァイアサン対ビヒモス」山元一編『講座立憲主義と憲法学〔第１巻〕憲法の基礎理論』信山社（２０２２年）１６４頁。

14 山本・前掲注（13）165–168頁。
15 山本・前掲注（13）177頁。
16 ショシャナ・ズボフ（野中香方子訳）『監視資本主義――人類の未来を賭けた闘い』東洋経済新報社（2021年）は、DPF事業者にとっての脅威は公的機関の介入とユーザーの大量離脱であるため、コンテンツ管理は、そうした点への「防御策」でしかないことを指摘している。
17 *See*, Evelyn Douek, *Governing Online Speech: From 'Posts-As-Trumps' to Proportionality and Probability*, 121 COLUM. L. REV. 759, 791 (2021).
18 The Santa Clara Principles: On Transparency and Accountability in Content Moderation, 〈https://santaclaraprinciples.org〉. なお同原則の日本語の仮訳については、総務省「（総務省仮訳）コンテンツモデレーションにおける透明性と説明責任に関するサンタクララ原則」プラットフォームサービスに関する研究会第36回参考資料1〈https://www.soumu.go.jp/main_content/000813473.pdf〉。
19 *See*, Evelyn Douek, *Content Moderation as Systems Thinking*, 136 HARV. L. REV. 526 (2022).
20 *See*, Margot E. Kaminski, *Binary Governance: Lessons from the GDPR's Approach to Algorithmic Accountability*, 92 S. CAL. L. REV. 1529 (2019). また、類似する取り組みとして日本で提唱されているアジャイル・ガバナンスの仕組みが注目される。アジャイル・ガバナンスについては、経済産業省・Society5.0における新たなガバナンスモデル検討会「GOVERNANCE INNOVATION Ver.2: アジャイル・ガバナンスのデザインと実装に向けて」（2021年）を参照。また羽深宏樹・稲谷龍彦他「【座談会】ガバナンス・イノベーションのあるべき姿を考える」情報法制研究10号（2021年）3頁以下も参照。
21 最決平成29年1月31日民集71巻1号63頁。
22 最判令和4年6月24日民集76巻5号170頁。
23 デジタル立憲主義については、山本健人「デジタル立憲主義と憲法学」情報法制研究13号（2023年）56–71頁を参照。

II ソーシャルメディアによる意見フィルター*

——そして意見多様性の民主主義的な理想？

アナ＝ベッティナ・カイザー、イネス・ライリング
／藤田蘭丸、玉蟲由樹 訳

メディアは、意見形成のプロセスに影響を及ぼす。そして、何十年もの間、放送規制はこのことへの対応を試みてきた。当初は、政府が放送を通じて一方的に影響力を行使するという危険に対処する必要があった。その後、１９８０年代には、民間の放送事業者が現れるとともに、一方で、企業利益に直面する中での多様性の確保が、そして他方で、公共放送事業者と民間放送事業者の共存体制が注目されるようになった。

デジタル時代において、規制の必要性は、依然として存在する。今日、法体系に問題を突きつけるのは、たとえば、ソーシャルネットワークによって使用されるアルゴリズムと意見フィルター、およびネットワーク上で拡散されるフェイクニュースやソーシャルボットである。このとき、意見形成に関係す

る——とりわけフェイスブックの——オファー〔フェイスブックにおける「おすすめ」表示〕が多様性の保護の観点から規制されることは、単に法政策上望ましいというだけにとどまらない。放送の自由という基本権がこの規制を要求するのである。このテーゼについては、以下で意見フィルターについての議論を例としてより詳しく述べることとする。

まず、フェイスブックニュースフィード——とりわけニュースが盛り込まれたフェイスブックのホーム画面——において意見フィルターがもつ特別な問題状況について、2つの現実領域の分析を行う。非常に複雑で、それゆえに透明性を欠いた複数のアルゴリズムがサービスをパーソナライズしたり、選択したりすることで、フィルターバブルやエコーチェンバーの形成に寄与している（後述1）。たしかに、実証研究により示されているのは、ドイツにおけるメディア利用が依然として多元的であり、その結果として、フェイスブック上での意見空間が断片化しているにもかかわらず、（未だ）世論形成が全体として崩壊しているとはいえないということである（後述2）。しかし、このような方向性の異なる所見の民主主義理論へと取り込むことによって示されるのは、全くもってもはや民主主義に対する脅威を前提としうるということである（後述3）。連邦憲法裁判所の判例において熟議民主主義と機能的に関連づけられてきた放送の自由は、このことに対応した規制を要求する（後述4）。フェイスブックの市場権力を取り込み、同時に市民を正当性の主体として強化する放送法における規制のアプローチは、基本権的な観点から最も適切である。その際、とりわけ選択的なアルゴリズムが視野に入れられることとなる（後述5）。

1　現実領域での分析Ⅰ——フェイスブックニュースフィードのフィルター機能

（1）意見フィルターとパーソナライズ

ソーシャルメディアにおける意見フィルターという概念は、英語でいうところのフィルターバブル（ドイツ語ではFilterblase）という概念を想起させる。フィルターバブルという概念は、２００９年から用いられているパーソナライズされたグーグルのアルゴリズムへの反応として、２０１１年に政治活動家のイーライ・パリサーによって作り出された。このアルゴリズムにより、グーグルは過去の入力に基づく異なった検索結果を、それぞれの利用者に表示することになる。[1]

以下で論述の中心となるフェイスブックのいわゆるニュースフィードにおいても事情は似ている。ニュースフィードは様々な利用者間で同じではなく、まったく異なるのである。どのようなニュースが（そもそもどのような場合に）表示されるのかは、ここでも過去の利用者の選好に対応している。このとき、ニュースは2つのルートでニュースフィードに届けられる。すなわち、あるニュースをシェアした、または「いいね」したフェイスブック上の友達を経由する方法、および利用者自身が「いいね」をつけた、ないしはフォローしたニュースページを経由する方法である。そして、極めて複雑なアルゴリズムが利用者にとって「最も興味深い」記事を紹介する。たとえば、過去にある者がたびたびSüddeutsche.de（南ドイツ新聞のウェブサイト）の記事に「いいね」していたならば、将来的に何よりもまず「それに合致する」記事がニュースフィードに出現することになる。

前述したパーソナライズされたアルゴリズムが用いられる理由は、周知の事柄である。すなわち、仲介者にとっては常に、可能な限り利用者に最適化した情報を提供することが、ネットワーク上での滞在時間を長くするために重要なのである。[2] なぜなら滞在時間が長くなることは、自動的に仲介者の広告収入が増加することを帰結するからである。つまり、仲介者は利益の最大化を目指しているのであり、利用者への政治的な影響それ自体を目指してはいない。一見すると、単に利用者がもとから持っている意見を強化するだけのアルゴリズムほど政治的に中立なものは他にないように思える。

(2) 素晴らしき自分だけの世界

先のビジネスモデルにおいて結局のところ何が問題なのだろうか。パーソナライズされたアルゴリズムによって、異なる意見の対立が次第に失われていくことは事実である。パリザーによって示されたグーグルについての実例がわかりやすい。すなわち、海上掘削施設であるディープウォーターホライズンの事故の際に、2人の利用者が「BP」〔当該事故について責任があるとされたブリティッシュ・ペトロリアム社〕とグーグルに入力したときに、一方の利用者だけにBPによる原油の海洋汚染について情報が与えられたのに対して、他方の利用者はBPに関する投資のヒントを手に入れた。このことから現在生じている懸念は、パーソナライズされたアルゴリズムがますますフィルターバブルを生じさせ、そこでは考えを同じくする人だけが意見を交換し合うというものである。たとえば、フェイスブックにおいてライヒスビュルガー〔第二次世界大戦後の現在のドイツを否定し、自らの祖国がドイツ帝国であると主張する者、またその者たちの組織した団体のこと」と親しくし、その投稿に「いいね」をつけた人は、将来的にさらに深くフェイスブックのライイヒスビュルガー・クラスターに引きずり込まれることになりうる。批判的な報道記事は彼らには伝わらないのである。その利用者は、場合によっては自らの周りにいるライヒスビュルガーとしか出会わず、もはや異なる意見によって苛立つことはなくなるかもしれない。そうすると、彼にとっては次のようにいえるかもしれない。すなわち、ニュースフィードの中にないものは、世の中にも存在しない。

(3) 評価

こうした状況を評価することは難しい。一方において、パリザーによる批判的な観察は考えさせられる。フィルターバブルは気づかれづらいものであり、それゆえに私たちは表示された検索結果や選択されたニュースの中立性や客観性を信じ込んでしまう。フィルターバブルが社会的な遠心力を発揮し、ポピュリズム運動を強化するというパリザーの懸念ももっともらしく見える。たとえば、まさに陰謀論や急進的な運動がフェイスブックにおけるフィルターバブルにより特に利を得ていることを裏づけるさまざまな研究も存在する。

しかしながら他方で、少なくとも3つの相対化が示されている。第一に、私たちは、機能的に分化した社会では、依然として多数の異なる意見に直面するものである。根っからのソーシャルメディア利用者であっても、フェイスブックの外側の生活がある。第二に、すでにデジタル化以前の時代に、たとえば政党や似たような価値観を共有する友好サークルなどの同じ社会的クラスター内で、もっぱら同じ意見を持つ者同士が意見を交わしていた。このように考えると、フィルターバブルはオンラインでもオフラインでも社会に普通に見られるものである。研究が示すところによれば、現在ではとりわけ高齢者世代、つまり、よりにもよってソーシャルメディアに手を出すことが最も少ない年齢グループで分断があるという。第三に、フィルターバブルの評価は、社会の実際のメディア利用がどのようなものであるかに依存せざるをえない。ソーシャルメディアと並んで広い範囲で伝統的なメディアが消費されているのであれば、たとえばニュースがソーシャルメディアからダイレクトに、またはフェイスブックのような仲介者のみを経由して受容されている場合よりも、フィルターバブルの問題は小さなものである。[3] このことから、後述2では、現実のメディア利用について述べる。

第一の小括として以下のことが確認されうる。すなわち、必要不可欠なのは、「フィルターバブルへの過剰な嘆き」に陥ることも、仲介者のビジネスモデルを指摘してフィルターバブルの危険を矮小化しようとすることもない、きめ細かい評価である。

2　現実領域での分析II——現実のメディア利用

ここのところ、人口のうち何割の人がニュースをソーシャルメディアからダイレクトに受け取っているのかという問題を究明する多数の研究が行われている。しかし、これらの研究結果は部分的には相互に食い違っている。ドイツについては、かかる研究は、情報入手に際して、ソーシャルメディアは重要ではあるものの、現実には決定的な役割を占めているわけではないことを示している。むしろ、メディアミックスが主流である（後述（2））。これに対して、アメリカについての研究は、たとえ相対化を窺わせる実際の数値があるとしても、ソーシャルメディアが広い範囲で情報入手に際して利用されていることを示唆している（後述（1））。

（1）アメリカについての研究と国際的な傾向

少なくとも一見すると、アメリカではソーシャルメディアを経由した情報仲介が支配的な役割を果たしている。ピューリサーチセンターによる「ソーシャルメディアプラットフォームを介したニュース利用2016」という研究は、ニュース仲介者としてのフェイスブックの躍進の歴史のようにも読める。それによれば、フェイスブックから情報を得る成人アメリカ人は2013年にはまだ30%だったが、いまや44%に上る。地元のテレビ局を例外として、ラジオや雑誌などの別の情報源は、明らかに利用が減っている。

しかし、現実にはアメリカでのフェイスブックの利用は減少しているようだ。ロイタージャーナリズム研究所の2018年の国際的調査によると、ニュースソースとしてのフェイスブック利用は、全世界的に減少しており、アメリカでは約6%である。しかし、フェイスブックや他のニュース仲介者の「入口」としての重要性は、当該調査によれば色あせていない。ただし、利用者はソーシャルメディアを経由して伝えられるニュースを部分的にしか信用していないのである。たしかに世界的に見れば平均して23％の人々がソーシャルメディアを経由して示されるニュースの内容を信頼している。しかし、ピューリサーチセンターの2017年の調査によると、フェイスブックを通じて配信される情報を完全に信用している成人アメリカ人はわずか3％しかいない。これと同じ傾向を示すのが、（特定地域に関するものではあるが）インタビューに基づいた質的研究であり、それによれば、回答者の過半数がソーシャルメディアは自らにとっての主要な情報源ではないと回答している。その限りで最初に示した数値は相対化されなければならないが、さりとてフェイスブックがニュースへの重要なアクセスツールであることが否定されうるわけではない。

（2）ドイツについての研究

さまざまな調査で示されるドイツのニュース収集のイメージは、ソーシャルメディアの利用に関してより守旧的な印象を与える。この点、2018年のロイター研究所デジタルニュースレポートによると、大多数の人々はさまざまな情報源から情報を得ており、テレビは、ややその利用が減少する傾向にあり、インターネットの重要性が増加しているものの、依然として最も大きな役割を果たしている。州メディア監督機関連盟（Medienanstalten）の「メディア利用量調査2017／I」も同様の結果となっている。しかし、ロイター研究所デジタルニュースレポート2018によれば、ソーシャルメディアのみをニュースソースとして利用する者は成人の「ネットユーザー（Onliner）」の1・9％とわずかな割合にとどまる。18歳から24歳では5%になる。それでもなお、調査によれば、7%の人にとってソーシャルメディアはニュース情報の最も重要なリソースであった。しかし、こうした低い割合でドイツにおいてアルゴリズムに基づく情報提供が周辺的な現象であるという印象をもってはならない。いくつかの調査によれば、ドイツにおける18歳以上の「ネットユーザー」のニュースソースとしてのソーシャルメディア利用は約30%に上り、そのうち約24%は明確な市場のリーダーであるフェイスブックが占める。

これらの数字は、やはり相対化されうる。第一に、たとえばロイター研究所デジタルニュースレポート2018がそうであるように、オンラインアクセスパネルによる調査を根拠とすると、ソーシャルメディアの役割が過大評価されることがありうる。第二に、すでに述べた限定的な信頼〔前述2（1）〕は、内容に関する相対化にとってプラスの材料となる。ロイター研究所デジタルニュースレポート2018によると、「ネットユーザー」の18%がソーシャルメディアからのニュースを信頼している。しかしながら、ある出来事について印刷メディアとソーシャルネットワークがきわめて異なる報道をしているケースに関していえば、2018年5月の統合コミュニケーション調査協会（gik）のある代表的なアンケートは、回答者の60%が印刷メディアを信頼し、フェイスブックやツイッターのようなデジタルサービスを信頼するのは、7%にすぎないという結果となっている。

3　民主主義理論における帰結

意見の多様性という民主主義の理想にとって、これらの観察結果は何を意味するのか。別の言い方をすると、行われた観察に基づいてどのような民主主義理論上の帰結が生じるのか。もちろん、このときドイツ法にとって重要なのは、抽象的な民主主義理論上の考察ではなく、むしろ基本法の解釈にとって意義のあったもの、そして意義のあるものである。それは、何よりも連邦憲法裁判所の判例である。

カールスルーエの裁判所〔連邦裁判所〕は、早くから情報の自由についての決定において、次のことを強調してきた。すなわち、市民はまさに「意見形成の自由」を通じて「民主主義的な意味において責任をもって行動することができるようになるために、自発的に個人的そして政治的な使命を果たす上で必要不可欠な前提を手に入れることが可能となる。情報流通が増えるにつれ、市民は政治における相互作用とそれが自らの生活にとってもつ意義を認識し、そこから結論を引き出すことができるようになる。共同責任についての自由と批判の自由が強まる」。「民主主義的国家は、自由で可能な限り情報が行き渡った世論なしには存在しえない」[4]のである。

この判決は、ただ選挙の際に声を上げるよう求められるだけでなく、常に世論形成に関与する成熟した市民を重視している。さらに早い段階での連邦憲法裁判所判決は以下のように述べる。「個人は、できる限り広い範囲で、全体のための決定に責任をもって参与すべきである。国家は個人にそのための道を開かねばならず、このことは第一に知的闘争、すなわち意見の交換が自由であることによってなされる」[5]。

さらに、連邦憲法裁判所は意見形成のプロセス的な要素を強調している。意見形成は「一方では意見を表明し、流布させる自由を前提とし、他方では表明された意見に気づき、それを知るという自由を前提とする。基本法5条1項は意見表明の自由、意見の流布の自由、そして情報の自由を人権として保障することで、同時にこのプロセスを憲法上保護しようと試みている」[6]からである。

たしかに、この引用文から特定の民主主義論の表明が読み取られうるわけではない。しかし、知的な議論や思想をめぐる世論の闘争プロセスの強調は、――それぞれ立場は異なるものの――討議理論ないし熟議民主主義理論の考え方を想起させる（前述の引用文においては、討議理論のコンセンサスの要素よりむしろ闘争的要素が強調されていることは認めざるを得ないのではあるが）。

熟議民主主義理論もまた、自由で平等な（そして理性的な）市民間での議論に基づく意思決定を強調する（このとき、本稿で問題となることとの関連では、代議制民主主義に対する熟議民主主義理論からの批判が問題なのではなく、むしろ熟議の要素は代議制民主主義の補完ないしは準備行為、それどころか前提条件というべきものとして捉えられうる）。熟議民主主義理論は、周知のとおり、広範な情報や意見の交換に基づく洗練された論証過程を通じて合理的なコンセンサスがもたらされうるという期待を追求するのである。

意見フィルターは多くの観点において熟議プロセスに問題を突きつける。その中心にあるのは、公共の統合機能を脅かしうるような世論の断片化の危険と、それに伴う意見の分極化と孤立である。このことの根拠の一つとなるのが、社会の諸勢力、諸利益そして様々な思想は互いに出会わなければならず、そうすることでのみ議論の交換が生じるということである。しかし、いまやフェイスブックのネットワークにおいて同じ考え方を持ったもの同士がつながり、その中で意見を交わすというのであれば、かかる出会いが失われるという危険が生じる。

たしかに、そうでもしなければ議論において周辺化されてしまう声、とりわけ少数者の声を聞いてもらうといった積極的な効果が生じえないかどうかはよく考える必要がある。それ自体では多様性を反映しない様々な集団の交流は、二次的多様性（*Second-Order Diversity*）として、意見の多様性を強め、それによって公共の討論を強化しうる。アメリカでの議論においては、二次的多様性は、一定の意思決定機関の間（「組織内」ではなく「組織間」）にある異質性を前提とした概念として論じられている。[7] メディアの状況に転用するならば、このことは、場合によっては、様々なフィルターバブルの並存によってもたらされる分散化によって公共の討論がメリットを享受するということを意味しうる。しかし、公的な意思決定機関の間で通常予定されてきたような交流がないときには、「二次的多様性」のメリットは効果を発揮しないかもしれない。それゆえに、これもまた、グループ同士が出会うことを前提としている。

そのうえ、消極的なシナリオにおいては、このプロセスにおける情報の質や多様性の乏しさのゆえに、以前よりも論証が洗練されなくなるということが考えられる。さらには、対立がより深刻に示される可能性があり、極端な場合、社会的な安定性を危険に晒しうる。そして、個人は、自身の想像力の及ばない飛び地では新たな道を進みにくいものである。さらに、前述のとおり、フェイスブックでは陰謀論や嘘が特によく流布されるため、熟議民主主義理論の中核たる「真実」の探究が危険に晒されているように思われる。立場の違いを越えた意見の熟慮それ自体を目的とするという理想もまた、問題を突きつけられているのかもしれない。民主政における政治的な意思形成は、理想的には「万人の競争」であり、またそうでなければならない。しかし、フィルターバブルの中で支配的な意見の力のもとでは、遅かれ早かれコミュニケーションの機会均等のための競争の開放性は危険に晒される。結局のところ、人間によって作られたアルゴリズムは、その判断にあたって、差別を引き起こす社会的なヒエラルキーを永続化する可能性がある。[8]

たしかに、この疑念は、メディアの多元主義が（なおも）優勢であり、そして懸念される分断に対抗する是正策が構築されているという前述した現実のメディア利用を考慮すれば、相対化されうる。しかし、憲法上要請される予防的な規制に関しては、経験的な数値が裏づける意見の多様性に対する脅威が、すでに作為要求を生じさせている。

5 憲法上の枠組み条件

自由な意見形成は、意見や情報の自由といった様々な自由によって保護されているが、とりわけ放送秩序によっても保護されている。このことから、連邦憲法裁判所は、放送秩序が多様性の確保という任務を当然に含むことを繰り返し強調してきた。

もちろん、放送の自由に関するこうした要求は、そもそも意見フィルターをもつフェイスブックのニユースフィードが――以下の記述ではここに焦点を当てるが――基本法5条1項2文の意味における放送と見なしうる場合にのみ重要である。単純法律上の「古典的な」放送には、インターネットのソーシャルメディアは含まれない。このようなインターネットのサービスが「憲法上の」放送概念に含まれうるか否かについては目下のところ議論がある。周知のとおり、放送の要件は、公衆にとっての適格性と用途、（意見形成にとっての十分な有効性を前提とする）表現方法（Darbietung）[*訳注1]の要素ならびに遠距離通信機器を利用した配信である。一部の見解においては、（これは2008年12月18日の国際放送条約第12回改正以降、放送州際協定2条1項1文において放送としての単純法律上の資格認定に必要とされてきたものであるが）送信されるコンテンツのリニア性（Linearität）[*訳注2]が憲法上の放送概念についても要求されている。しかし、この解釈は説得的でない。単純法律を基準に憲法を推論するという方法論上の間違いを犯すべきではない。さらに、単純法律のレベルにおいても、リニア性を基準とした新たな規制の合憲性には疑義が示されている。それにくわえて、視聴覚メディアサービス指令（AVMD-Richtlinie 2010/13/EU）から導かれる概念体系は、指令上はテレビ番組の特徴づけのためだけに利用されている。このことが明確に示しているのは、――表現手法の影響力が特定のフォーマットと結びついていない――憲法規範の発展開放性が、リニア性の要件が狭められることによって根本的に疑問視されてしまうということである。

フェイスブックのオファーの評価は異なる結果をもたらすことになる。たとえばフェイスブック上で「友達間」でのコミュニケーションのための限定的な電子メール機能は、放送概念に含まれず、むしろ個人間のコミュニケーションに含まれるものである。しかし、ニュースフィードの場合には異なる状況にある。ニュースフィードは憲法上の意味における放送として位置づけられうる。というのも、ニュースフィードでは投稿（posts）が不特定の人的範囲に向けられる可能性があり、[9] そして、公開投稿をする人は、自らの投稿が誰に到達するのかを自覚できないためである。今のところ、フェイスブックは、個人の利用者の行動に基づいてコンテンツが単に転送されるだけで、ニュースフィードには表現手法が欠けていると主張しうる。表現手法の傍証としての編集処理は行われてはいないというのである。しかし、これには異論がありうる。なぜなら、アルゴリズムは、最終的には編集上の処理と機能的に変わらないからである。個々の利用者のためにオファーを編成しているのはアルゴリズムである。そして、このことについてはアルゴリズムを用いているフェイスブック社に責任が生じうるものでもある。それと並んで、連邦憲法裁判所が要求する「広範囲に及ぶ影響、現実的重要性、そして影響力」は容易に肯定されうる。結局のところ、電磁的拡散であることは疑うべくもない。

　しばしば学説においては、フェイスブックと他のソーシャルメディアの特定の機能を放送概念に包摂することは、広範囲に及ぶ放送憲法上の帰結をもたらし、それゆえに——その結果から考えると——否定されるべきであるという懸念が有力であるように見える。しかし、この懸念は根拠のないものであるように思われる。なぜなら、逆にこれと異なる立場から、ニュースフィードの放送概念への包摂は、必ずしもニュースフィードがテレビ放送と同様に規制されるべきであることを帰結しないとの指摘がいみじくもなされているからである。

　しかし、広い憲法上の放送概念とニュースフィードを「放送」へと包摂することの帰結は、立法者に統制義務を課すということをもたらす。立法者は、ソーシャルメディアや意見形成にとって重要な部分領域を考慮して放送秩序を構築し、そして連邦憲法裁判所が放送法についての判例で展開してきた秩序基準を実現しなければならない。これには、内容に関する最低限の要求が含まれている。立法者は、放送について「最低限の内容的中立性、客観性および相互の尊重を確保」[10]しなければならず、このことは第三者の番組の再配信の場合出も同様である。さらに別の言い方をすると、「『均衡の取れた多様性』という意味での中立性の義務は、多元主義的な社会国家が内包する活動プログラムが同様に認められるべき政治的、社会的、文化的あるいは地域的な少数者の意見の相違、議論と立場を許容することを要求する」のである。

しかし、欧州人権条約10条ないしEU基本権憲章11条がニュースフィードに対する（基本権の要求する）規制と対立するかどうかは問われうる。この問いの背景には、欧州人権条約10条ないしEU基本権憲章11条が放送にとって第一次的には主観的防御権として構成されていることがある。このことからは、ヨーロッパ法上の保障の審査基準と基本法のそれとが異なっているということが帰結される。すなわち、一方では比例性が問題となり、他方では立法者の広範な形成余地を伴う多極的な形成義務が問題となる。こうした違いは、ヨーロッパ法ないし条約上の保護体系と基本法のそれが乖離しているように解釈されるかもしれない。しかし、適切にも（広義の）ヨーロッパ法の防御権とドイツ国内の形成委託は併存しており、対立してはいない。一方で、多元性の確保は欧州人権条約10条とEU基本権憲章11条への介入の正当化に用いられる。この目的はその放送法上の形成委託の目的と合致する。他方で、欧州人権裁判所の判例によれば、欧州人権条約10条が、そしてEU基本権憲章11条それ自体が多元的なメディア環境の保障義務を含んでいる。審査基準もまた、一見すると異なるだけである。結局のところ、評価の余地（margin of appreciation）によって緩められた審査基準は、ヨーロッパ法と条約における比例性でも同様に評価と予測の裁量を帰結する。したがって、ヨーロッパ法ないし条約は規制と対立しないのである。

6　放送法上の規制案

規制についての解決のアプローチは、第一次的には放送秩序に見いだされる。たしかに、このことは、カルテル法やデータ保護法のような側面的な規制を排斥するものではないが、たとえば競争法の専門家自体が、競争法の規制限界を解釈論（*de lege lata*）においても立法論（*de lege ferenda*）においても認めている。結局のところ、意見の多様性は秩序基準としてのカルテル法とは無関係ですらある。たしかに、データ保護法もまた、新たな一般データ保護規則の解釈論、そして立法論ではなおのこと、個々の点に関しては利用者の権利を強化するかもしれない。たとえばそもそも個人を識別し得る利用者データが保存されてもよいかどうか、いかなる期間保存することが許されるのか[11]や、同意がどのようなに取り扱われるかが問題となる場合がそうである。しかし、意見形成の自由および真の意見の多様性をこれらの法分野は保障することができない。

結局残るのは、とりわけ放送州際協定という公法上の放送法である。解釈論上、リニア性を欠くフェイスブックのニュースフィードは、これまで単純法律上は放送として認められていないということに留意すべきである。このことからすれば、憲法から要求されるのは、ソーシャルメディア全体によって、特に個人化されたアルゴリズムによって生じる現代的な危険状況に、放送州際協定を適応させることである。２０１８年５月25日の放送州際協定の改正は、この点での新規性をもたらさなかった。[12] ２０１８年６月14日に決議された放送州際協定の最新の改正は、一方では公法上の放送施設とそのオンライン提供との間での、さらに他方では公法上の放送施設と新聞社との間でのここ数年来存在する対立を解決することを考慮したものである。このとき、ソーシャルネットワークが考慮されずじまいであったことは、ソーシャルネットワークが公共放送にとっても私的な新聞社にとっても、立法者が未だ十分に意識していない危険となりうるだけに、なおさら残念なことである。この点では、フェイスブックのようないわゆるメディア仲介者に視線を向ける放送州際協定の改正に関する現在の議論は歓迎すべきものである。

しかし、意見の多様性を確保する法律上の形成とはいかなるものだろうか。学説や実務においては、以下に抜粋して紹介する様々な解決のアプローチが議論されている。ちなみに、学説は、本稿とは異なり、本稿が肯定する放送の自由からの憲法上の要請としてではなく、往々にして立法政策的なアプローチに軍配を上げる。他に例を見ない、媒介的で非常に選択的でもある地位を持つフェイスブックという仲介者を規制するためのアプローチは、「多層的な」透明性義務を起点として（後述（１））、多様性を保障するための内容的基準を経て（後述（２））、公法上の要請の構築にまで至る（後述（３））。

(1) 基礎となるもの――いっそうの透明性

たとえば、グーグルの検索エンジンやフェイスブックのニュースフィードがパーソナライズされた結果をアウトプットしており、それゆえにニュートラルな情報を示すものではないという見方は、――情報に通じたわずかな人々は別として――世間にようやく少しずつ浸透していくだろう。現在のところ、利用者の大半はパーソナライズを知らず、たとえ知っていたとしても、アルゴリズムの機能の仕方は、利用者にも規制する国家にも（ほとんど）知られていない。インターネットの制御は、「透明性のなさと純粋に技術的なもののヴェール」のもとで行われる。

それゆえに規制の提案は、正当にも、さらなる透明性を義務づけることを通じて、現に存在する情報の非対称性を明らかにし、調整することを目指している。このような透明性義務によって、企業はさしあたっては単に「そもそもアルゴリズムが用いられている」ということを通知するよう義務づけられることになるだろう。このアプローチには、基本的には全面的に同意しうる。利用者は、ネット上で仲介者によって提供されるコンテンツと意識的かつ批判的に付き合うことができてしかるべきである。そして、国家は、仲介者を規制し監督しうるために、アルゴリズムについての情報を必要としている。

しかし、本稿で原則として肯定される透明性義務が妥当する範囲は明らかではない。完全な開示義務には説得力はない。一方で、通常、アルゴリズムは企業秘密であり、このことは当然にアルゴリズムに基づく決定の不透明性を強固にする。他方で、いずれにせよアルゴリズムは、正確な認識が専門家に対してすら過大な要求となるほどに複雑（あるいは自己学習的）なものである。ただし、限定的な開示義務には意味がある。すなわち、利用者にとって容易に理解し得る言葉とわかりやすい方法で、とりわけコンテンツの集積、提示、選択の中心的な基準が開示されるべきである。そして同じことがこれらの優先順位の決定にもいえ、ここにはアルゴリズムを用いる企業の財政的、政治的、または世界観的な利害に基づいたコンテンツの描写に関する包括的な情報の開示が含まれる。

もちろん、憲法的な観点からは、市場が中心的なサービスによって占められている場合に透明性義務で十分かどうかという疑義が生じる。なぜなら、目下のところ、フェイスブックの利用者が利用可能な、信用に値する代替プラットフォームがないからである。しかし、市場集中の際にこそ、放送の自由は客観法的自由として、多様なサービスについての国家の形成委託を展開する。情報の自由の第三者効*訳注3からも同様の結論が生じる。

(2) ソーシャルメディアにおける意見の多様性の保障

したがって、フェイスブック上での自由な意見形成の前提条件を市場に委ねるのではなく、むしろ国家の規制を通じてメディア内部で意見多様性を確保するのが自然な流れである。

① 枠組み規制——多様性を確保する「一般条項」

公共の放送法における規制の「中核」として、放送州際協定における多様性を保護する措置のための「一般条項」とでもいうべき規範が議論されている。プラットフォームや放送に関する放送州際協定上の諸規範に準拠して、多様性が危険に晒される状況においては、段階的な措置が講じられうることとされている。段階的措置の前提条件となるのは、――カルテル法における「不可欠施設（wesentlicher Einrichtungen)」の取扱いから得られた知見を考慮して――、市場参加者のユーザーリーチと市場での地位という形での意見形成にとっての重要性である。権限をもつのは、――州メディア監督機関と「メディア分野の集中調査委員会」による共同作業をモデルとして――新たに設立された機関と州メディア監督機関である。

このような意見形成にとっての重要性と市場での地位にしたがって「差別化され」、段階化された措置規範は、放送州際協定における放送規制で周知のものであり、そこでの目的に適したメカニズムである（たとえば26条4項1文）。なぜなら、仲介者にとっては、企業活動と技術発展のための余地が残されているということが決定的に重要だからである。それゆえ、公的監督機関、専門家、そして仲介者との間での協力とコミュニケーションに任せた、予見可能な枠組みが構築されることとなっている（放送州際協定26条4項2文を参照）。これに対して、管轄官庁に、「トップダウン」のアプローチに従った「必要な措置を講じる」（たとえばベルリン州一般治安秩序法17条1項1文）ことを許容することになる、「真性の」一般条項は行き過ぎであった。

② 個々における措置――多様性諮問委員会から技術上の修正まで

放送州際協定の26条や30条以下は個別的な措置を示唆するものとなっている。それによれば放送局または放送事業者は視聴者シェア（支配的影響力は放送州際協定26条2項1文に基づき30％の視聴者シェアと推定される）に応じて、たとえば放送における独立した第三者のための放送時間の付与や番組諮問委員会の設置といった、多様性確保のための措置を段階的に実施すべきものとされる。フェイスブックに当てはめると、制度面では、企業トップとプログラミング責任者に助言し、それによって多様性の確保に貢献する多様性諮問委員会を設置しなければならないということを意味するだろう。先で支持したアルゴリズムについての透明性義務や倫理上の基準もまた、措置のカタログに統合されることになる。

　さらに、より多様なニュースフィードのために、パーソナライズされていないアルゴリズムにおけるニュースフィード画面、「反対意見ボタン（*opposing viewpoint button*）」、または利用者にランダムなコンテンツを提供するいわゆる「セレンディピティボタン」などのさまざまな技術上の修正も論じられている。「フェイクニュース」の疑いがある場合に、これは誤った情報であるかもしれないという警告をＳＮＳが発することも考えられる。一見すると、このような技術的な解決方法は当然であるようにも思われる。利用者が「色眼鏡」で検索結果やニュースを読んでいることを知っている場合には、少なくともパーソナライズされたアルゴリズムをオフにするという可能性をもつことになる。

　しかし、これを越えて、利用者はこうした企業が自身に多様なサービスを提供することまでも期待しうるのだろうか。ここでは、いくつかの事柄が、もっぱら情報を見つけ出すことに資するグーグルのような検索サイトと、フェイスブックのようなソーシャルメディアとが区別されるということを裏づける。なにしろ検索エンジンは検索者に（名目上は中立な）情報を提供することをまさに手助けをするものであるため、グーグルの場合、検索結果のパーソナライズがより問題であるようにも見える。それでも、現在のところ以下の点から規制の必要性は存在していない。すなわち、たとえばStartpage.com〔プライヴアシーを重視した検索エンジン」のように明確にパーソナライズなしに検索を提供する企業があるため、市場は自ら解決アプローチを展開しているのである。この場合、市民がこのようなサービスに注意を払うのは、メディアリテラシーの問題である。これと並んで、カルテル法も機能する。

たしかに、フェイスブックは検索エンジンとしては機能しないが、そうはいっても、意見形成にとっての高度の重要性とニュース仲介の分野における明確に際立った市場地位をもっている。しかし、この企業はサービスを自らすでに追加してきた。すなわち、ニュースフィードにおいて利用者は、トップ報道の代わりに「最新」[13]を表示させるか、友達や購読したページが表示した投稿を優先させることができる。たしかに、前述のボタンの追加はすでに提案された方向性への直近のステップではあろう。その上、そのボタンは多くの場合、比較的容易に実現できるだろう。反対意見ボタンだけは、現時点で実装されることが非常に難しいと思われる。なぜなら、いまだインテリジェントシステムによる言葉とテキストの理解は非常にエラーを起こしやすいからである。この限りで、今の段階で意味のある利用がなされうるのかということが疑われる。結局のところ、フェイスブック自身が企図してきた現存の修正に鑑みれば、さらなるハンディキャップの付与は介入強度が強すぎるかもしれない。

③ 差別待遇の自由？

さらに、コンテンツの表示に関する差別待遇の自由を規制することが提案されている。それゆえ、たとえば第三者による利益供与という形で、企業利益に基づいてコンテンツが選ばれ、あるいは優先されることを排除することが本質的に重要である。これに対して、人権として理解された差別待遇は重要ではない。プラットフォームに適用される放送州際協定52 c条を規制の拠り所とすることが議論されている。ただし、この規制提案はフェイスブックのニュースフィードについては説得力がない。第一に、フェイスブックは、検索エンジンのように見つけ出したコンテンツを引き渡すという期待に応えるものではない。それゆえ、利用者は、ニュースが優先づけて表示されることそれ自体に失望することはないだろう。もちろん、これは優先づけについて透明性のある情報という前提のもとで妥当することではあるが。このことと並んで、フェイスブックはプラットフォームとは異なり、インフラの技術的仲介者というわけではない。言い換えるならば、それはマーケットアクセスをそもそももたらさないのである。その代わりに、他のソースからも入手可能なニュースが仲介される。したがって、仲介機能はプラットフォームとの比較において〔情報流通過程の〕下流のレベルに位置づけられる。たしかに、フェイスブックはこの分野において有力な地位を占めており、それどころか市場支配的であるかもしれない。しかし、市場支配的な地位の濫用的利用に対する法的対応は、それが企業の競争を危険に晒す場合、公共放送秩序に見いだされるのではなく、むしろカルテル法に見いだされる。カルテル法は、その目的設定からして、根本的にはフェイスブックによって占められた市場が機能することこそが重要であるという、差別待遇の自由の規制提案を通じて言及される問題によりフィットするものである。たしかに、これに対しては、フェイスブック上ではアルゴリズムにより意見の場全体が失われていきかねないため、多様性の問題がきわめて重要であるという反論がありうる。しかし、この危険は、すでに企業の自由にほとんど介入しない、前述した多様性保護のための措置により対処されるだろう。目的設定の重点からすれば、取りざたされてきた差別待遇の自由はカルテル法に委ねられるべきである。

（3）　公法上のインフラの構築？

検索エンジンについては、メディアの自主規制力が明らかに欠如している場合、最終的には情報の自由の客観的な保護義務から公法上のインフラ構築が導き出される。規制を行う公的な競争相手が、ソーシャルメディアの分野におけるこのようなインフラ構築を後押しするのは、純粋に企業利益を追求して行動するプロバイダとバランスをとることができるということである。

しかし、国家が自己目的のためにソーシャルメディアを利用するという危険は常に存在するだろう。まさに権威主義的な政治体制において利用者が暗号化されたメッセージサービスへと逃げ込んでいるということは、このことを現実に認識させる。国家のサービスは、おそらく初めから信用問題と戦わなければならないだろう。これと並んで、このようなプロジェクトの成功にとってはさらなる現実的な障害がある。おそらくフェイスブックのようなメディア企業の技術上の優位は、克服することが最も困難なものである。これを挽回し、さらに現存する「ロックイン効果」*訳注4を調整することは、ほとんど現実的ではないように思われる。同様のことは資金調達についても当てはまる。結局のところ、競争能力のある競争相手を生み出させることはほとんどできないだろう。

6　結論

この論文では4つの結果を提示した。

第一に、透明性のないアルゴリズムに基づくフェイスブック上の意見フィルターを通じた民主主義への脅威は深刻に受け止められるべきである。しかし、意見フィルターは（いまだ）世論を崩壊させるまでは至っていない。実証的なデータがこのイメージを裏付けている。

第二に、発展に開かれたものと解釈されるべき放送の自由は、フェイスブックのニュースフィードによる危殆化状況を取り込むことができる。この限りで、一方で、憲法上の放送概念と単純法律上の放送概念をパラレルなものとすることは適切ではなく、他方で、新たな基本権もまた必要でない。しかし、「〔単純法律上の〕放送はそう簡単に〔憲法上の〕放送になるわけではない」のであって、このことは分化された規制スキームに現れる。

第三に、規制国家を求める声には理由があるが、だからといって国家を過大評価するという結果をもたらすべきではない。フェイスブックへの規制の場合には、とりわけ企業の自由と技術上の発展の速さから生じる限界が考慮されなければならない。この点で、企業の自由にあまりに介入しすぎたり、技術上の限界を過小評価したりする規制案は拒絶されなければならない。現在、フェイスブックに向けられた、部分的な透明性義務および諮問委員会の設置は、多様性の確保に向けられた放送州際協定上の規制の意味ある内容であるように思われる。諮問委員会は、フェイスブックによるオファーにおける多様性の構築を視野に入れて企業の活動を監視し、評価する義務をも有するべきである。

第四に、フェイスブックのオファーを規制することは、放送秩序だけの課題ではない。むしろ、必要なのはカルテル法、データ保護法そして放送秩序の連関であり、これらは、重点の異なった目標設定を追求するものであり、それに応じて細分化されるべきものである。

【注】

＊ 原著は、Anna-Bettina Kaiser/ Ines Reiling, Meinungsfilter durch soziale Medien - und das demokratische Ideal der Meinungsvielfalt?, in: Sebastian Unger und Antje von Ungern-Sternberg (Hrsg.), Demokratie und künstliche Intelligenz, 2019, S. 85-110 である。なお原著に付されていた注は大幅にカットし、必要最低限のものだけ訳出している。また〔 〕内は訳者によるものである。

1 しかし、2017年連邦議会選挙の前段階で政治家や政党に関するグーグル検索での利用者データを分析し、全体としてほとんどパーソナライズが見られないとした *Krafft/Gamer/Zweig*, Wer sieht was?, Juni 2018, http://algorithmwatch.org/wpcontent/uploads/2018/07/Bericht_Datenspende_Wer_sieht_was_auf_Google.pdf 〈7.9.2018〉, 29 ff. は、これを限定的なものと見る。とはいえ、この研究においてもまた、おそらく場所や言語設定にもよるが（44 ff.）、異なるグーグルの検索結果が生じた。また、二人の政治家に関する大見出しがあると比較的大きな動きが確認されるなどのちょっとした目を引く点もあった（36 f.）。

2 もちろん、情報の提供が滞在時間の延長のための唯一の手段というわけではない。*Vaidhyanthan*, Antisocial Media, 2018, 33. は、とりわけニュースフィードに通知されるコンテンツによって呼び起こされるであろう（ポジティヴな）感情を強調する。

3 したがって、実証的な基礎なしになされる規制案には疑義がある。*Paal/Hennemann*, JZ 2017, 641（645）を参照。

4 BVerfGE 27, 71（81 f.）– Leipziger Volkszeitung.

5 BVerfGE 5, 85 (205) – KPD-Verbot.

6 BVerfGE 74, 297 (323) – Landesmediengesetz Baden-Württemberg.

7 複数の対等な者がいる（単一性の代わりに細分化された）制度について、*Gerken*, Harvard Law Review 118 (2005), 1099 ff. たとえば、陪審や選挙区などである（1102）。

8 少なくともフェイスブック上のヘイトスピーチを確認するにあたって、ある調査は、白人男性が有利となるアルゴリズムでの機械バイアスを出発点とする。*Angwin/Grassegger*, ProPublica, 28.6.2017, https://www.propublica.org/article/facebook-hate-speechcensorship-internal-documents-algorithms 〈7.9.2018〉を参照。そのほかに *Kassner*, Techrepublic.com, 10.2.2017, https://www.techrepublic.com/article/biases-in-algorithms-the-case-forand-against-government-regulation/ 〈7.9.2018〉を参照。基本法3条3項及び欧州基本権憲章21条1項に適合するかたちで構築されたアルゴリズム（*Wischmeyer*, AöR 143 (2018), 27）はポジティブな効果をもたらし、社会的階層を打ち消す可能性がある。

9 これは、プロフィール設定に依存する。すなわち、プロフィール全体や投稿について「公開」設定すると、投稿はフェイスブック内外のすべての人やチャンネルに到達する可能性がある。投稿は選択的にフォローしている友達（フォロワー）にのみ届くが、かなりの数のフォロワーが受け取る可能性があり、そして少なくとも放送州際協定2条3項1号（潜在的な利用者が500人未満のサービスは放送から除外される）にもとづく公衆の限界値を超える可能性がある。

10 確立した判例である。とりわけ、BVerfGE 73, 118 (153) – Niedersächsisches Landesrundfunkgesetz.

11 Paal/Hennemann (Fn. 3), 648, Fn. 91. ただし、個人情報保護の権利と表現及び情報の自由を調整するために必要な場合には、加盟国は、とりわけ一般データ保護規則第3章（ここに含まれる、個人関連情報の抹消を求めるデータ主体の権利を保障する一般データ保護規則17条を参照）の適用除外または免除を規定しなければならないとする一般データ保護規則85条2項も考慮されうる。後掲注122も参照。

12 この改正は、とりわけ一般データ保護規則の要求事項への適応についてのものであることにつき、Gesetzund Verordnungsblatt für das Land Hessen vom 8.5.2018, 51. などを参照。新規性があるのは、たとえば、一般データ保護規則85条2項を転換する放送州際協定9c条3項3号3文の規定（テレメディア分野については、放送州際協定57条2項3文）であり、それによれば、表現及び情報の自由を行使するために、または正当な利益を保護するために必要な場合には、正しくない個人情報の蓄積を継続することは合法とされ、その結果この場合には抹消は要求されえない。このいわゆるメディア特権の範囲については、*Leutheusser-Schnarrenberger*, in: Schwartmann/Jaspers/Thüsing/Kugelmann (Hrsg.),

Datenschutz-Grundverordnung, Art. 17 Rn. 58（keine Anwendung für Suchmaschinenbetreiber）; *Frey*, in: Schwartmann/Jaspers/Thüsing/Kugelmann（Hrsg.）, Datenschutz-Grundverordnung, Art. 85 Rn. 25 ff. を参照。

13　しかし、これは単に重要なものと位置づけられたコンテンツが時系列で並べられるということを意味するにすぎない。

＊訳注1　放送の自由の規範目的である「意見形成機能」の擁護に資する情報内容や表現手法が放送概念には該当するため必要であるという点から導かれる。具体的には、放送事業者という専門職による「制作・編集プロセス」が必要となる（Vgl. BVerfGE 74, 297（324 ff.））。西土彰一郎『放送の自由の基層』（信山社、2011）202頁以下参照。

＊訳注2　放送州際協定2条1項1文2節にもとづく「同時視聴のための用途」及び「番組スケジュールに基づく伝送」という本質的なメルクマールによって判断されるものであり、ユーザーがその利用に際して放送に影響を与えないものをいう。杉原周治「ライブストリーミング・コンテンツと放送認可―2019年9月26日のベルリン行政裁判所判決の分析を中心として―」情報通信政策研究第5巻2号16-17、22頁参照。

＊訳注3　第三者効とは、憲法が本来規律をしている「国家と個人」という二者関係から外れる「個人と（国家ではない第三者としての）個人」の間においても憲法上の権利の効力が及ぶことをさす。日本における私人間効力論に類するものである。

＊訳注4　何らかの理由により、顧客が同一のサービスなどを継続して使用するようになる効果のこと。たとえば、フェイスブックを代替するようなサービスがあったとしても利用者は心理的な理由などによりフェイスブックを利用し続けるといった例が挙げられる。

COLUMN

データポータビリティ　——ビヒモスからの解放？

飯田匡一

1　データポータビリティとはなにか

「データポータビリティ」とは、あるサービスが特定のユーザーに関して収集・蓄積した利用履歴などのデータ（以下「個人データ」という）を他のサービスでも再利用可能なこと、すなわち持ち運び可能であること（＝ポータビリティ）をいう。

例えば、新しい音楽ストリーミングサービスを利用したいと考えたとする。この場合、利用中のサービスから自分のプレイリストを取得し、それを新サービスで利用することが出来れば、新サービスで過去に自分が聴いた自分好みの楽曲のリストを利用することが可能となるため、サービス乗り換えのハードルが低くなる。このようにデータポータビリティは、利用中のサービスに蓄積された個人データの移転を可能にすることでユーザーの新サービスへの乗り換えのハードルを下げ、結果的に新たな選択肢をユーザーに与えるものとなる。

デジタル・プラットフォーム（以下「DPF」という）は圧倒的なデータ量とアルゴリズムやAIの精度を背景に国家に匹敵するような権力をもつことから、旧約聖書に登場するビヒモスに喩えられる（山本龍彦「近代主権国家とデジタル・プラットフォーム——リヴァイアサン対ビヒモス」山元一編『憲法の基礎理論』（信山社、2022年）147-181頁）。SNSやメールサービス等のDPFユーザーが、別のDPFを利用したいと考えた場合、過去の自己投稿等の個人データを別のDPFに移すことができないとすると、DPFの乗り換えには一定のハードルが存在すると言わざるを得ない。データ主体たるユーザーとしては、過去にDPFに収集・蓄積された個人データを別のDPFに移転させることができれば、移転されていない状況と比較して、充実した状況で新たに別のDPFを利用することが可能となる。このようなDPFの乗り換え（＝ビヒモスからの解放）という場面がデータポータビリティが必要になる典型的場面である。

データポータビリティの存在により、ユーザーとしてはより充実した状況で、新たな他のDPFのサービス利用が可能になるというメリットがあるが、一方でDPF事業者としては他のDPFにユーザーが乗り換えてしまう可能性が高まるというデメリットがある。データポータビリティにより自己の個人データへのアクセスや第三者への移転がいつでも可能になることで、個人データの再利用、効果的な活用によるサービスの向上や新たな価値の創造などが期待される。これに対して、データポータビリティを過度に容易にすると、プライバシーやサイバーセキュリティに深刻な影響を及ぼす可能性がある点が課題とされている〔ピーター・スワイヤー「The Portability and Other Required Transfers Impact Assessment: Assessing Competition, Privacy, Cybersecurity, and Other Considerations」（2022）1頁〕。

2　DPFの課題とデータポータビリティ

本人による個人データ利活用等のイニシアチブ確保に関して、データポータビリティは、利用者中心の実効的なプライバシー強化技術の発展と普及の貴重な事例であり、データ経済における、個人データの無形の富を個人が享受することを可能にする最初の道具と評価されている。また、個人データを無償で他のデータ管理者に移転する権利は、DPFの相互運用性を促進し個人データに対する自己のコントロールを強化する強力な手段であるところ、データポータビリティ権は、個人によるDPF事業者への対抗力を強化し、本人主導型でデータ活用を促していくものとして、今までの個人情報保護法にはなかった発想の権利とされている。

プライバシー保護に関して、DPFに集積された個人データの移転は事実上困難なことが多く、それは自己情報に対するコントロールが不十分であるともいえるので、個人情報に関する本人の関与の強化又はプライバシーの観点から望ましくないとされている。

競争促進に関して、GAFAMを代表とするインターネット上のビジネスやコミュニケーションの基盤を提供するDPF事業者が影響力を強めることによる情報の寡占に関する懸念がデータポータビリティ制度導入の背景にあるとされている。現代の情報社会では、データポータビリティがない場合、過去の大事なデータが特定のDPFに囲い込まれて、持ち出せずに喪失してしまう上、この囲い込みが現実とデータが高度に連動するAI社会では、現実生活全体に影響を与えることから、DPFについて正に離脱可能性を保障することにより競争を成り立たせて自律的に正しい秩序を実現していくことが重要とされている。

つまり、DPFに関して生じる上記3つの課題の解決に、データポータビリティは資する可能性を有する。２０２１年に公開されたOECD DIGITAL ECONOMY PAPERS「MAPPING DATA PORTABILITY INITIATIVES, OPPORTUNITIES AND CHALLENGES」は、「データポータビリティは、ＤＰＦ間におけるデータへのアクセスと共有を強化するための不可欠なツールとなった」と指摘し、その重要性と必要性を認めている。巨大な怪獣であるビヒモス（＝ＤＰＦ）からユーザーによる自主的な解放を可能にするのがまさにデータポータビリティである。

3　データポータビリティ権とはなにか

データポータビリティを可能にする新しい権利を「データポータビリティ権」という。データポータビリティ権は、General Data Protection Regulation（一般データ保護規則、以下「ＧＤＰＲ」という）20条で、新しく設けられた権利である。ＥＵでは、１９９５年からＥＵデータ保護指令が、ＥＵ域内における個人データ保護の基本的な役割を果たしてきた。それに代わるものとして、ＧＤＰＲは２０１８年５月25日に適用が開始された。欧州データ保護法制に関する改革の中で、データポータビリティ権は、サービスプロバイダーとの間で、市民のパーソナルデータを移転することを容易にするものとされ、欧州市民の基本的権利の中に位置づけられている。データポータビリティ権の目的は、①個人データをコントロールする権利を強化し、データエコシステムの中で個人が積極的な役割を果たせるようにすること、②様々なインターネット上のサービスに関してロックオンされてしまう危険性やサービスを切り替えるとしてもスイッチングコストがかかってしまうという問題に対処し、もって個人データ保護を図ることにある、と理解されている。データポータビリティ権には、個人データを活用したイノベーションの創出やユーザーのコントロール下での個人データ共有の促進によるユーザーの利便性向上といったメリットも期待されている。

データポータビリティ権により移転を請求するためには、対象となるデータが、①「本人」に関する個人データ、②本人が「提供」した個人データ、という２つの要件を満たす必要がある。①は、通話記録、個人間のメッセージ交換記録等である。②は、本人が積極的かつ意図的に提供したデータ（メールアドレスやユーザー名等）や、サービス又はデバイスの利用によって本人が提供した観測データ（個人の検索履歴、位置データ、ウェアラブルデバイスによって追跡される心拍数等の他の生データ）等が含まれる。これに対して、生のスマートメータのデータ分析から生成された利用者プロフィール、健康に関する評価結果や信用評価などのリスクマネジメント及びパーソナライゼーションやレコメンデーションのプロセス等、ユーザーの分類又はプロファイリング等により、データの取扱いの一部として作成したあらゆる個人データは、「管理者が作成」したものであり、対象とならないとされる。

データポータビリティ権は、①データ主体が自ら提供した個人データの写しを構造化され一般に利用され、機械可読なフォーマットで取得する権利、②データ主体がデータ管理者から取得した個人データを、元のデータ管理者に妨げられることなく他のデータ管理者に移転する権利、③技術的に可能な場合は、データ主体が、自己の個人データを直接他のデータ管理者に移転する権利、とされる〔宇賀克也『個人情報の保護と利用』(有斐閣、2019年) 53頁〕。データポータビリティ権は、処理の適法化根拠が同意又は契約によるもので、また処理が自動化(コンピュータ処理)された手段によって行われている個人データについて行使可能である。これに対して、公的部門が処理する個人データについては行使できない。なお、権利行使は、他者の権利及び自由に悪影響を与えてはならないとされる。

4 権利の位置付けと憲法上の根拠

データポータビリティ権の権利の性質をどのように位置付けるかを踏まえて、思慮する余地のある日本国憲法上の根拠を整理する。

まず、「データポータビリティ権には副次的に競争法上の目的があるといえるが、競争法の上の正当化を超えて規範的な正当化を必要とし、データポータビリティ権は個人データの自己情報コントロールという独立の目的を有する(データポータビリティ権は生存する個人しか援用できず、企業は利用できないため)」として、自己の個人データを活用する権利と位置付ける考え方がある〔宍戸常寿ほか『AIと社会と法』(有斐閣、2020年) 69頁〔生貝直人〕〕。この考え方は、データポータビリティ権について、個人の尊厳の確保を保障する憲法13条を根拠として基礎づけることができると思慮する余地がある。

次に、「我々は、DPFという広汎なデジタルネットワークに強く依存した生活を送っている。我々は、DPFを通じてニュース等の情報を取得し、他者と交流し、他者と取引し、健康管理等を行っている。DPF等のデジタルコミュニティの場合、「自治」により民主的にルール(アルゴリズム)を変えることができないため、別のコミュニティに移動するしか選択肢がないことになる。かくして、現代社会においては、デジタルコミュニティ間の「移動」を実質的に保障することが重要となる。あるデジタルコミュニティに預けた情報一式を自ら「運搬」できるデータポータビリティの権利は、かかる「移動」の自由を保障するために重要である。デジタルコミュニティ間の自由な移動は、自治体間をフィジカルに移動する自由（居住・移転の自由）と同じくらい重要な意義がある」として、個人情報の今日的意義から移動の自由と位置付ける考え方がある〔山本龍彦「個人情報保護の今日的重要性」都市問題２０１９年２月号（２０１９年）47－50頁〕。この考え方は、データポータビリティ権について、居住、移転の自由を保障する憲法22条1項を根拠として基礎づけていると考えられる。

また、「デジタル市場では、データは重要な生産要素であるので、データポータビリティによりデータが容易かつ迅速に利用可能になれば、イノベーションが促進され、新しいビジネスモデルが創出される可能性がある。このようにベンダーロックイン効果を抑止し、サービス・プロバイダ間の競争を促進し、プライバシー親和的な技術や相互運用性のあるデータ・フォーマットの開発を促進すると見込まれるので、データポータビリティ権は消費者保護を目的とした権利ともいえる。」と指摘し、「システムの相互運用に係る権利は、データ保護よりも、消費者保護および不正競争の抑止の問題とも理解しうる」として、消費者保護を目的とする権利と位置付ける考え方がある〔前掲・個人情報の保護と利用』59－60頁〕。この考え方は、データポータビリティ権について、消費者保護、消費者の権利に関する憲法13条又は25条を根拠として基礎づけることができると思慮する余地がある。（なお、カナダではデータポータビリティ権を規定するデジタル憲章実施法案（Digital Charter Implementation Act, 2022）の一部である消費者プライバシー保護法が審議中とのことである〔山本健人「カナダ」山本龍彦他編『Comparative Law Research on the Personal Data Protection Law in Various Countries』（ＫＧＲＩワーキングペーパー、２０２４年）〕。また、米国カリフォルニア州消費者プライバシー法（ＣＣＰＡ）や、ヴァージニア州消費者データ保護法（ＣＤＰＡ）ではデータポータビリティ権が規定されている。）

5　おわりに

自己の個人情報に対する権利意識が高まり、また欧州では健康データの共有フレームワークであるEuropean Health Data Spaceにおいて ＧＤＰＲ より拡張されたデータポータビリティ権の規定が検討されている中で、自己に関する個人データを自分で管理可能とする要望・需要は今後さらに高まっていくと考えられることから、政府等で検討が進められている（電磁的記録による開示請求を認めることの制度化等の個人情報保護法改正は、データポータビリティの促進と評価されている）。データポータビリティ権が確立すれば、DPFからユーザーの個人データの移転が容易となりユーザーの利便性が増すだけでなく、ユーザーの確保をめぐってDPF事業者間の競争促進にも資することになり、更にユーザーの利益が増大する可能性がある。ユーザーによる自主的なビヒモスからの解放を可能にするデータポータビリティが日本において権利として確立するのか、今後の動向に注目が集まっている。

第3章
競争法vs.ビヒモス

Ⅰ　企業結合規制における「総合的事業能力」の活用

――ビヒモスの生態把握

田平　恵

１　ビヒモスの進撃

ＤＰＦ事業者の巨大化は、大小の企業結合（株式取得、役員兼任、株式保有、合併、会社分割、共同株式移転、事業譲受け等の独占禁止法第４章の対象となる行為を指すものとする）を繰り返すことによってもたらされた。無論、企業結合それ自体、そして、ＤＰＦ事業者が企業結合を繰り返していること自体に競争法上の問題があるわけではない。しかし、物理的制約がほとんど無いというデジタルの特性上、ＤＰＦ事業者による企業結合は、競争空間に広く大きな競争制限効果をもたらすことがある。その場合には、当事会社（企業結合を計画する事業者）の競争事業者が排除されたり、当事会社の商品・サービスの需要者が、企業結合前よりも価格や品質等において不利な形で当事会社と取引をしなければならない、あるいは、取引ができない場合が生じうる。

企業結合は私企業による行為であり、国家による介入は最小限でなければならない。そして、国家による介入が必要な場合には、十分な根拠が必要となる。さはさりながら、実状としては、DPF事業者の巨大化が競争空間に、競争促進効果や競争制限効果をもたらすメカニズムは必ずしも明らかにはなっていない。

競走当局による企業結合審査では、DPF事業者の巨大化による競争制限効果が発生するシナリオ（セオリーオブハーム）を特定する必要がある。しかしながら、現在、各国・地域において規制の枠組みが確立しているとは言えない状況にある。そのような状況では、国・地域毎に異なるシステムを考えることも可能であり、有用であると考えられる。また、デジタルの特徴を踏まえ、企業結合規制の枠組みを体系的に再構成することが求められるようにも思われる。

本稿では、企業結合規制において総合的事業能力の概念を活用することによって、DPFの企業結合による競争への影響が評価可能か、検討を試みる。総合的事業能力とは、企業結合後の当事会社の原材料調達力や技術力等の事業能力をいう。企業結合審査は、企業結合による競争制限効果発生の蓋然性の有無を判断し、競争制限効果が生じる場合にはその内容及び発生のシナリオを特定するものである。そのシナリオにおいて、DPF事業者の総合的事業能力の向上を検討することは、企業結合審査の精緻化に寄与することになるのではなかろうか、というのが本稿の問題意識である。

叙述の順序は次の通りである。まず、日本の企業結合規制の現状と課題を概観する（2）。次に、企業結合ガイドライン[1]（以下、企業結合GL）における総合的事業能力の取扱いや、現在までに総合的事業能力が考慮された事例を整理する（3）。それらを踏まえて、企業結合規制における考慮要素としての総合的事業能力の活用可能性を検討する（4）。最後に、本稿を総括する（5）。

2　独占禁止法における企業結合規制

（1）　企業結合規制の概要

独占禁止法第4章は、一定の取引分野における競争を実質的に制限することとなる企業結合（株式取得（独占禁止法第10条。以下、特に断りがない限り条文は同法を指す）、役員兼任（第13条）、株式保有（第14条）、合併（第15条）、会社分割（第15条の2）、共同株式移転（第15条の3）、事業譲受け等（第16条））を禁止する。日本市場に影響を及ぼし得る企業結合について、当事会社の売上高や議決権保有比率の基準を満たす場合に、公正取引委員会による企業結合審査の対象となる。

実体基準としては、「一定の取引分野」と「競争の実質的制限」が問題となる。企業結合によって影響を受ける範囲を画定し（市場画定）、画定された一定の取引分野ごとに競争を実質的に制限することとなるか否かを判断する。

一定の取引分野は、競争が行われる場をいい、市場《しじょう》ともいう。企業結合との関係では、企業結合によって競争制限効果が生じうる商品・役務の範囲と、地理的な範囲を画定する。競争が制限されることとなるか否かを判断するための範囲は、基本的には需要者からみた代替性の観点から判断され、必要に応じて供給者にとっての代替性の観点からも判断される（企業結合GL第2の1）。

競争の実質的制限は、「競争自体が減少して、特定の事業者又は事業者集団がその意思で、ある程度自由に、価格、品質、数量その他各般の条件を左右することによって、市場を支配することができる形態が現われているか、または少なくとも現われようとする程度に至っている状態[2]」をいう。企業結合規制による競争制限効果発生のシナリオは、企業結合のタイプによって異なる。企業結合のタイプは、3つのタイプに分かれる。第一に、競争事業者間でなされる水平型企業結合である。第二に、取引関係にある事業者間でなされる垂直型企業結合である。第三に、水平型、垂直型以外の、混合型企業結合である。企業結合を契機として、競争事業者や需要者に競争制限効果が及ぶこととなるか否かが問題となる。単独行動による競争の実質的制限と、協調的行動による競争の実質的制限の有無について、それぞれ検討する。その際、当事会社の地位及び競争者の状況、輸入、参入等の要素が考慮される。

独占禁止法第4章では、一定の取引分野における競争を実質的に制限する「こととなる」企業結合が禁止されており、企業結合規制は事前規制を原則とする。公正取引委員会は、企業結合前の段階で企業結合後の状況を予測する。企業結合審査において競争上の問題が懸念された場合には、当事会社が問題解消措置の実行を提案することが多い。懸念を解消するに十分、かつ確実に実行可能な問題解消措置が提案されれば、当該企業結合は一定の取引分野における競争を実質的に制限することとはならないと判断され、企業結合の実行が可能となる。

(2) DPF事業者による企業結合の特徴

前述の規制の枠組みは、当事会社にDPF事業者が含まれる企業結合事例においても変わるところはない。しかし、物理的制約がほとんど無いというデジタルの特性上、DPF事業者による企業結合を評価する際に留意しなければならないことがある。第一に、企業結合によって生じうる競争制限効果が、市場を跨いだ形で広範に及びうることである。DPFは、多くの利用者と多くの商品・サービス提供事業者とを繋ぐ役割を果たす。市場画定では、それぞれを相手とする2つの市場が画定されうる(二面市場)。そして、一方の市場での利用者の増加が、その市場の利用者だけではなく、他方の市場での利用者をも増やしていくという間接ネットワーク効果が働くことを考慮すると、競争制限効果が及ぶ範囲は一つの市場にとどまらない。この点は、直接的には市場画定の問題にかかわるが、競争の実質的制限にも関係する。

第二に、競争制限効果の発生のシナリオが複雑となりうること、そしてそのシナリオが確立していないことである。従来の企業結合審査では、市場画定ののち、企業結合から生じうる競争制限効果の有無について、水平型・垂直型・混合型という企業結合のタイプに応じて、単独行動および協調的行動の観点から審査がなされてきた。しかし、データ蓄積が問題になる市場やデジタル市場では、水平型・垂直型・混合型の区別は重要ではないと指摘される。[3] 様々な市場に影響をもたらしうる可能性は指摘できるものの、競争制限効果がもたらされる具体的なシナリオについては、十分には明らかにはなっていない。この点は、直接的には競争の実質的制限の問題にかかわるが、市場画定にも関係する。

第三に、デジタル市場の動きが早いために、タイムリーかつ適切に実態を捉えることが困難なことである。企業結合規制は、原則として事前規制であるため、企業結合前の段階で企業結合による影響を予測する必要がある。例えば、DPF事業者が潜在的に競争力の高い企業を「青田買い」する場合に、これまでは企業結合審査の届出基準をそもそも満たさないという場合もあった。さらに、DPF事業者による企業結合が影響を及ぼす市場は、動きが激しいものが多く、生じうる競争制限効果を企業結合審査において的確に把握することが難しい。この点も、直接的には競争の実質的制限の問題にかかわるが、市場画定にも関係する。

(3) 現在のアプローチ

① 市場画定の工夫

令和元年の企業結合GL改定により、デジタルの特徴を踏まえた市場画定の可能性が示された。第一に、デジタルサービス等の特徴である多面市場の場合の考え方が示されるようになった（第2の1）。それぞれの需要者層ごとに一定の取引分野を画定し、プラットフォームが異なる需要者層の取引を仲介し、間接ネットワーク効果が強く働くような場合には、それぞれの需要者層を包含した一つの一定の取引分野を重層的に画定する場合があることが示された。

第二に、価格ではなく品質等を手段とした競争が行われている場合の考え方が示された。（第2の2）。ある地域におけるある商品の品質等が悪化した場合に、又は、ある地域においてある商品の提供を受けるに当たり需要者が負担する費用が上昇した場合に、当該商品及び地域について、需要者が当該商品の購入を他の商品又は地域に振り替える程度が考慮されることが示された。

第三に、デジタルサービス等の商品範囲・地理的範囲の画定に当たって考慮事項が示された（第2の2（1））。商品範囲について、利用可能なサービスの種類・機能等の内容面の特徴、音質・画質・通信速度・セキュリティレベル等の品質、使用可能言語・使用可能端末等の利便性などを考慮することが明記された。また、地理的範囲について、需要者が同一の条件・内容・品質等で供給者からサービスを受けることが可能な範囲や供給者からのサービスが普及している範囲などが考慮されることが示された。

② 手続面の工夫

令和元年の企業結合GL改定と同時に、企業結合審査の手続に関する対応方針[4]も改定された。対応方針の改定により、審査対象となる企業結合事例の範囲が広がった（第6）。デジタルの特徴に対応した点として、次の点が挙げられる。第一に、買収に係る対価の総額が大きい企業結合計画を審査対象とした。被買収会社の国内売上高等に係る金額のみが届出基準を満たさない企業結合計画（以下、届出不要企業結合計画）のうち、買収に係る対価の総額が大きく、かつ、国内の需要者に影響を与えると見込まれる場合には、企業結合審査の対象に含まれるようになった。

第二に、公正取引委員会に相談することが望まれる企業結合計画について指標を提示した。届出不要企業結合計画について、買収に係る対価の総額が400億円を超えると見込まれ、かつ、届出不要企業結合計画が日本の需要者に影響を与えると見込まれる場合が挙げられている。

前記内容の改定は、日本市場に影響を及ぼし得る企業結合を企業結合審査の対象に含めたり、公正取引委員会が早い段階で認識可能とすることによって、適切な審査及び判断を可能にすることを目的としたものである。実際に、エムスリーによる日本アルトマークの株式取得（令和元年度事例8）及びグーグル・エルエルシー及びフィットビット・インクの統合（令和2年度事例6）は、当事会社の売上額等、公正取引委員会への届出基準を満たさないものであったが、審査対象とされた。これらの事例では、DPF事業者が当事会社となっており、デジタルの特徴として間接ネットワーク効果の発生を前提とした審査がなされた。いずれの事例においても、問題解消措置の実行を前提に、一定の取引分野における競争を実質的に制限することとはならないと判断された。このように、デジタルの特徴を踏まえた企業結合審査を可能にする様々な工夫がなされている。

(4) 限界事例

実体面・手続面双方において様々な工夫がなされているものの、限界事例ともいえる事例が生じるようになっている。特徴的なものとして、①Zホールディングス及びLINEの経営統合（令和2年度事例10）、②マイクロソフト・コーポレーション及びアクティビジョン・ブリザード・インクの統合（令和4年度事例7）がある。

① Ｚホールディングス／ＬＩＮＥ事例

本件では、多面市場、間接ネットワーク効果、マルチホーミングの状況等、令和元年の企業結合ＧＬ改定により新たに示された判断枠組みに沿って、デジタルの特徴を踏まえた審査がなされたことを特徴とする（後掲３（２）③）。特に特徴的なことは、コード決済市場の検討である。ＰａｙＰａｙとＬＩＮＥＰａｙの統合によるコード決済市場への影響が詳細に検討された。競争の実質的制限の検討において、コード決済市場が未成熟であること、データの蓄積等により当事会社が競争上有利となること等、デジタルの特性が考慮された。

公正取引委員会は、「直ちに競争を実質的に制限することとなるとまではいえないとしても」、「排他的な取引条件の取り扱い、データの利活用等の統合後における当事会社グループの行動や今後の市場の状況等によっては、当事会社グループが、ある程度自由に、価格等の条件を左右することができる状態が容易に現出し得るおそれがあるという懸念を払拭しきれない」と判断した。当事会社は、コード決済市場の動向等に関する定期報告と、排他的な取引条件の撤廃を問題解消措置とした。問題解消措置は当事会社によって提案されるものであり、その内容が公正取引委員会の懸念を払拭するに足りるものであれば、両者によって問題ないともいえる。しかしながら、本件では具体的な競争制限効果の発生シナリオが明確にならないままに問題解消措置が講じられた事例であるともいえる。

② マイクロソフト／アクティビジョン事例

２０２３年10月15日、マイクロソフトは、米国ゲーム開発大手のアクティビジョン・ブリザード（以下、アクティビジョン）の買収を完了した。買収は、マイクロソフトによって過去最大の買収額（約10・3兆円）となった。アクティビジョンは、コール・オブ・デューティなどの人気作品を抱えていた。買収により、マイクロソフトは、ソニーやテンセントと並ぶ巨大ゲームメーカーとなることが見込まれた。マイクロソフトは、２０２２年１月に本件買収を公表していた。人気作の囲い込みが進むとの懸念の声が上がり、各国・地域の競争当局が買収を審査していた。

日本では、公正取引委員会が、２０２３年３月28日、独占禁止法上の問題はないと判断し、早々に審査が終了していた。[5] 企業結合審査では、ゲーム機メーカー大手のマイクロソフトが、ゲームソフト大手のアクティビジョンを取得することで、アクティビジョンのゲームソフトが競争事業者のゲーム機メーカーに供給されなくなる（投入物閉鎖）か否かが主たる検討事項であった。公正取引委員会による審査では、アクティビジョンが提供するゲームのほかにも人気ソフトが数多く存在し、日本市場への影響は限定的であることから、問題なしと判断された。

公正取引委員会による審査の特徴は、日本市場が画定されたことである。アクティビジョンのコール・オブ・デューティの市場における人気と、世界市場におけるそれが異なるため、競争上の問題の有無の判断に大きな影響を及ぼした。従来、市場を狭く画定する方が、より精緻な結論に至ると認識されている。しかし、本件では、世界市場では人気が高いゲームであるものの、日本市場では欧米ほど高い人気があるわけではないという状況があり、日本市場と狭く画定した方が、問題なしとの結論に至りやすい事例であった。本件公表文では、「慎重」を期した審査が強調されているが、必ずしも市場を狭く画定することが望ましいというわけでもないことが読み取れる。

日本市場と世界市場の状況が異なることは、本件経緯をみても明らかである。ＥＵでは、欧州委員会[6]が、２０２３年5月15日に、本件買収を承認した。

米国では、連邦取引委員会[7]が、巨大ＩＴ企業が買収を繰り返す拡大路線に反発し、裁判所に買収の差止を求めた。２０２３年7月、連邦取引委員会の申立てを却下した。米国では、２０２３年7月19日に、巨大ＩＴ企業への規制を念頭に、企業結合ガイドライン案を公表していた[8]。本件買収のような垂直型企業結合に対する規制強化の態度を強調するなどしており、ＤＰＦ事業者に対する規制強化とも捉えられる態度を見せていたが、競争当局による差止に限界があることを示すこととなった。

英国では、競争・市場庁が２０２３年4月23日、英国のクラウドゲーム市場で独占が強まる恐れがあるとして、買収を認めない判断を示した。マイクロソフトは２０２３年8月、アクティビジョンの人気ゲームのネットを通じた配信を15年間、ゲーム大手のＵｂｉＳｏｆｔ（フランス）に売却すると発表した。英国競争・市場庁は、マイクロソフトの問題解消措置の提案を受けて英国競争・市場庁は改めて審査を行い、人気作品のクラウドゲーム配信権がマイクロソフトの管理下から外れることになり、このことによって英国のクラウドゲーム市場で競争が維持されると判断し、買収を承認した[9]。

本件経緯からは、各国・地域の競争当局が審査に苦慮している様子が窺える。各国・地域での競争法は、当該国・地域における市場での競争への影響を検討することが必要であり、各国・地域ごとに市場の状況が異なる点もあることから、統一的な結論を出す必要はない。ただし、国ごと・地域ごとに市場を評価する、さらに、当該国・地域の競争法のスキームの中で市場を細分化して検討していくことは、ＤＰＦ事業者の巨大化の実態を捉えきれない可能性・リスクを生じさせうることにも留意しなければならない。

（5）問題点

現状では、デジタルの特徴を踏まえた規制及び審査が必要であるという認識自体は共有されている。そして、実体面及び手続面において様々な試みがなされている。実際に、企業結合ＧＬや対応方針を改定したことによって審査対象となった大型事例もあること等、一定の効果も見られる。しかし、まだ十分とはいえない。

最大の問題は、多くの利用者と多くの商品・サービス提供事業者とを繋ぐエコシステム全体が企業結合によって競争を実質的に制限するほどに強固なものとなるか否かを判断する方法を持ち合わせていない、ということである。従来の企業結合規制では、当事会社に様々な事業を行う事業者が含まれる場合には「念のため」最も競争への影響が直接的であるとされる水平型企業結合として検討することや、「念のため」市場を細分化してそれぞれの市場において問題がないようであれば、企業結合全体として問題がないと検討することが、慎重な審査とされてきた。しかし、ＤＰＦ事業者による企業結合では、そのような見方をすることは、巨大化するＤＰＦ事業者の実態を捉えきれず、却って当該企業結合の本質を見誤ることになる。この点について、市場画定と、競争の実質的制限の要件との関係で整理することが求められる。市場画定との関係では、需要者ごとに取引の場を画定する方法には限界がある。そして、競争の実質的制限との関係では、デジタルに対応した競争制限効果発生のシナリオが明確になっていない中で、競争制限効果の有無を判断しなければならないことには限界がある。

なお、企業結合実行後に、一定の取引分野における競争の実質的制限が認識された場合、事後介入が可能か否かについては、十分な議論はなされていない。企業結合審査は非公式事例として処理されており、そもそも事後介入が可能なのかという問題がある。また、企業結合の実行が認められた企業結合の結論を覆すことはできないため、企業結合規制の枠組みで対応することは現実的ではない。企業結合規制と同様に「一定の取引分野における競争の実質的制限」を要件とする私的独占（独占禁止法第3条前段）として規制する可能性もある。しかし、現状では、企業結合そのものは、私的独占の要件である支配行為／排除行為には該当せず、現実的な方策とは言い難いことが指摘されている。[10]

3　総合的事業能力の活用可能性

(1)　総合的事業能力とは

①　定義

企業結合GLによれば、総合的事業能力とは、企業結合後の当事会社の原材料調達力、技術力、販売力、信用力、ブランド力、広告宣伝力等の事業能力をいう。企業結合によって当事会社の事業能力が高まり、競争者が競争的な行動をとることが困難となると見込まれる場合は、競争圧力のひとつとして考慮される（第4の2（6））。

公正取引委員会によれば、総合的事業能力が実際に考慮された企業結合事例は平成27年度まで存在していた（詳細は後述）。総合的事業能力の考え方については、「一世代前[11]」の考え方と表現されたこともある。また、筆者の認識の限りにおいて総合的事業能力は日本固有の考え方であり、他国において類似の概念はない。

② 企業結合GLにおける扱い

改定前の企業結合GL（第5の1⑴）では、混合型企業結合において総合的事業能力を考慮するとされていた。「混合型企業結合が行われ、当事会社の総合的な事業能力が増大する場合にも、市場の閉鎖性・排他性等の問題が生じるときがある。例えば、企業結合後の当事会社の原材料調達力、技術力、販売力、信用力、ブランド力、広告宣伝力等の事業能力が増大し、競争力が著しく高まり、それによって競争者が競争的な行動をとることが困難になり、市場の閉鎖性・排他性等の問題が生じるときがある」と整理されていた。

その後、令和元年の企業結合GL改定で、混合型企業結合における考慮要素としての総合的事業能力の記載は削除された。現在、総合的事業能力が企業結合GLで扱われているのは、水平型企業結合との関係においてのみである。総合的事業能力は、競争の実質的制限の有無の判断において、輸入や参入同様、競争圧力のひとつとして挙げられており、「企業結合後において、当事会社グループの原材料調達力、技術力、販売力、信用力、ブランド力、広告宣伝力等の総合的な事業能力が増大し、企業結合後の会社の競争力が著しく高まることによって、競争者が競争的な行動をとることが困難となることが見込まれる場合は、その点も加味して競争に与える影響を判断する」とされる（第4の2（6））。

（2） 事例

公正取引委員会HPにおいて「公表事例において総合的な事業能力について検討を行った例」として掲載されている事例[12]は、次の8事例である。❶トヨタ自動車によるダイハツ工業の株式取得（平成10年度事例1）、❷日本石油と三菱石油の合併（平成10年度事例7）、❸ルノー社による日産自動車の株式取得（平成11年度事例9）、❹エクソン・コーポレーションとモービル・コーポレーションの統合（平成11年度事例10）、❺A社とB社によるX事業の統合（平成11年度事例14）、❻NTTコミュニケーションズによる日本サテライトシステムズの株式取得（平成12年度事例6）、❼ヤフーによる一休の株式取得（平成27年度事例8）、❽ファミリーマートとユニーグループ・ホールディングスの経営統合（平成27年度事例9）。

これらの事例は、①水平型企業結合において当事会社の総合的事業能力の向上が検討対象となった事例、②水平型企業結合において競争事業者の総合的事業能力が競争圧力として検討対象となった事例、③混合型企業結合において当事会社の総合的事業能力の向上が検討対象となった事例、④その他の枠組みにおいて当事会社の総合的事業能力の向上が検討された事例に整理可能である。加えて、公正取引委員会が「総合的事業能力」という言葉を使われていないものの、近年の事例には、当事会社、又は競争事業者の総合的事業能力が実質的に検討されているとみられる事例もあることから、それらを以下に整理する。

① 水平型企業結合において当事会社の総合的事業能力が考慮された事例

水平型企業結合において当事会社の総合的事業能力の向上が検討された事例は、次の4事例である。これら4事例は、当事会社に総合的事業能力が高い事業者が含まれていた点で共通する。競争事業者間でなされる水平型企業結合によって、総合的事業能力がさらに向上するか否かが検討されていた。本稿の問題意識との関係で整理すると、(市場を跨ぐ形ではなく)あくまで検討対象市場内での総合的事業能力の向上に焦点が当てられていることが注目される。

公正取引委員会が初めて「総合的事業能力」という言葉を使って、競争制限効果の発生を懸念したのは、❶トヨタ自動車/ダイハツ工業事例であった。(a)軽自動車販売市場と、(b)小型乗用車・軽乗用車販売市場それぞれについて、当事会社の総合的事業能力が増大することが懸念された。しかし、有力な競争事業者が複数存在すること等から問題なしと判断された。

❸ルノー/日産自動車事例では、乗用車の販売市場における当事会社の総合的事業能力の向上が懸念された。しかし、企業結合によるシェアの増加分がわずかであること、乗用車の販売市場では、需要が低迷する中で活発な競争が行われていること等から、問題なしと判断された。

❹エクソン/モービル事例では、国内の精製会社、元売会社等に対する原油の販売市場において、当事会社は、世界的に事業展開しているいわゆるメジャーであり、原油の採掘及び生産を含め総合的事業

能力が高いと考えられた。しかし、競争が行われている状況が認められたことから、問題なしと判断された。

❺Ａ社／Ｂ社事例では、当事会社の一方が総合的事業能力の高いメーカーであることが指摘された。コスト共通化や、市場の寡占化に加えて、輸入圧力及び需要者からの競争圧力が無いこと等の競争制限的な点が指摘され、当事会社は事業統合を断念した。

② 混合型企業結合において当事会社の総合的事業能力が検討された事例

混合型企業結合において当事会社の総合的事業能力の向上が検討された事例は、平成12年度以降に生じるようになった。ある市場における競争上有力な地位を梃子にして、別市場における有力な地位を獲得するという、抱合せ（当時の企業結合GLでは、組合せ供給として整理される）が問題になった。次の2事例があり、うち1事例では競争の実質的制限のおそれが指摘され、問題解消措置が課された。

❻ＮＴＴコミュニケーションズ（ＮＴＴ－Ｃ）／日本サテライトシステムズ（ＪＳＡＴ）事例では、地上網を用いた専用線サービスにおいて圧倒的地位を有するＮＴＴ－Ｃが、株式取得により衛星通信分野において衛星の総数の3分の2を有することとなるＪＳＡＴに出資することにより、ＮＴＴ－Ｃの地上網とＪＳＡＴの衛星網を組み合わせたシステム提案等が容易となり、ＪＳＡＴの総合的事業能力が高くなることが懸念された。他の競争への影響として、株式取得後、衛星による国内専用サービスの競争単位は、ＪＳＡＴと競争事業者の2社となることと、隣接市場からの競争圧力が一定程度高まっていくことが指摘された。

公正取引委員会は、株式取得により、JSATの総合的事業能力が高くなることから、衛星による国内専用サービス分野における競争を実質的に制限することとなるおそれがある旨の指摘を行った。当事会社による次の問題解消措置の実行を条件として、競争を実質的に制限することとはならないと判断された。（a）NTT-CとJSATとの間において行われる取引については、他の衛星通信事業者の取引と公平かつ適切な条件で行う。（b）JSATがNTT-Cの購買力を使用することのないよう、共同資材調達は行わない。（c）NTT-CからJSATに対し、JSATが営業活動を行う際にNTT-Cの販売力を不当に使用できるような補助は行わない。（d）NTT-CとJSATのタイアップ広告は実施しない。

❽ファミリーマート／ユニー事例では、ファミリーマートはコンビニエンスストア業で競争力を有しており、ユニーは、総合小売業で競争力を有していた。そのため、①当事会社が、一方の事業での競争力をてこに他方の競争力を高め、他方の事業の競争事業者が販売の機会を喪失し、他方の事業において市場の閉鎖性・排他性の問題が生じる可能性が懸念された。公正取引委員会による検討において、コンビニエンスストア業及び総合小売業における競争は、いずれも、店舗ごとに行われていると考えられるが、本件統合による当事会社の総合事業能力の向上は、店舗ごとに達成されるのではなく、日本全国で統一的に実現される可能性が高いことが指摘された。検討の結果、いずれの事業についても、有力な競争事業者が複数存在するため、問題なしと判断された。

③　水平型企業結合において競争事業者の総合的事業能力が考慮された事例

❷日本石油／三菱石油事例では、競争圧力の検討において、有力な競争事業者の中に、いわゆるメジャーの日本法人が存在していること、有力な競争事業者の中には、親会社が世界的に事業展開しているため、石油製品の調達能力を始めとして総合的事業能力が高い事業者が存在していることが指摘された。輸入圧力の存在と併せて、競争圧力が働いていることを理由に、問題なしと判断された。

④　企業結合のタイプとは異なる枠組みにおいて当事会社の総合的事業能力が検討された事例

企業結合のタイプとは別の枠組みで当事会社の総合的事業能力の向上が検討された事例に、❼ヤフー／一休事例がある。本件株式取得により、一休のオンライン旅行予約サービス業、オンライン飲食店予約サービス業において、ヤフーがインターネット広告業等の事業活動を通じて得た消費者の購買行動等に関する情報利用が可能となることによって、当事会社の事業能力が向上する可能性が懸念された。しかし、ヤフーはこれまでも自身が行ってきたオンライン旅行予約サービス業やオンライン飲食店予約サービス業を行うにあたり、当該情報を用いることが可能な立場にあったものの、これらの市場には、当事会社よりもシェアの高い競争事業者がそれぞれ複数存在していることが指摘された。さらに、当事会社以外の競争事業者も、様々な方法により、消費者の購買行動等に関する情報を得ることが可能であることから、問題なしと判断された。

本件では、水平型企業結合と垂直型企業結合としてそれぞれ検討した後、「その他の検討」としてデータの蓄積が別建てで検討されたことが注目される。企業結合のタイプの枠組みを超えた検討が必要であるとする視点が示されていたかのようにも見える。そして、プラットフォーム事業者の企業結合において、データの蓄積によって競争制限効果が生じ得ることが指摘された先駆けの事例といえる。

⑤　近年の事例

「総合的事業能力」という言葉は使っていないものの、実質的には総合的事業能力として考慮していると思われる事例が4事例ある。❶損保ジャパン日本興亜ホールディングスによるメッセージの株式取得（平成27年度事例11）、❷三井住友フィナンシャルグループ及び三井住友カードによるCCCMKホールディングスの株式取得（令和4年度事例9）と、前掲の❸Zホールディングス／LINE事例と、❹マイクロソフト／アクティビジョン事例である。

❶損保ジャパン日本興亜／メッセージ事例では、メッセージは全国においてサービスを提供しているのに対して、損保ジャパン日本興亜の営業地域は限定的であり、市場シェアは僅少であった。株式取得により、訪問介護事業及び居宅介護支援事業の競争において、当事会社の技術力、信用力及びブランド力等が著しく向上し総合的な事業能力が増大することはおよそ想定されないと判断された。

❷三井住友フィナンシャル・三井住友カード／CCCMK事例では、当事会社が、共通ポイント及びクレジットカードを組み合わせて消費者に供給することによって、消費者向け共通ポイント事業及びクレジットカード事業のいずれか又は両方の取引分野における市場の閉鎖性・排他性の問題が懸念された。共通ポイント及びクレジットカード決済付与型ポイントの付与・利用の両面でポイントの統合が実現した場合、双方の顧客基盤が統合され、事業能力が強化されることが懸念された。

本件では、参入圧力が重点的に検討された。検討にあたって、共通ポイント事業における間接ネットワーク効果の存在が前提とされた。総合的な事業能力を有するコード決済事業者が、共通ポイント事業に参入することを計画していることから、参入圧力が認められ、問題なしと判断された。本件では、間接ネットワーク効果が働くという市場の特性が考慮されたことが特徴的である。

❸Zホールディングス／LINE事例では、データの蓄積による競争制限効果発生が検討された。当事会社が行うデジタル広告事業及び特定デジタル広告仲介事業においては、当事会社の検索事業やEコマース事業等の他の事業活動を通じて得た消費者の検索履歴や購買行動に関する情報等のデータが用いられることがある。この点に関し、本件経営統合後、当事会社それぞれが提供するプラットフォームサービスの共通IDに係る情報（性別、電話番号等）や他の事業活動を通じて得たデータを、デジタル広告事業及び特定デジタル広告仲介事業に利用可能となることにより、当事会社が事業能力を向上させる蓋然性が検討された。

データの蓄積について、企業結合GLが提示する、iデータの種類、iiデータの量・範囲、iiiデータの収集頻度、ivデータの関連性、それぞれの指標に沿って検討が進められた。特に、iiとの関係では、当事会社のYahoo!JAPAN及びLINEのコンテンツを利用する利用者が日本国内で多数存在するため、当事会社がこれらの共通IDに係る情報を集積し、事業能力を大幅に向上させることが懸念された。

しかし、デジタル広告事業及び特定デジタル広告仲介事業においては、当事会社グループの他にも有力な事業者が複数存在している。このことからすれば、当事会社は、自らが保有する他事業データをデジタル広告事業及び特定デジタル広告仲介事業の競争に大きな影響を与えるほどに有利に用いるには至っていないと判断された。

❹マイクロソフト／アクティビジョン事例では、当事会社間において競争事業者の秘密情報が共有される可能性の有無が検討された。情報共有により、ゲーム開発・発行事業者により開示される情報を当事会社がマイクロソフトを通じて入手し、ゲーム開発・発行事業の競争事業者の新規事業に対抗する商品開発の検討に利用する場合には、当該競争事業者は競争上不利な立場に置かれることとなり得ることが懸念された。

しかし、このような情報には特異なデータは特段存在しておらず、隣接市場からの競争圧力も認められた。これらのことから、競争圧力が有効に働かなくなるほどに当事会社の事業能力が向上することはないとされた。当事会社間で競争事業者の秘密情報が共有されることによる市場の閉鎖性・排他性の問題は生じることはなく、問題なしと判断された。

4　総合的事業能力の活用可能性

（1）個別事例における総合的事業能力の検討状況

総合的事業能力が検討された企業結合事例は、平成10年以降にみられるようになった。当事会社の総合的事業能力の向上が検討された事例には、水平型企業結合の事例と、混合型企業結合の事例があった。後者では、NTT-C／JSAT事例のように競争法上の問題ありと判断されて問題解消措置が課された事例はあったものの、実質的には組合せ供給（抱合せ）が問題となる事例であった。

水平型企業結合の事例については、次の点が特徴的である。第一に、総合的事業能力が考慮されることがあっても、その検討対象市場はなお限定的である。初期の事例から近年の事例まで、当事会社による総合的事業能力の向上が検討対象とされてきたものの、いずれの事例においても、あくまで検討対象市場内での事業能力の向上が検討されてきたように見える。近年のDPF事業者による企業結合事例においても、市場を跨いだ形での総合的事業能力の向上には言及がない。

企業結合規制における市場画定に関する議論は大きく前進したこと、企業結合審査において積極的に経済分析が取り入れられるようになったこと等から、市場を細分化して検討することが可能となった。また、市場画定についても、競争の実質的制限の検討についても、当初の事例の公表文に比べて近年の事例の公表文で示される事実・審査内容が詳細になったことにより、従前よりも市場画定に重きが置かれる認識が共有されるようになった。これらの点は、市場を跨いだ検討とは逆の方向性に進んでいるようにも見える。

第二に、ヤフー／一休事例が先駆けとなって、総合的事業能力としてデータの利活用による競争制限効果発生の可能性を検討していた。当該事例では、水平型・垂直型の枠組みとは別にデータの利活用による競争の実質的制限が検討されていた。現行の企業結合GLでは、データの重要性評価の4要素が提示されるなど、以前よりも判断枠組みが明確化されるようになった。そして、Zホールディングス／LINE事例では、その4要素に沿ってデータの重要性が判断されるなど、個別事例における判断要素としても機能している。ただし、具体的にどのような情報・データが、どの市場に競争制限効果をもたらすのかという点は明らかになっていない。ヤフー／一休事例においても、ZホールディングスLINE事例においても、当事会社がデータの利活用が可能である立場であるにもかかわらず、競争制限的な行為はしていないという指摘にとどまっており、データ利活用による競争制限効果発生のシナリオの解明はなお課題である。

(2) 総合的事業能力を考慮する意義・課題

総合的事業能力を考慮する意義は、次の点である。第一に、企業結合による競争制限効果の発生の有無を判断するうえで、総合的事業能力の評価は、競争の実質的制限の解釈との関係でなじむ。市場画定は、あくまで競争の実質的制限の有無を判断するために必要とされる作業であり、それ自体が目的となるものではない。そのため、総合的事業能力の考慮は、競争の実質的制限との関係で行われるべきものである。

第二に、総合的事業能力の概念の活用により、企業結合の実態に即した判断が可能となることである。現状の企業結合審査では、当事会社の事業を水平型・垂直型・混合型のいずれかに分類し、市場への影響が直接的な水平型企業結合としての審査が中心となる。そして、先述のように、市場を細分化して画定し、個々の市場で問題がなければ企業結合全体として問題なしというロジックを使う。もちろん、そのように捉えることが妥当な事例もあるものの、ＤＰＦ事業者による企業結合においては、却って実態に即した審査や適切な判断がなされない可能性を生じさせる。総合的事業能力を考慮することは、エコシステム全体の評価を可能にすると考えられる。

第三に、総合的事業能力の活用により、企業結合の目的を考慮した判断が可能となることである。企業結合の目的によって競争制限効果の有無の判断が左右されることはない。ただし、ＤＰＦは個々の市場における事業戦略を計画するというよりは、企業結合を通して、自己の競争力をより広範に及ぼすことを目的とすることが多い。そのような場合に、総合的事業能力を考慮することは、企業結合の目的を踏まえた企業結合審査となり、より実態に即した検討を可能とするであろう。

5 おわりに

本稿では、企業結合を通して実現されるビヒモスの進撃による影響をいかに的確に捉えるかという問題意識のもと、総合的事業能力の活用可能性を検討した。競争の実質的制限の解釈との関係で、さらに、企業結合の目的との関係で、総合的事業能力を積極的に検討することには一定の意味があると結論付けた。令和元年の企業結合ＧＬ改定は、デジタル時代に合った企業結合規制の枠組みを提示するためになされたものであった。しかし、混合型企業結合における考慮要素として総合的事業能力が削除されたことは、却って実態との間に齟齬を生じさせたように思われる。市場の特性等から、総合的事業能力の検討が必要と思慮される事例においては、積極的に考慮することも必要かつ有用である。

総合的事業能力の内容は、最終的には個別事例における状況・事情によって異なりうる。そして、企業結合規制の透明性・予見可能性確保との関係では、総合的事業能力がブラックボックスとして使われることのないように留意しなければならない。個別事例における審査の精緻化が進むとともに、その精緻化が公表文で確認できる状況になることを期待したい。本稿では、具体的な考慮要素、考慮の方法を提示するまでには至らなかったため、引き続きＤＰＦ事業者による企業結合の規制の動向を注視しつつ、総合的事業能力の考慮の在り方について検討していきたい。

【注】

1 公正取引委員会「企業結合審査に関する独占禁止法の運用指針」平成16年5月31日、最終改定令和元年12月17日。

2 東宝スバル事件東京高裁判決昭和28年12月7日・審決集5巻118頁。

3 泉水文雄『独占禁止法』（有斐閣、２０２３年）１２８頁。

4 公正取引委員会「企業結合審査の手続に関する対応方針」平成16年5月31日、最終改定令和元年12月17日。

5 マイクロソフト・コーポレーション及びアクティビジョン・ブリザード・インクの統合に関する審査結果について（令和5年3月28日）。担当者による事例解説として、鈴木健太ほか「マイクロソフト・コーポレーション及びアクティビジョン・ブリザード・インクの統合に関する審査結果について（企業結合事例解説）」公正取引８７２号（２０２３年）56頁。

6 Case M.10646 – MICROSOFT / ACTIVISION BLIZZARD

7　In the Matter of Microsoft/Activision Blizzard

8　ＤＰＦ事業者による企業結合との関係で整理・検討したものに、林秀弥「米国合併ガイドラインの２０２３年改定案とデジタル・プラットフォーム規制」千葉恵美子編『デジタル化社会の進展と法のデザイン』（２０２３年）６８０頁。

9　CMA, Microsoft / Activision Blizzard merger inquiry

10　泉水・前掲注（3）82頁は、企業結合そのものではなく、他の反競争行為ないし人為的行為を重畳的に活用することによって排除型私的独占として構成する可能性を指摘する。

11　白石忠志「平成27年度企業結合事例集等の検討（特集　最近の企業結合規制の動向）」公正取引７９２号（２０１６年）13頁。

12　公正取引委員会ＨＰ「公表事例において総合的な事業能力について検討を行った例」https://www.jftc.go.jp/dk/kiketsu/toukeishiryo/sougou/index.html（２０２４年１月31日最終閲覧）

Ⅱ　DMAによる「事前規制」の導入
――門番としてのビヒモス

成冨守登

1　競争空間におけるビヒモスとの戦い方とは？

（1）　競争空間におけるビヒモスの胎動？

リヴァイアサンとビヒモスの戦い――。周知のとおり、国家権力と社会契約に基づいたコモンウェルスを破る脅威の対置である。本書で言えば、立憲主義を基調とする国家と巨大なデジタル・プラットフォーム事業者（以下、「DPF事業者」とする）の関係性ということになる。この戦いが先鋭化しつつあると思われるのが、競争空間、つまり競争法の世界である。競争法の世界においてDPF事業者はどのように位置づけられるだろうか。ここではまず、競争空間におけるビヒモスのビヒモスたる所以について

確認してみよう。

周知のとおり、広い意味でのデジタル市場においては、国際的なレベルでＧＡＦＡＭ（Google, Amazon, Facebook, Apple, Microsoft）のうちの１、２社によって各サービス分野が支配されているという状況にある。このようにデジタル市場における市場集中度が高くなりやすいのは、複数の市場特性によるものと考えられる。[1]

一つ目は、ネットワーク効果が強く働いているという点である。ネットワーク効果とは需要者数が増加するほど便益が増加することを意味する。ＤＰＦ事業者によるビジネスの場合には一方の市場で需要者数が増加するほどもう一方の市場で需要者の便益が増加するという形の間接ネットワーク効果があるとされている。たとえば、ホテルやレストランの検索予約に関するオンライン仲介サービスを想像すると分かりやすい。このようなサービスを利用するユーザーからすると、仲介する場であるオンラインサイトにおけるホテルやレストランの掲載数が多ければ多いほど、便利なサイトと考えられるため利用者も増加することになる。他方で、ホテルやレストランの側からしても同オンラインサイトで検索・予約するユーザー数が多ければ多いほど便利であるということになろう。

二つ目は、データの集積・利用の効能が非常に大きいという点である。前述のとおり、ＤＰＦ事業者は取引先とユーザーというように複数の異なる需要者群に対して相互作用をもたらすデジタルサービスを提供している。このようなサービスの提供が可能となる要因としては、投入要素として膨大なデジタル・データを集積してそれを利用しているという点が大きい。

たとえば、Amazon のサービスについて見てみると、このことはよく理解できる。同社はネット販売サイトである Amazon マーケットプレイスにおける購入履歴や動画配信サイトである Amazon Prime Video における視聴履歴等の個人データを豊富に有しており、他方で販売動向等の出品者に関する情報も豊富に有している。これらのデータを用いることで、たとえばマーケットプレイスコンサルティングサービスなどの出品者を対象としたコンサルティング事業や広告事業などを行うことができる。消費者の偏向性も利用しやすい状況にあると言えよう。

三つ目は、規模の経済性や範囲の経済性が働きやすいという点である。規模の経済性とは生産量が拡大するにつれて平均費用が小さくなることを意味する。ＤＰＦ事業者によるビジネスはプラットフォームの基盤となる設備、たとえばモバイル事業におけるオペレーティング・システム（ＯＳ）やデータの集積・利用を行うために必要なデータセンター等の構築コスト自体が非常に大きい。そうすると固定費用が大きくなり、設備のランニングコスト等は相対的に小さくなると考えられる。このようにＤＰＦ事業者によるビジネスについては規模の経済性が働きやすいと言える。

また、範囲の経済性とは複数の財をそれぞれ別個に生産するよりも一緒に生産する方が、費用が小さくなる状況を意味する。たとえば、ＤＰＦ事業者によるビジネスの基盤であるデータは他のビジネスにも活用が可能である。そうすると、そのようなデータを多く集積しているＤＰＦ事業者による各種ビジネスについては範囲の経済性も働きやすいと言えよう。

以上の多様な特徴があるためにＤＰＦ事業者によるビジネスの関連市場では参入障壁が高くなり、他方で一度その地位を獲得してしまえば独占ないし寡占状況が創出されることになる。また、このような特性を活かせることから、プラットフォームを情報基盤として異なる複数の市場を結び付けてネットワーク化し、新たなサービスを提供することが可能となる。いわゆる「市場の組織化」[2]という現象である。それにより競争上も優位に立つどころか、「エコシステム」と呼ばれる広範な補完市場全体で強大な市場支配力をもたらすこともある。[3]

そして、さらにはこのようなシステムにおいて、DPF事業者はもはや統治者として君臨しているとも言える状況がある。プラットフォームの利用者は、事業者であれ一般ユーザーであれ、プラットフォームにおいて開示されている情報に基づいて取引を行うことになる。しかし、利用者とDPF事業者には構造的に情報の非対称性があると考えられる。[4]また、DPF事業者はプラットフォームの運営について一切の権限を掌握する存在であることから、利用者のアクセスを制限したり、取引の方法や条件を一方的に押し付けたりすることも可能となる。たとえば、近年の円安の動向を受けたAppleがモバイルアプリの販売市場であるApp Storeにおいて課金アプリの日本市場価格を引き上げるなどしたことが、アプリの製造・販売事業者との間で社会的にも問題視された。[5]

このようなDPF事業者による活動については国際的なレベルで競争法との関係が問題となりつつある。特に、EUでは比較的早くから特にGoogleのサービス提供に係る行為と競争法における支配力の濫用との関係が、大きく3つの事件で争われてきた。

一つ目は、Google Shopping事件で、検索エンジン市場において支配的な地位にあった同社が自ら提供するショッピングサービスについてライバル事業者のそれよりも優先的に表示させていたこと（これを「自己優遇（self preferencing）」と言う）が問題とされた。[6]

二つ目は、Google Android事件で、Android携帯端末メーカーに対してPlay Storeライセンスを提供する条件としてGoogle SearchとGoogle Chromeのインストールを求めたことが、抱き合わせとして問題とされた。[7]

三つ目は、Google AdSence事件で、同社の提供するコンテンツ連動型広告サービスの契約先会社に対して、自社のWebサイトにライバル事業者が配信する広告の掲載を禁止したことと、検索結果としてライバル事業者の広告を表示させる場合に承認を必要とするようにしたことが問題とされた。[8]

いずれの事件においても、Google側は一般裁判所に欧州委員会の措置の取消しを求める訴訟を提起しているが、Google Shopping事件とGoogle Android事件において欧州委員会の判断を認容する旨の判決が下されており、同社は司法裁判所へ上訴している。本稿脱稿時点[9]でGoogle AdSence事件については一般裁判所で継続中である。このような争いの中で実体法上の課題に関する議論が蓄積されつつある。たとえば、一つ目のGoogle Shopping事件に関して、前記自己優遇が反競争的な行為と言えるかを判断するに際し、Googleの提供するサービスが他事業者のサービス提供にとって不可欠な設備（essential facility）ないしそれに類似するものとしたうえで、同設備へのアクセスを拒絶したものと評価しているように読める判示も見られ[10]、その当否が論点とされている。

日本でも複数の事例で独占禁止法との関係が問題とされてきた。たとえば、①Amazon Japanが

Amazon マーケットプレイスに商品を出品する事業者に対して、同一商品について他の流通経路における販売価格や商品バリエーション等の条件と同等のものとする旨の同等性条件を付した形で契約を締結させたことや、[11]②納入業者に対して、自社の販売目標利益が得られないために算出根拠等を明らかにすることなしに金銭提供させたり、過剰在庫と判断したために返品したりしたことが問題とされた。[12]

また、③アプリの提供事業者がアプリ内でデジタルコンテンツの販売等を行う場合に、Apple が指定する課金方法の義務付けやアウトリンク（消費者に当該課金方法以外の課金による購入に誘導する外部リンク等をアプリに含める行為）を禁止したことや、④ Google が Android 端末メーカーとの間で、同メーカーの製造する端末にアプリストアである Google Play を搭載するに際して検索アプリである Google Search およびブラウザアプリである Google Chrome 等の自社アプリを併せて搭載させるとともに、搭載時のアプリのアイコン等について端末画面上の配置場所を指定する内容の許諾契約を締結したことなどが問題とされている。[13]

このように、少なくとも、競争空間では、もはやビヒモスは胎動を越えたレベルで動き出しているように思われる。

（2）本稿における問題意識――DPFに対する競争法による規制とその限界

競争法の問題としては、ここまで見てきたようなDPF事業者の行為がどのような意味において競争に弊害を及ぼすのかという実体法上の問題について様々に議論が戦わされている。[14]これに対して、近時、当該行為をどのように規制するのかという手続法上ないしエンフォースメントの問題も特に重要性を増しつつある。

なぜならば、これまでの競争法による規制方法では限界があるとの認識が示され、これまでとは異なる方法による規制動向が見られ始めたからである。特に、あらかじめ一定の基準の下に規制対象事業者を指定し、当該事業者に対して一定の行為を禁止するという、いわゆる「事前規制」という方法が意識され始めたのである。そして、近時EUでは、国際的には初となるDPF事業者特化型の厳格な「事前規制」である、デジタル市場法（Digital Markets Act; DMA）[15]が導入された。また、日本でも、このような規制の一種として、いわゆるスマホソフトウェア競争促進法が制定された。

もっとも、このような規制方法がどのような特徴を有しており、どのような効果をもたらすのかは必ずしも明らかではない。デジタル市場法についても、実際に制度が導入されて間もない以上、その有用性について評価を加えるのは時期尚早ということになろう。

しかし、従来型の競争法による規制方法があくまで憲法に適合的なものであるという前提のもと、そこから離れてより強力な手段によって規制を講じることになるとすれば、その影響について少なくとも制度の仕組みの面から整理・分析することには、憲法上の議論との関係でも一定の意義が認められよう。

そこで、本稿では、競争空間におけるビヒモスとの戦い方、すなわち競争政策としてのDPF規制の方向性について考えてみたい。以下では、まず、日本における議論の状況も踏まえつつ、競争法による規制について簡単に整理したうえで、DPF事業者による反競争行為に競争法で対応することの限界について整理する。次に、こうした限界を乗り越えようとする試みとして、ＥＵ法におけるデジタル市場法の内容を整理する。そして、最後にデジタル市場法の制度的な整理・分析から同法によるＤＰＦ規制の性格を検討し、現状の整理と今後の展望について明らかにする。

2　競争法による規制の特徴と限界

(1)　競争法による規制の特徴

手始めに、競争法という分野の基本的な知識と規制の特徴について整理しておきたい。本稿において用いられている「競争法」という用語は国を問わずに国際的なレベルで市場経済秩序の維持や自由競争を保護しようとする法一般を意味している。そのため、日本における競争法にあたる「独占禁止法」やＥＵにおける競争法にあたる「ＥＵ機能条約（Treaty on the Functioning of European Union; ＴＦＥＵ）」といった個別の法令とは、言葉の意味する範囲が異なる。このような用語法がありうるのは、競争法の分野では、問題とされる行為類型が共通しており、国際的な収斂ということが語られるくらいに普遍化されて議論されることがあるからだ。[16]

無論、競争法の目的の範囲や条文における表現の詳細さ、具体的な事件処理の過程を定める手続法の内容は各国で違いもある。たとえば、条文の数ないし規制構造について見てみよう。ＥＵではカルテル等の共同行為についてはＥＵ機能条約１０１条が禁止し、市場支配的地位の濫用についてはＥＵ機能条約102条が禁止するという形で大きな2本の条文によって多くの反競争行為を規制している。これに対し、日本ではカルテル等の不当な取引制限（独禁法2条6項）を独占禁止法3条後段で禁止し、私的独占（同法2条5項）を同法3条前段で禁止しているほか、多種多様な行為を不公正な取引方法（同法2条9項各号）として同法19条で禁止している。ここでいう不公正な取引方法には私的独占の手段となる行為も含まれており、反競争効果の大小や発現メカニズムの違いを踏まえてより細かく条文を設けて規制している。もっとも、反競争的行為と認識されているものの具体的内容や、その適否を判断する際の思考方法は各国とも類似していることから具体的な案件の構造を概観しておこう。

たとえば、1（1）で言及した事例③（Appleによる課金方法の義務付けとアウトリンクの禁止）に関して、公取委は私的独占（2条5項）に該当する可能性があるとして審査していた。私的独占に関する条文を見てみると、「この法律において『私的独占』とは、❶事業者が、単独に、又は他の事業者と結合し、若しくは通謀し、その他いかなる方法をもつてするかを問わず、❷他の事業者の事業活動を排除し、又は支配することにより、公共の利益に反して、❸一定の取引分野における競争を実質的に制限することをいう」と規定されている。この規定を大きく整理すると、主体要件（傍点部❶）、行為要件（傍点部❷）と効果要件（傍点部❸）に区分することができる。このように、競争法による規制は、典型的には、これら3要件から成り立っている条文を解釈・適用することを通じて違反を認定し、反競争状態を解消する何らかの措置や金銭的制裁を賦課するという形をとる。

競争法による規制で特徴的なのが効果要件の判断である。効果要件については他の法律においても判断を求められることがある。たとえば、刑法でいえば殺人罪（199条）における死亡結果や放火罪（刑法108条～110条）における客体の焼損や公共の危険の発生ということになろう。しかし、競争法で問題とされるのは反競争効果ないし競争に対する弊害という一見すると判別しにくいものである。そのため、その内容や発現メカニズムは様々な形で説明される。

たとえば、私的独占については、前記傍点部❸のとおり、「一定の取引分野における競争を実質的に制限すること」が問題とされている。一般的には、価格、品質、数量等の条件をある程度自由に設定することで市場を支配できる状態や地位という意味での市場支配力を形成・維持・強化することが競争にとって悪影響だと考えられている。[17]

このような反競争効果の有無を明らかにするためには、前提としてどの範囲で競争が行われるのかを明らかにする作業である市場画定を行うことがある。そのうえで、当該市場においてどのような意味での反競争効果が生じている（あるいは生じうる）のかを判断するのである。そして、この過程においては、他の法規制と同様にそれらの事実を認定するに足る証拠を収集してそれをもとに主張・立証することになるが、その中間項として時に経済分析という専門的手法が採られうることも重要な特徴である。

特にEUでは、市場支配力の濫用について判断する際に経済学的知見を用いた緻密な分析が求められる傾向にあるとされている。[18]

（2） 競争法による規制での対応の限界

もっとも、以上のような競争法による規制でＤＰＦ事業者による反競争行為に対応することについては、一定程度限界があると認識されつつある。日本において、そのような限界論について説明している資料の一つとして、２０２３年に公表されたデジタル競争会議「モバイル・エコシステム競争評価　最終報告」（以下、「最終報告」とする）がある。同報告ではモバイルＯＳを基盤とするレイヤー構造がデジタル市場の競争環境に与える影響などの競争評価や、それに対応するための規制の方向性について取りまとめられている。しかし、規制の対象者をモバイルＯＳの提供事業者に限定しているわけではなく、広くＤＰＦ規制と関連する内容も含意されている。

最終報告では、競争法による規制で対応することで、各事件の処理について最終的な結論を得るまでに相当の時間を要してしまうことが懸念されている。たとえば、日本のモバイルＯＳはほとんどGoogleとAppleの2社寡占状態にあるが、これらのＤＰＦ事業者は、複数のレイヤーにおいて影響力を行使しうる地位にある。これらの事業者による、競争上の懸念が生じるような行為は、不定形かつ同時的で複数のものとなると想定される。それだけでなく、一定のレイヤーにおいてレバレッジを効かせることが可能であることから、一つ一つの行為を単体として見たときには競争上の弊害が軽微なものであっても相乗的に重たいものとなることがありうる。さらにはその弊害自体がレイヤーをまたいで、あるいは行為の対象となったのとは別のレイヤーで生じるということもありうる。

また、ＤＰＦ事業者によるビジネスに関連する市場としては、サービスに対する対価性を伴わない無償市場や需要者群が複数存在する多面市場が多いため、従来の方法で市場画定することが困難となることもある。技術革新の予想や将来的な競争者の想定が困難であるということもこのことを後押しする。

さらに、競争法の各要件の該当性を判断するにあたって、市場や当該事業者に関する情報を収集する必要があるが、そのような情報はＤＰＦ事業者に偏在している。そうすると、従来競争法において用いられてきた競争上の弊害が生じるセオリーの特定とそれに基づく具体的な主張・立証を通じて、反競争状態からの回復を図る措置や金銭的制裁を課すという手法によって処理するのは、あまりに時間がかかりすぎてしまうのである。

実際に、欧州委員会による認定事実に基づく行為の開始時期から違反決定が下されるまでの期間を見てみると、Google Android 事件では約7年半（２０１１年１月～２０１８年７月）、Google Shopping 事件では約９年（２００８年頃～２０１７年）、Google AdSense 事件では約13年（２００６年初頭～２０１９年３月）もの時間を要している。

特にデジタル市場においては技術的な発展スピードが速く、エコシステムが形成されてユーザーを勝ち取ることができれば、いわゆる「勝者総取り状態」となる。そうすると、もはや市場メカニズムによる競争環境の改善は困難となる。そのため、前述の時間的問題は反競争状態から有効な回復を図るために特に重要な課題と考えられる。実際、欧州委員会でも、競争法が市場介入に遅れをとり、「勝者総取り状態」に十分に対処しきれていないことが問題視されていた。[19]

そして、その結果求められるのは、「勝者総取り状態」を創り出す前に何らかの規制で対応するという方向性になる。そこで、最終報告では、競争法のような一定の反競争的な行為が行われてから対応するという意味での「事後規制」ではなく、競争に悪影響を及ぼす危険性が高い行為類型について事前に禁止や義務付けをするという「事前規制」による対応がより適切であるとの姿勢が示されている。[20]最終報告では、そのような「事前規制」としてEUにおけるデジタル市場法が参照されている。今後、日本の新規立法やその運用、評価に際しても相当程度同法がモデルないし比較対象とされると考えられる。そこで、次にEUにおけるデジタル市場法の概要について整理する。

3　EUにおけるデジタル市場法の概要

(1)　導入の経緯

EUではデジタル市場における問題に対処するために様々な立法が施されてきた。また近年では、データ収集が制御不能であることや経済力の不均衡が生じていることを踏まえてデジタルサービスのユーザーを保護するために、いわゆるGDPRやP2B規則など多様な規制が設けられてきた。もっとも、これらは個別の立法であり、デジタルビジネスによってもたらされる多様な影響から社会を守るのに、現行法では不十分であるとの政治的コンセンサスが生まれていた。

そこで、これらに対処するために、2020年12月15日、欧州委員会は「デジタルサービス法パッケージ」と称して法案を公表し、[21]DPFにおける違法コンテンツや違法・有害情報の蔓延といった問題に対処するためのデジタルサービス法（Digital Service Act; ＤＳＡ）[22]とコアなＤＰＦにおいて競争が生じえないという問題へ対処するためのデジタル市場法の草案を提示したのである。

デジタル市場法は２０２２年11月に発効し、２０２３年5月から施行されている。なお、同法は名称として「法（Act）」とされているが、法形式としてはＥＵにおける「規則（Regulation）」であり、加盟国の国内法より優先的に適用される。

（２）規制の全体像と目的

デジタル市場法は全部で１０９の前文（Recital）と54の条文から成り立っている。規制の大枠としては、欧州委員会がＥＵ域内に所在するユーザーに対してサービスを提供するＤＰＦ事業者のうち所定の要件を充足する者をゲートキーパー事業者（gate keeper）として指定し、指定事業者らに対して一定の義務を課すことでその活動を厳格に規制するという形になっている。

同法の目的は、ＥＵにおける「競争可能性がありかつ公正なデジタル市場（contestable and fair digital markets）」を保障する統一的な規則を設けることで、域内市場のより適切な機能に資することである（ＤＭＡ1条）。同法にいう「競争可能性」とは、事業者が自身の商品や役務のメリットに基づいて、市場への参入や拡大の障壁を乗り越えることやゲートキーパー事業者に挑むことが可能である状態を意味する（ＤＭＡ前文32項）。また、同法において「不公正」であるということは、ゲートキーパー事業者が不均衡な利益を獲得する場合におけるビジネスユーザーの権利と義務の不均衡さを意味している（ＤＭＡ前文

33項）。

ここでは、ゲートキーパー事業者が自身の地位や購買力を行使することで、市場参加者が充分に自身の利益分配分を得ることを制約したり、コア・プラットフォームや関連するサービスの利用について不均衡な条件を付したりすることが問題視されている。

（3） 規制対象

デジタル市場法の規制対象は、コア・プラットフォームサービスを提供するゲートキーパー事業者に限定されている。同法は、コア・プラットフォームサービスが何かについては明確に定義していないが、これに該当するものとしてオンライン仲介サービス、オンライン検索サービス、SNS、動画共有サイト、番号非依存型個人間通信、OS、Webブラウザ、バーチャル・アシスタント、クラウドサービス、オンライン広告サービスを列挙している（DMA2条(2)項）。

これらは限定列挙であり、欧州委員会が自身の判断に基づいて新規サービスをリストに追加することは許されていない。仮に新規サービスが登場し、すでに列挙されているものと同様に市場の競争可能性と公正性について重大な懸念が生じうる場合には、市場調査（market investigation）を実施したうえでその結果を公表し、欧州議会と理事会に提出したうえで、立法手続を経てリストに追加されることになる（DMA19条）。

ゲートキーパー事業者であるか否かは、欧州委員会の指定（以下、「ゲートキーパー指定」とする。）によって決まる。単にコア・プラットフォームサービスを提供しているというだけでなく、①域内市場に重大な影響を及ぼしており、②提供しているコア・プラットフォームサービスがビジネスユーザーからエンドユーザーまでの重要なゲートウェイであって、かつ③その運用について確立しかつ永続的な地位にあるか、近い将来そのような地位になることが見通されるか否かによって決まる（DMA3条(1)項）。

欧州委員会はこれら3つの要件を充足しているかを検討してゲートキーパー指定をするが、そのためにいくつかの判断方法が用意されている。まず、委員会は売上高ないしユーザー数等に基づいて要件ごとに設定されている一定の基準値を用いて判断することができる（DMA3条(2)項）。

これらの基準値に達している事業者は、当該基準値に達してから遅くとも2か月以内に欧州委員会にその事実を通知して関連情報を提供しなければならず、それをしなかった場合には欧州委員会は利用可能な情報に基づき、ゲートキーパー指定することができる（DMA3条(3)項）。

こうした基準値に達している場合でも、事業者は当該コア・プラットフォームサービスの運営状況から前記指定要件を充足しない旨の異議申立てをすることができる（DMA3条(5)項）。実際に、最初の事例としてFacebook等を運営するMetaが、第二事例としてTikTokを運営するByte Danceが一部のサービスについて異議申立てをしている。[23] ただし、この反証において、欧州委員会には前記基準値に直接的に関連する要素のみを考慮することが求められており、市場画定や効率性を明らかにすることによる経済学的知見に基づく反証はおよそ認められない（DMA前文23項）。

次に、前記基準値に達していないとしても、ゲートキーパー事業者に該当する旨の嫌疑を抱いた場合に、欧州委員会は市場調査を開始することができる（DMA17条(3)項）。そして、規模、売上高、市場規模、ユーザー数、ネットワーク効果等一定の要素を考慮したうえで、前記3つの要件を充足していると考えられる場合にはゲートキーパー指定することができる（DMA3条(8)項）。この市場調査の対象事業者が欧州委員会による調査措置命令に従わないなどの場合にも、欧州委員会が利用可能な情報に基づき、ゲートキーパー指定することができる（同項）。

実質的な変化が生じた場合もしくは不正確な情報に基づいて指定をしていた場合には、欧州委員会はいつでもゲートキーパー事業者の評価を変更することができる（DMA4条(1)項）。また、欧州委員会は少なくとも3年ごとにゲートキーパー事業者の要件該当性について再評価をしなければならない（DMA4条(2)項）。

（4） ゲートキーパー事業者に対する行為規制

以上の過程を経て指定されたゲートキーパー事業者は、22にも及ぶ行為規制に服さなければならない。以下では、行為規制が置かれている3つの条文ごとに簡単に整理する。

まず、講学上は「ブラックリスト」と呼ばれる規制である（DMA5条）。具体的には、個人データの不当な利活用の禁止、同等性条件の禁止、コア・プラットフォーム外取引や別サービスの許容に関する義務付け、関連サービスの利用強制等の禁止、広告主等への情報提供の義務付けなどが規定されている。

次に、講学上は「グレーリスト」と呼ばれる規制である（DMA6条）。具体的には、自己優遇の禁止、エンドユーザーによる他社サービスとの併用や他社サービスへの乗り換えを制限する行為の禁止、広告サービスの透明性確保義務などが規定されている。

以上の「グレーリスト」に係る行為規制については、規制内容を明確化するために、欧州委員会に指示行為（implementing acts）の権限が認められている（DMA8条(2)項）。指示行為とは、ゲートキーパー事業者が「グレーリスト」に係る行為規制を遵守するにあたって取るべき措置を特定することである。また、ゲートキーパー事業者は、欧州委員会に対して自身が講じようとしている手段が当該規制遵守のために有効なものか否かについての判断のために、「規制に関する対話（regulatory dialogue）」の開催を求めることができる（DMA8条(3)項）。欧州委員会には平等な取扱いや比例原則などの一般的な法の支配に従ってこの対話の開催するか否かを判断する裁量が認められている（同項）。

最後に、その他の義務である（DMA7条）。以上の各リストのほかに、番号非依存型個人間通信サービスを提供するゲートキーパー事業者に対して、他のコミュニケーションサービスを提供する事業者との相互接続義務を規定している。これらは提供内容が複雑であり、履行期間が別個に設定されている。また、欧州委員会に指示行為の権限があり、ゲートキーパー事業者に規制に関する対話の機会を求める権利があることは、「グレーリスト」に係る行為規制と同様である（DMA8条(2)項・(3)項）。

これらの行為規制については、ゲートキーパー事業者が当該義務を遵守することでEUにおける活動の経済的実行可能性が危険にさらされることを明らかにしうる場合、欧州委員会が適用を延期する可能性もある（DMA9条）。さらに、欧州委員会は、公衆衛生（public healthy）および治安維持（public security）

を理由として特定の行為規制から除外することもできる（DMA10条）。

以上の義務内容については、欧州委員会が更新することもありうる。欧州委員会は義務内容を更新する必要性を認める市場調査の後に、現状の行為規制から除外することや逆に対象を拡張することができる。ただし、欧州委員会による義務内容の更新は欧州議会および理事会に対する立法提案を通じて行われるものであり、欧州委員会の同意に基づいて新たな義務を導入することはできない（DMA19条(3)項）。

(5) 行為規制遵守の担保措置

以上の行為規制に付随して、ゲートキーパー事業者には複数の報告義務もある。ゲートキーパー事業者は、指定後6か月以内に行為規制の遵守を保証するための措置について報告しなければならない（DMA11条(1)項）。この報告内容については、欧州委員会がWebサイトで要約版を公表しなければならず（同条(3)項）、ゲートキーパー事業者も最低でも年に1回更新しなければならない（同条(2)項）。

また、ゲートキーパー事業者は欧州委員会に対してコア・プラットフォームサービスに適用している消費者プロファイリング技術に関する検査書（audited description）を独自に提出しなければならず（DMA15条(1)項）、この検査書についても最低でも年に1回は更新しなければならない（同条(3)項）ほか、コンプライアンス体制の整備についても規定されている（DMA28条）。

さらに、欧州委員会には、ゲートキーパー事業者の行為規制の遵守状況について監視義務があり（DMA26条）、年に一度欧州議会および理事会に実施状況報告書を提出しなければならない（DMA35条）。

さらに、3年ごとにデジタル市場法がその目的やユーザーへの影響を達成できているか否かを判断するために、同法の運用状況に関する評価が行われる（DMA53条）。

(6) 義務違反への対応

以上の行為規制が遵守されない場合について、欧州委員会は調査（DMA21条～23条・26条）のうえでゲートキーパー事業者に対して違反決定（the non-compliance decision）を出さなければならない（DMA29条(1)項）。この場合には、最初の違反の前会計年度における全世界売上の10%を上限とする制裁金を課すことができ（DMA30条(1)項）、ゲートキーパー事業者が過去8年間に下された違反決定において認定された義務違反と同種の違反をした場合には、制裁金額は20%まで引き上げることができる（同条(2)項）。欧州委員会はゲートキーパー事業者が一定の義務を遵守するように有限の履行強制金（periodic penalty payments）を課すこともできる（DMA31条(1)項）。

また、ビジネスユーザーもしくはエンドユーザーに対して重大かつ回復不能な損害が差し迫っている場合には、デジタル市場法5～7条の違反が一応存在することを理由としてゲートキーパー事業者に対して暫定措置（interim measures）をとることもできる（DMA24条）。

さらに、組織的な義務違反の場合には、市場調査の後で有効に行為規制を遵守するための行動的措置もしくは構造的措置を課すことができる（DMA18条(1)項）。

ゲートキーパー指定や不遵守決定、制裁金賦課など以上に整理してきた欧州委員会による行為は、欧州連合司法裁判所における司法審査の対象となる（TFEU263条(4)項）。たとえば、制裁金賦課等の金銭的制裁については通常手続の場合と同様に無制限に管轄権が認められているため、欧州連合司法裁判所が制裁金額の増減や賦課の取消しを命じることもありうる。

以上のとおりデジタル市場法の規制には様々な特徴が見られる。以下では、そのような特徴について言及しつつ、デジタル市場法の法的性格について考えてみたい。

4 「事前規制」の導入にあたって

(1) デジタル市場法による規制の特徴と法的性格

デジタル市場法は、特定のDPF事業者を明確に示された基準値に基づいてゲートキーパー事業者として指定し、一定の行為を規制することで「競争可能性がありかつ公正なデジタル市場」を保障しようとしている。同法のこのような構造・姿勢からは、一定のDPF事業者が「ルールメイカー」としても位置付けられ、市場におけるルール設定との関係では活発な競争を阻害しないようにする特別の責任が生じると認識することができよう[24]。

また、デジタル市場における競争可能性を確保することを志向している点からしても、同法が競争法としての性質を有していることは間違いない。行為規制の内容とされているもののうち、少なくとも

「ブラックリスト」に係るものについてはほぼすべてが欧州委員会による競争法違反に関する調査・処分の先例に対応しているとの評価も見られる。[25]

もっとも、デジタル市場法の法的性格は競争法にとどまるものではなく、「競争法＋α」の規制であると捉えるべきだろう。そのことは、デジタル市場法が「デジタル単一市場の創設」という政策目的のもと、多様なＤＰＦ規制が設けられる中で登場しているという経緯とも整合している。[26]

また、ゲートキーパー指定の仕組みからしても従来の競争法による規制とは大きく異なる姿勢がうかがい知れる。デジタル市場法がゲートキーパー指定の要件該当性判断に際して提示している基準値は絶対的なものとなっておらず、基準値に満たない場合でもゲートキーパー指定されうる。ゲートキーパー指定についてはＤＰＦ事業者に反証の機会も認められているが、その際の主張・立証の責任はＤＰＦ側にあり、従来競争法による規制の特徴とされてきた市場画定や効率性などの経済学的根拠に基づく主張は排斥されている。このような仕組みは、前記２（２）で整理した競争法による規制の限界に答えるものと言えよう。

しかしながら、それはすなわち、競争政策における経済分析の役割の相対的低下と捉えることもできる。そうすると、ゲートキーパー事業者に対して課される行為規制のうち、すでに競争法の事件として競争上の影響に関する評価が蓄積されてきた類型はともかくとして、そうでないもの（あるいは同時並行的に争われているもの）については、競争政策的な観点から最適な結果を導出できているか疑問もありえよう。[27] この点に関連して行為規制について見てみると、「ブラックリスト」に係る規制以外に関して、

DPF事業者と欧州委員会との間で対話の機会があることからは、規制としての謙抑的な姿勢が見てとれる。

また、デジタル市場法は、ゲートキーパー事業者に対して厳格な行為規制を課すものとなっていることから、事業者のみならず、規制者である欧州委員会にも報告義務等を課している。このような規律によって一定程度手続的な透明性が担保されているのも重要な点であろう。

(2) DPF規制導入と検討課題

最後に、ここまでの整理・評価を踏まえて、今後日本においてDPF事業者に対する「事前規制」の導入や運用、そしてその評価の際にどのような視点が必要となるかについて考えてみたい。

前述のとおり、デジタル市場法の法的性格は「競争法＋α（ここではデジタル市場における「勝者総取り」の予防）」と捉えることができるが、日本で類似制度の導入を考えた場合には、このような法的性格は所管官庁をどこにするかという点と大いに関わると考えられる。「競争法＋α」という性格は日本の現行法では、たとえば電気通信事業法のような業法にも見られる。同法における一定の規制については独占禁止法を所管する公正取引委員会と総務省とが協力体制を築いて法適用の在り方を明らかにしている。[28] 日本においてデジタル市場法類似の規制を導入する場合には、同様の体制が意識される必要があるのかもしれない。

また、デジタル市場法のようないわゆる「事前規制」を導入する素地が、現在の日本で十分に整っているかという点は必ずしも明らかではない。日本においても、DPF事業者によるビジネスの特徴と競争法による規制の限界から新たな規制が必要であるとの流れで議論がなされている。そして、その新たな規制について、DPF事業者による競争への悪影響を及ぼす危険性の高い行為が特定できていることを前提として、事前に一定の行為類型を禁止あるいは義務付けることを「事前規制」と称している。[29]

現行法で本当に対応できないかという点の検討は必要であるものの、日本においても以上のような議論の方向性自体は否定されるものではないと思われる。問題は、新規制の導入にあたってその前提条件が充足されているかである。

この点について、EUでは、欧州委員会による法適用と司法審査における争いも踏まえてDPFの行為による競争への影響について相当の知見が蓄積されている。このことがデジタル市場法における行為規制のベースとなっているとの広い認識があり、「事前規制」を活用することに相応の納得感をもたらしているのではないかとの理解もある。[30] また、EUでは競争法による規制においても（確約決定〔⇒第3章コラム〕の場合も含めて）決定文が比較的詳細であり、デジタル市場法においても各種報告書の公表義務があるなど、手続の透明性を担保するという姿勢は一貫している。

これに対して日本では、事件化されつつあるもののいずれも審査途中での終了もしくは確約手続による処理であり、公表されている情報は限定的である。現時点において各DPF事業者の行為が独占禁止法との関係でどのように評価されるのかは、公的な判断としては必ずしも明らかではないと言えよう。そうすると、DPF事業者に対する「事前規制」の導入との関係で、日本はEUと同じレベルの素地があると言えないことになりそうである。

また、現行法の中で、前記の意味での「事前規制」に該当すると思われるものとして、電気通信事業法におけるいわゆる非対称規制がある（電気通信事業法30条等）。これらは端末系伝送路の設備の寡占性や通信事業の特性を踏まえたものであるが、日本の電気通信事業は官営・自然独占の過程を経て現在の競争状態へと移行してきている。これに対し、DPF事業者は少なくとも出発点は一私人なのであり、業法と完全に軌を一にする発想で規制することには違和感を抱くこともあり得よう。

いずれにせよ、そのような状態で「事前規制」を導入することが、主張・立証という本来的にとられるべき適正手続の「省略規制」の導入になってしまわないように注意する必要がある。あくまで「事前規制」も国家による公的規制なのである。

他方で、前述のとおり、競争法という分野自体が国家の垣根を越えた共通理解を許容する部分があることを前提とするならば、他国において明らかにされた反競争効果のメカニズムを引用・転用するということはむしろ当然であるとの理解もありうるのかもしれない。このことは、競争法という分野において、どこまで国際的な標準の問題として扱うことが許され、他方でどこが国内法固有の問題として意識されなければならないかという総論的課題にも繋がりうるように思われる。

このように、リヴァイアサンとビヒモスの戦いについて検討する際には、競争空間を見るだけでも国家の視点あるいは権力を付託した国民の視点から見たときに、どのように戦うのかという「戦い方」の問題がある。

現時点で言えることは、その戦いにおいてビヒモスの特性に目が行くばかりに、リヴァイアサン自体を縛っている鎖が引きちぎられることのないように継続的に注視していく必要があるということだ。共通の敵が現れたからといって、リヴァイアサンは手放しに国民の味方でいてくれるわけではないのである……。

【注】

1 たとえば、モバイル・エコシステムに着目した分析として、デジタル競争会議「モバイル・エコシステム競争評価 最終報告」(2023)(https://www.kantei.go.jp/jp/singi/digitalmarket/kyosokaigi/dai7/siryou2s.pdf 最終アクセス日:2024年1月31日)21頁。

2 和久井理子「デジタル・プラットフォームによる『市場の組織化』と経済法」NBL1248号(2023)8頁。

3 川濵昇「支配的デジタルプラットフォーム事業者の排除行為について」根岸哲ほか編著『プラットフォームとイノベーションをめぐる新たな競争政策の構築』(商事法務、2023)31頁。

4 千葉恵美子「デジタル・プラットフォームビジネスにおけるプラットフォーム事業者の役割と責任」NBL1248号(2023)17頁。

5 読売新聞「アップルに是正要求 経済省方針アマゾンもアプリ価格など」2022年11月11日朝刊1頁。

6 *Google Search (Shopping)* (Case AT.39740) Commission Decision 2018/C 9/08 [2017] OJ C 9/11.

7 *Google Search (Android)* (Case AT.40099) Commission Decision 2019/C 402/08 [2018] OJ C 402/19.

8 *Google Search (AdSence)* (Case AT.40411) Commission Decision 2020/C 369/04 [2019] OJ C 369/6.

9 本稿脱稿日は2024年1月31日である。

10 根岸哲「競争法の『GAFA』規制に対する向き合い方―収斂と多様性」根岸哲ほか編著『プラットフォームとイノベーションをめぐる新たな競争政策の構築』(商事法務、2023)6頁。

11 公取委報道発表「（平成29年6月1日）アマゾンジャパン合同会社に対する独占禁止法違反被疑事件の処理について」〈https://www.jftc.go.jp/houdou/pressrelease/h29/jun/170601.html　最終アクセス日：2024年1月31日〉。

12 公取委確約令和2年9月10日公取委Webサイト〈https://www.jftc.go.jp/houdou/pressrelease/2020/sep/division3/200910_honbun.pdf　最終アクセス日：2024年1月31日〉。

13 公取委報道発表「（令和5年10月23日）Google LLCらによる独占禁止法違反被疑行為に関する審査の開始及び第三者からの情報・意見の募集について」〈https://www.jftc.go.jp/houdou/pressrelease/2023/oct/231023ikenboshu.html　最終アクセス日：2024年1月31日〉。

14 DPFによる排除行為に関する反競争効果のメカニズムや市場画定の在り方について検討したものとして特に川濵・前掲注（3）38頁以下。また、自己優遇に関する独禁法上の理論的整理を試みる近時の研究として、宍戸聖「独占禁止法における『自己優遇』の実態と課題」成蹊法学98号（2023）171頁などがある。

15 REGULATION (EU) 2022/1925 OF THE EUROPEAN PARLIAMENT AND OF THE COUNCIL of 14 September 2022 on contestable and fair markets in the digital sector and amending Directives (EU) 2019/1937 and (EU) 2020/1828 (Digital Markets Act).

16 白石忠志『独禁法講義』（有斐閣、第10版、2023）8頁。またそのような議論を展開するものとして、根岸哲「『競争法』のグローバルスタンダード論に関する覚書」甲南法学51巻4号（2011）1頁がある。

17 最高裁平成22年12月17日第二小法廷判決民集64巻8号2067頁における同要件の理解につき、金井貴嗣ほか編著『独占禁止法』187頁（山部俊文）（弘文堂、第6版、2018）。

18 林秀弥＝巫昆霖「欧州の巨大プラットフォーム事業者規制について―デジタル市場法（DMA）を中心に」千葉恵美子編著『デジタル化社会の進展と法のデザイン』（商事法務、2023）161頁。

19 See, e. g. European Commission, 'COMMISSION STAFF WORKING DOCUMENT IMPACT ASSESSMENT REPORT Accompanying the document Proposal for a REGULATION OF THE EUROPEAN PARLIAMENT AND OF THE COUNCIL on contestable and fair markets in the digital sector (Digital Markets Act)' (December 2020). SWD/2020/364 final, at para 119.

20 デジタル競争会議・前掲注（1）29頁。

21 See, EU Commission, 'The Digital Services Act package' (An official website of the European Union, 17 January 2024) 〈https://digital-strategy.ec.europa. eu/en/policies/digital-services-act-package〉 accessed 31 January 2024.

22 なお、DSAについては、本書第4章ⅡおよびⅢも併せて参照されたい。

23 朝日新聞デジタル「EUの『ゲートキーパー』指定 メタ、TikTokが異議申し立て」2023年11月16日配信〔https://www.asahi.com/articles/ASRCJ64SRRCJUHBI03D.html 最終アクセス日：2024年1月31日〕。

24 林＝巫・前掲注（18）163頁。

25 平山賢太郎「EUデジタル市場法（the Digital Markets Act）―規制の概要とわが国への示唆―」現代消費者法58号（2023）112頁。なお、弁護士でもある著者は自身の事務所サイト〔https://hirayamalawoffices.com/2023/02/23/%e6%ac%a7%e5%b7%9e%e3%83%87%e3%82%b8%e3%82%bf%e3%83%ab%e5%b8%82%e5%a0%b4%e6%b3%95%ef%bc%88the-eu-digital-markets-act%ef%bc%89/ 最終アクセス日：2024年1月31日〕においても、DMAに関する詳細な解説を掲載している。併せて参照されたい。

26 この点について詳細に検討したものとして、王威駟「EUデジタル市場法の論点と示唆」情報法制研究13号（2023）138頁。また、林＝巫・前掲注（18）164頁も参照。

27 林＝巫・前掲注（18）62頁。

28 そのような姿勢の表れとして、公正取引委員会＝総務省「電気通信事業分野における競争の促進に関する指針」（2023）〔https://www.soumu.go.jp/main_content/000695595.pdf 最終アクセス日：2024年1月31日〕がある。

29 デジタル競争会議・前掲注（1）29頁。

30 平山・前掲注（25）115頁。

COLUMN

協調型法執行による対応とその弊害 ――ビヒモスに寄り添う

成冨守登

競争空間におけるリヴァイアサンとビヒモスの戦い方について考える際に検討すべき重要な動向の一つに「協調型法執行の活用」がある。協調型法執行の定義については、その文脈や適用範囲によってニュアンスが異なる部分もあるため、ここでは差し当たり、法令違反が疑われる場合に当該被疑事件の処理を当局と当事者の協議・合意や、当事者による協力を基調として行うことと定義する。

協調型法執行は、従来アメリカにおける環境政策などにおいて活用されていた手法である〔曽和俊文『行政法執行システムの法理論』（有斐閣、２０１７）第3部以下参照〕。行政運営において法律上の形式基準やその遵守状況といった手続面よりも法律上の目的が実際に達成されているかを重視する成果本位型の発想から、規制当局と被規制企業の関係性について見直しを迫るものと言える。たとえば、環境政策を例に説明をすると以下のような変化をもたらすことになる。

すなわち、環境保護のために企業に遵守すべき基準を提示してそれに違反した場合に是正命令や金銭的制裁を課す従来型エンフォースメントにおいては、被規制企業は不遵守の事実を隠蔽しようとするし、規制当局も予算やマンパワー等の理由からすべての違反を取り締まることは不可能である。しかし、環境保護という目的が本来的に社会全体で達成すべき目的であるところ、被規制企業を単なる規制の対象としてではなく、協力者としても位置づけることで当局がより裁量的に、また企業がより自主的に問題解決を図ろうとする方向へ転換するのである。

競争法の世界においても、このような動向を見て取ることができる。国際的に競争法の動向を特に牽引してきたとされるのは米国反トラスト法とＥＵ競争法であるが、いずれにおいても従来それぞれに協調型法執行を活用してきた歴史がある。

米国反トラスト法との関係で特有の事件処理方法として同意判決（consent decree）および同意命令（consent order）がある。これらは司法手続か行政手続かという違いはあるものの、いずれも違反被疑行為とそれによる反競争状況を除去する一定の措置について競争当局と事業者とで合意して事件処理を行うというものである。いずれも①違反行為が認定されず、事業者が違反行為を認めたことにもならない、②合意内容となる措置が履行されない場合に一定のサンクションが用意されているなどの効果がある。

また、米国反トラスト法については特にカルテルに対する刑事訴追の可能性があるが、その場合には伝統的に司法取引による事件処理の可能性がある。周知のとおり、司法取引によって事件が処理される場合には、司法省との間での取引契約に基づき、公判廷における有罪答弁も含めた捜査機関への協力義務が課されることになる。法人処罰を念頭に置いた場合には、コンプライアンスプログラムの策定・実施等一定の条件を遵守することと引き換えに訴追を延期する旨の合意（Deferred Prosecution Agreement／DPA）を認める制度も活用されうる。

他方で、EU競争法との関係で特有の事件処理方法としては、確約決定（Commitment decision）を挙げることができる。確約決定とは、事業者が欧州委員会の指摘する競争上の懸念を解消する措置を申し出て、その申請内容について欧州委員会が合意した場合に、合意内容とされる措置の実施を事業者に対して法的に義務付ける決定である。確約決定による事件処理の場合には、欧州委員会は違反行為の存否について判断することなく審査を終了することになる。また、事業者が合意内容である措置を履行しない場合には、欧州委員会は制裁金又は履行強制金を課すことができる。米国反トラスト法においてもEU競争法においても、これらの協調型法執行が通常の事件処理を補足する、あるいはそれを凌駕して、むしろ事件処理数ベースでは協調型法執行がオーソドックスな事件処理と位置付けられるほどに活用されている状況がある。

このほか、オーストラリア競争消費者法においても裁判所において執行可能な措置計画（court enforceable undertaking）が法制度化され、一定程度活用されている〔同制度の紹介・分析や競争法における協調型法執行に関する検討として、土田和博『経済法のルネサンス 独占禁止法と事業法の再定位』（日本評論社、2022）第13章以下参照〕。

これらの諸制度は、大枠としてはいずれも当局と事業者の双方、メリットが認められる制度となっている。すなわち、当局からすると、①違反行為（の懸念）を迅速に是正することができ、②限られたリソースを他の事件に投入することで競争法エンフォースメント全体の効率性や抑止力を向上することもできるのである。また、③行政処分の取消請求等の訴訟を回避することにもつながる。事業者側からしても、①違反行為が認定されなかっしかし、調査協力減算制度が導入されたことで調査への実質的な協力度合いも課徴金の減額にあたって考慮されることになったため、より事業者の協力インセンティブを引き上げることにつながる制度設計となった。また、独禁法違反事例のうち、不当な取引制限については罰則(独禁法89条等)があり、刑事手続によっても事件処理されることがある。その場合においても、現在では協議・合意制度(刑訴法350条の2以下)によって事件が処理されうる。このように、独禁法のエンフォースメントについても、世界の潮流と軌を一にするように協調型法執行が用意・活用されつつある。

ここまで、近年における競争法エンフォースメントの潮流について述べてきたが、このことはDPF事業者の反競争行為をどのように規制するのかという問題とも大いに関わる。ひとまず、ここでは確約手続を素材として考えてみたい。DPF事業者による反競争行為を想定した場合には、技術進展スピードの速さという市場の特徴からして従来型の事業領域における反競争行為と比べてより迅速に対応する必要性が高いと考えられる。その意味では、確約手続によって事件処理を行うことは通常手続による場合と比べて、有用であると言えるのかもしれない。

しかし、いくつか懸念事項も存在する。一つは、確約内容の実効性である。確約手続は事業者の協力・自主的

たり、②迅速な手続によって対応のためのリソースが節約されたり、③第三者からの私訴のリスクが軽減されるということにつながるのである。デジタル・プラットフォーム(以下、「DPF」とする)事業者との関係でも実際にこれらの措置が用いられることがある。たとえば、2013年Apple電子書籍事件確約決定では、商品価格の不当に高額に設定されていることについて搾取的濫用として市場支配的地位の濫用が懸念され、返金を内容とする確約決定が下されている〔E-Books (Case AT. 39847) Commission Decision C (2013) 4750 [2013] OJ C 378/25〕。

以上の動向は、日本の独禁法においても影響を及ぼしている。平成28年独禁法改正によってEU競争法を範とした形で確約手続(独禁法48条の2以下)が導入されたほか、令和元年独禁法改正によって課徴金減免制度に加えて調査協力減算制度(独禁法7条の5)も導入されている。課徴金減免制度は、入札談合や価格カルテルなどの不当な取引制限(独禁法3条後段、2条6項)に関与した事業者が、違反行為に係る事実の報告や資料提出を他の事業者と通謀することなく単独で行うことで課徴金の減免を受けるという制度である。従来の課徴金減免制度については専ら事業者から公取委への申請順位で減免の割合が決まっていた。そのため、事業者には申請後に十分な形で公取委の調査に協力するインセンティブはあまりなかったと言える。

な解消措置の策定と実効を特徴としているが、通常の違反決定よりも相対的に執行力が低いおそれがある。たとえば、２０１３年マイクロソフト事件においては、抱き合わせの懸念に対する払拭措置として、数百万人のユーザーに対してブラウザを選択する画面を提供する旨確約したにもかかわらず、これが履行されず制裁金が賦課された〔Microsoft (Tying) (Case AT. 39530) Commission Decision C (2013) 1210 [2013] OJ 2013/C 120/06〕。

このような相対的な執行力の低さという問題は日本の独禁法においてより強く当てはまることになるかもしれない。なぜならば、日本の独禁法においては、ＥＵ競争法における制裁金や履行制裁金のような確約内容の履行を担保する措置が設けられていないからである。なお、認定された確約措置計画が実施されない場合には公取委が当該認定を取消し（独禁法48条の5）、事件が通常の審査手続に戻されることになる（独禁法48条の4および8の各但書）。

もう一つは、先例蓄積の欠如に関する懸念である。前述のとおり、確約手続によって事件処理される場合には、当局は競争上の懸念があることを述べるのみであり、違反行為の立証や認定もない。そのため、どのような理由から反競争効果が生じうると判断されているのかについてその解釈基準が不明確になるという問題がある。この問題は、ＤＰＦ事業者による違反の場合により顕著に当てはまる。つまり、ＤＰＦ事業者による活動が反競争効果を有しているか否かについて検討する際には、新たな課題が生じうることが分かっている。そうすると、競争法の法適用の在り方を理論的に発展させるためには、確約制度による事件処理について一定の限界づけが必要となろう。

さらに、反競争的行為の被害者として位置づけられる第三者との関係でも問題がありうる。被害者が自らの被害回復を図るためには競争当局による事件処理とは別に競争法違反行為の差止めや損害賠償請求などの民事訴訟を提起するのが通常である。日本の独禁法では公取委による排除措置がなされた後であれば、公取委による違反行為の認定を前提とする形で、事業者は無過失での損害賠償責任を負うことになるため（独禁法25条1項）、被害者の立証のハードルが低く設定されている。しかし、確約手続によって事件処理された場合には違反行為の認定がないため、第三者による民事訴訟において相対的に立証のハードルが高まってしまうということが起こりうるのである。この点は、独禁法における被害者救済の在り方として正当化され得るか検討を要すべき課題であろう〔この点に関する検討として、瀬領真悟「確約制度と私訴・損害賠償制度について――ＥＵ法をめぐって・検討序説」金井貴嗣先生古稀祝賀論文集『現代経済法の課題と理論』（弘文堂、２０２２）５１５頁〕。

また、手続の透明性・公正性が充分に担保されているかも重要である。ＥＵ競争法では確約決定による事件処理を行う場合、事業者からの確約提案の提出後に利害関係者等の第三者からの意見公募（market test）を実施しなければならない。この手続が義務付けられていることで、欧州委員会にとっては、当該確約の内容が競争上の懸念を解消するのに適切かつ比例性を担保しているかの確認が制度上促進されている。しかし、日本の独禁法の場合には、意見公募手続が義務付けられていない。そうすると、少なくともＥＵ競争法と比較した場合には、事件当事者を含む第三者の意見反映が行われにくい状況にあると言え、相対的に透明性・公正性を十分に担保できているか疑問がありうるだろう。

本書でも扱われているとおり（第３章Ⅱ参照）、国際的にはデジタル市場法やデジタルサービス法の制定、日本では透明化法の制定や新規立法などによって、いわゆる「事前規制」あるいは官民共同規制でＤＰＦ事業者による反競争的行為を規律する方向性が模索されている。しかし、前述のとおり、すでに競争法エンフォースメント一般の動向からしても、事業者からの協力を得つつ法執行を行っていくという方向にある。その意味で、ＤＰＦ事業者への競争法上の対応については、制度上は本書でいうところの「協調モデル」を志向しつつあるのかもしれない。

たしかに、限られたリソースの中で効率的かつ効果的に事件を処理することは重要であり、競争法違反被疑事件のすべてにおいて従来型のエンフォースメントを活用することが、法目的の達成に資するわけではないのかもしれない。また、デジタル市場のような通常の事件処理では時間を要しやすく、他方で関連する技術の進化スピードは速い分野においては、協調型法執行による事件処理の方がより有効に機能するのかもしれない。

しかし、そのような事件処理の効率性を達成しようとする協調型法執行には、依然としてここまで見てきた理論的課題がある。そして、それらの課題は、いずれもエンフォースメントの根幹を支える「適正手続」や「法の支配」という現代国家が重要視してきた理念と深く関わる――場合によっては対立しうる――ものではないだろうか。

我々は、リヴァイアサンとビヒモスの戦い方について考えるとき、規制の実質的効果の有無や効率性とは別に、守るべき手続法的理念との関係性やその再検討をも迫られているのかもしれない。

第4章
ビヒモスの脱魔術化

I　フランスのデジタル共和国法による透明性要請
——先導者としてのビヒモス

石尾智久

一部のＤＰＦは、ビヒモスというメタファーが相応しいほど巨大な存在として台頭するとともに、私たちの日常生活に大きな利便性をもたらしている。実際、Amazon を介して商品を購入することや、Google を利用して必要な情報を検索することは、多くの人にとって日常生活の一部となっており、その便利さに疑いの余地はないであろう。

ＤＰＦの利用者の多くは、自己の自由な意思決定に基づいてサービスを利用していると思っているかもしれない。しかし、少し考えてみれば分かることだが、利用者がＤＰＦを介して何らかの意思決定をする場合、その意思決定は、ＤＰＦがウェブサイトに表示している情報から大きな影響を受けることになる。たとえば、Amazon を介して商品を購入するときには、利用者は、商品に関する情報のみならず、検索結果の表示順を前提として商品を選ばざるを得ない。実際には、検索結果の上位に表示される商品を購入することが多く、検索結果のすべてを見たうえで商品を選択する利用者は少ないので、商品の表示順は利用者の意思決定を左右する重要な要素であろう。さらに、利用者は商品に付されているレビューからも大きな影響を受けることから、レビューが商品を利用した者によって本当に投稿されているのかどうかや、低評価レビューの掲載が拒否されていないのかどうかといった、レビューの信頼性を確保する方法についても検討する必要がある。[1]

要するに、DPFが十分な情報を表示していなかったり、表示順を操作していたりする場合には、利用者はDPFによる誘導を受けざるを得ない。したがって、DPF事業者が、何を、どのように、自己のウェブサイトに記載するのかに関するルールとして情報開示義務ないしは情報提供義務を整備することは、利用者の意思決定に対する不当な誘導の回避に直結する重要な課題である。[2]

こうした課題の一部に対応するための法規制として、2021年から、「特定デジタルプラットフォームの透明性及び公正性の向上に関する法律」（以下、「透明化法」という）が施行されている。透明化法によって、DPF事業者の情報開示義務に関する規定が設けられたが、同法の規制対象となるのは、ごく一部の巨大DPF事業者に限られている。さらに、多様なDPFを一括りに規制対象としていることから、DPFの特徴に応じたルールが整備されているわけではない。その後、「取引デジタルプラットフォームを利用する消費者の利益の保護に関する法律」によって、販売業者等情報の開示請求に関する条文が定められたが、DPF事業者の情報提供義務に関する規定が設けられたわけではない。

これに対し、フランスでは、２０１６年のデジタル共和国法[3]によって、日本とは比較にならないほど詳細な情報提供義務が消費法典に定められている。[4]これは、ヨーロッパにおけるＤＰＦ規制の到達点の一つであると言っても過言ではない。[5]フランスにおけるＤＰＦ規制の特色は、ＤＰＦ事業者の規模を問うことなく規制対象としているだけではなく、巨大ＤＰＦ事業者を国家による法規制の一翼を担う存在としても捉えている点にある。

以下において、１では、フランスにおいてＤＰＦ事業者に課せられている情報提供義務について概観する。２では、巨大ＤＰＦ事業者は国家による規制の担い手としての側面も有している点について取り上げる。そのうえで、３では、日本におけるＤＰＦ事業者の情報提供義務について検討したい。[6]

１　国家による規制の対象としてのＤＰＦ――透明性を求められるビヒモス

ＤＰＦ事業者は、ビヒモスと呼ばれるほど巨大であるとしても、私企業である以上、私人であることに変わりはない。それにもかかわらず、フランスにおいて、ＤＰＦ事業者は、一般の私企業とは異なり、透明性を向上させることが強く求められている。ここでは、まず、（１）フランスにおけるＤＰＦ規制の経緯を確認する。次に、（２）ＤＰＦ事業者にどのような情報提供義務が課せられているのかについて概観する。最後に、（３）詳細な情報提供義務が課せられる前提として、ＤＰＦ事業者をどのような存在として捉える可能性が示されているのかについて検討しよう。

（1）DPF規制の経緯

フランスでは、2016年のデジタル共和国法の制定に先立って、DPF取引をめぐって様々な議論が交わされてきた。[7] 特に重要なものとしては、2014年の国務院（Conseil d'État）による「デジタルと基本権（Le numérique et les droits fondamentaux）」と題する報告書と、[8] 2015年の国民デジタル評議会（Conseil National du Numérique（CNNum））の報告書がある。[9] いずれの報告書においても、DPF事業者の急速な発展に伴って、中立性の原則（principe de neutrallité）に依拠するのではなく、「公正性の原則（principe de loyauté）」に基づいて、DPF事業者に情報提供義務を課すべきであるとの方向性が示されていた。

フランスにおけるDPF規制の端緒を開いたのは、2014年のアモン法であった。[10] これによって、オンライン上で価格や商品の比較に関する情報を提供する事業者に対して情報提供義務が課せられた。同法は、DPF事業者のみを規制する立法ではないが、価格等の比較に関する情報を提供するDPF事業者も規制対象となっていた。その後、2015年マクロン法（Loi Macron）によって、マッチング型のDPF事業者に対して詳細な情報提供義務が課せられた。このように、フランスにおいてDPF事業者の情報提供義務について早くから関心が持たれていたことは、デジタル市場における利用者への情報提供の重要性を意識したものであろう。

その後、2016年のデジタル共和国法によって、消費法典L.111－7条（同法第49条により新設）、L.111－7－1条（同法第50条により新設）、及び、L.111－7－2条（同法第52条により新設）が新設された。その内容は、2017年に制定された3つのデクレ（政令）[11] によって補完されている。これに伴って、アモン法およびマクロン法は廃止されており、デジタル共和国法による規律に統合されている。

（2） DPF事業者の情報提供義務

フランス消費法典は、DPF事業者の定義についての条文を定めたうえで、DPF事業者のすべてに課せられる一般的な情報提供義務のほか、DPFの機能に応じた特別の情報提供義務も定めている。DPF事業者は、これらの情報提供義務を選択的に負うわけではなく、仲介役務の態様に応じて重複して負うことになる。[12] 以下では、DPF事業者の定義を確認したうえで、情報提供義務に関する特徴的なルールについて概観していきたい。[13]

① DPF事業者の定義

DPF事業者の定義については、[14] 以下の通り、Amazonなどの取引を仲介するDPF（マッチング型DPF）と、Googleなどの情報の整理や表示を行うDPF（非マッチング型DPF）の両方を包摂する概念として消費法典に規定が置かれている。[15] なお、コンテンツには、ビデオ、音楽、写真、ドキュメントなどが含まれるため、YouTubeといった動画投稿サイトも、L.111-7条I第1号に該当する。[16]

L.111-7条I　オンラインプラットフォーム運営者とは、自然人又は法人であって、業として、報酬を受けているか否かにかかわらず、次のいずれかに掲げる事項に基づいて、オンライン上で公衆に対する通信サービスを提供する者のすべてをいう。

1° 第三者が提案し、又はアップロードするコンテンツ、物品又は役務について、デジタルアルゴリズムを用いて得られた順位付け（classement）[17]又は参照

2° 物品の売買、役務の提供又はコンテンツ、物品若しくは役務の交換若しくはシェアリングを目的とする複数の当事者のマッチング

この定義において、DPF事業者が仲介手数料などの報酬を得ているのかどうかは問われていない。さらに、DPFの規模の大小は問われておらず、広範な定義がDPF事業者に与えられている点も特徴的である（L.111-7条I）。そのため、GAFAのような巨大DPF事業者に限らず、小規模なDPF事業者も情報提供義務を負うことになる。このような定義となったのは、消費法典L.111-7条が一般規定であって、特定のDPF事業者に関しては、特別の規定を設けるものと理解されているからである。学説では、L.111-7条は、DPFの多様性を意識したうえで最低限の義務を一般的に定めるものだと評価する見解や[18]、消費法典における規律は、DPFの一般法としての位置づけを占めるため、分野横断的に適用されると評価する見解がある[19]。そのため、DPF事業者は、消費法典における情報提供義務と重複して、観光法典や、交通法典、労働法典、一般租税法典など、各法分野における義務も負うことになる。

② 一般的な情報提供義務

マッチング型か非マッチング型かを問わず、DPF事業者のすべては、ウェブサイトを通じて購入で

きる商品や閲覧可能な情報が、どのような基準によって表示されているのか、さらに、どのような基準によって表示されなくなるのかについての情報を提供しなければならない（L.111-7条Ⅱ第1号）。さらに、ウェブサイトにおける表示順は、利用者の意思決定に大きな影響を与えることになる。そのため、出店企業とDPF事業者との間に契約関係や資本関係があったり、出店企業がDPF事業者に対して対価を支払っており、これによって表示順が影響を受けていたりするならば、その旨もウェブサイトに表示しなければならない（L.111-7条Ⅱ第2号）。

ウェブサイト上に情報を表示する際の具体的な方法として、これらの情報は、全てのページからアクセスが容易なページに表示しなければならない（D.111-7条Ⅰ）。このように、情報提供義務の内容のみならず、その履行方法についても条文で定められていることは特徴的である。

③　仲介役務の態様に応じた特別の情報提供義務

一般的な情報提供義務のほかに、仲介役務の態様に応じて課せられる特別の情報提供義務も定められている。その中でも特徴的なものとしては、❶マッチング型のDPF、❷比較サイトとしての機能を有するDPF、❸オンラインレビューを提供しているDPFがある。

❶マッチング型のDPF事業者　契約の相手方が事業者なのか、それとも、消費者なのかといった契約主体に関する情報を提供しなければならない。消費者と事業者との間の取引であれば、消費者は消費者法による保護を受けることができる。そのため、こうした情報は消費者が安心してDPFを利用するために重要である。さらに、DPFを利用するために仲介手数料が必要であればその金額や、商品に

関してＤＰＦが提供している保証に関する情報も提供しなければならない。これらの情報は、インターネット利用者がログインをしていなくても確認できる形で表示する必要がある（D.111‐8条I）。

さらに、ＤＰＦを介して、消費者と事業者が売買契約又は役務提供契約を締結する場合には、ＤＰＦ事業者は、消費者と取引をする事業者に対して、消費者取引における契約締結前の情報提供義務（L.221‐5条及びL.221‐6条）に関する情報を通知するための表示欄を提供しなければならない（D.111‐9条）。

❷価格や品質等の比較に関する情報を提供するＤＰＦ事業者　どのような順番で商品を掲載しているのかや、商品の掲載において事業者から対価を受け取っているのかどうか、比較されている商品に網羅性はあるのかどうか、掲載情報の更新の頻度などを表示しなければならない。さらに、対価を支払うことによって、比較サイトの上位に表示されるようになっているならば、そのことが分かるような表示もしなければならない（D.111‐11条、D.111‐12条）。

ウェブサイト上に情報を表示する際の具体的な方法についても規制が設けられており、価格等の比較に関する情報を記載した専用の表示欄を設けなければならないとされている。さらに、表示順の基準や、網羅性の有無、表示における対価の有無といった重要な事項については、検索結果の各ページに表示しなければならない（D.111‐12条）。なぜなら、専用の表示欄を訪れるのは一部の者に限られるので、重要な事項についてはより一般的に表示しておく必要があるからである。

❸オンラインレビューを提供するＤＰＦ事業者　レビューとは、何らかの評価要素を用いて、消費

者が自らの消費体験に基づく意見を表明したものとして定義されている（D.111-16条第1項）。DPF事業者は、レビューを提供している場合、利用者に対して、レビューに近接して、明瞭かつ目立つ形で、レビューの内容を審査するための手続きの有無、各レビューが公開された日付とレビューに関連する消費体験の日付、表示順に関する基準などを表示しなければならない（D.111-17第1号）。そのほか、レビューの投稿者に対価が提供されているならば、その旨をウェブサイト上に表示しなければならず、オンラインレビューの投稿を拒否する場合には、その理由を投稿者に対して開示しなければならない。レビュー管理者に一定の情報提供義務を課すことによって、レビューの透明性が確保されていることは、フランス法の特色の一つである。[20]

このように、DPF事業者には、公正性と透明性に基づいて詳細な情報提供義務が課せられている。注意を要するのは、DPF事業者に課せられる情報提供義務は、情報の明確性や、理解のしやすさ、アクセスの容易さに重点を置いているが、提供される情報量を減らすものではないという点である。そのため、情報量が多過ぎて、消費者の理解を向上させることに繋がらない可能性が指摘されている。[21]たしかに、このようなリスクはあるとしても、DPF事業者が適切な形で情報をウェブサイトに表示していれば、利用者が取得することのできる情報が多くなるので、利用者が騙されるリスクが低下することになる。その結果、DPFの利用頻度が高まることから、デジタル経済がより発展するという見方も示されており、[22]利用者に十分な情報を提供することは有益であろう。

（3） DPF事業者の捉え方

DPF事業者は、私人であるにもかかわらず、詳細な情報提供義務が課せられている。その前提には、DPF事業者に関するどのような見方があるのであろうか。これについて、セネシャルが特徴的な分析をしている。

セネシャルは、DPF事業者に対する法規制について、3つの観点からの規制アプローチを採用することを提案している。すなわち、①DPF事業者の有する市場独占的傾向に対する規制として捉える公法的アプローチ、②DPF事業者を国家と公衆の間に位置する中間的な調整主体（régulateur）[23]として捉える調整アプローチ、③DPFが提供するサービスや、DPFを介して締結される契約等の規制に関する私法的アプローチである。

その中でも特に興味深いのは、①と②を導く前提として、DPF事業者の捉え方についての分析をしている点である。セネシャルによる分析は多岐に渡るため、そのすべてを紹介することはできないが、特徴的な部分に限って取り上げておこう。

セネシャルによれば、DPF事業者は、消費者と事業者などの利用者間の仲介を担っているだけではなく、デジタル共和国法によって国家から委任を受けた調整主体として、市場管理者としての役割をも担っている。そして、デジタル市場の適正化を担う存在として捉えられているからこそ、DPF事業者には詳細な情報提供義務が課せられているとする。そのため、DPF事業者は、利用者間の仲介だけではなく、国家と公衆の間の仲介を担う存在として、国家と公衆の中間に位置付けられることになる。ここでは、DPF事業者が市場支配力を有していることに着目して、DPF事業者を健全な市場形成を担うべき存在として位置づけられている。したがって、DPF事業者は、市場の調整主体としての規律にも服することになり、公法と私法の境界線を曖昧にする存在でもあるとする。[24] このような見方は、DPF規制を単一の法分野にのみ位置づけることなく、複合的な検討の必要性を示唆するものであり、重要な視点であろう。

2 国家による規制の担い手としての巨大DPF――ビヒモスと国家との協働

フランスにおいて、一定規模[25]を超える巨大DPF事業者は、ここまで見てきた情報提供義務を負うだけではない。(1)巨大DPF事業者は他のDPF事業者の指導的役割を担うことが期待されているとともに、(2)巨大DPF事業者による自主規制や共同規制も促されている。

(1) 巨大DPF事業者に課せられる指導的役割

巨大DPF事業者は、情報提供義務をどのように履行しているのかについてのベストプラクティスに関する文書を作成して、それを公表する責務を負っている(L.111-7-1条第1項)。その理由としては、デジタル市場における情報提供義務の履行方法は前例が乏しいため、一定の巨大DPFに指導的立場を担わせる必要性があることが考慮されている。これは、巨大DPF事業者に「リーダー」としての役割

Ｆ事業者に委ねられている。[27]

を担わせるものである。[26] ここでは、巨大ＤＰＦ事業者は、他のＤＰＦ事業者への模範を示すことによって、国家による規制の一翼を担うことが期待されている。なお、ベストプラクティスとして、どのような取組を具体的に行う必要があるのかについては、消費法典に定められているわけではなく、巨大ＤＰＦ事業者に委ねられている。[27]

（２） 巨大ＤＰＦ事業者に対する規制

巨大ＤＰＦ事業者は、ベストプラクティスの責務に違反しても行政罰（Ｌ.１３１－４条）を課せられることはない。その代わり、実効性を確保するために、行政機関である競争・消費・詐欺防止総局（ＤＧＣＣＲＦ）[28] は、巨大ＤＰＦがどのように情報を表示しているのかを調査して、情報提供義務に違反しているＤＰＦ事業者のリストを公表することができる（消費法典Ｌ.１１１－７－１条）。これは、巨大ＤＰＦ事業者の市場における評価の維持と引換えに、ベストプラクティスの実行性を確保しようとするものであり、レピュテーション規制[29]と呼ばれることもある。ここでは、ＤＰＦ事業者に対して、ソフトローに基づく自主規制が促されている。なお、巨大ＤＰＦ事業者は、サイバーセキュリティ監査を実施する義務を負うことになり、「サイバースコア（cyberscore）」として、ＤＰＦ上に色付きの指標を用いて監査結果を表示することも義務付けられている（Ｌ.１１１－７－３条）。

3　日本法への示唆

DPFには、ウェブサイトの構築を通じて利用者の誘導が容易であるという特徴がある。そのため、利用者の意思決定が歪められるリスクを減らすために、DPF事業者に情報提供義務を課すことによって、利用者が取得できる情報を増やすことは重要な課題であろう。そこで、フランス法の検討を踏まえて、（1）DPF事業者が情報提供義務を負うことをどのように正当化するのか、（2）どのような情報提供義務を課すべきなのかについて検討したうえで、（3）国家と巨大DPF事業者の協働についても簡単に触れておきたい。

（1）　なぜ、ビヒモスは透明性を求められるのか？

フランスにおいて、DPF事業者が情報提供義務を負う根拠については、透明性と公正性の原則が指摘されていた。さらに、DPF事業者は独占市場における調整主体であるとして、DPF事業者の国家的側面も考慮に入れたうえで、DPF事業者を行政規制の対象として位置づける見解があったことは特徴的である。そこで、フランスにおける議論を踏まえて、DPF事業者が情報提供義務を負う根拠について検討しよう。

①　私法上の情報提供義務の限界

DPF事業者は、あくまでも私人であるため、私法上の義務を負うことに疑いはない。そこで、情報提供義務一般に関する議論を振り返っておきたい。情報提供義務は、金融商品取引法や消費者契約法などの特別法によって課せられることも多いが、民法上、信義則を通じた一般法理を根拠に導かれることもある。一般法理に基づいて情報提供義務が課せられる根拠としては、契約当事者間の情報及び交渉力の格差を是正することのほか、自己決定の前提となる意思決定基盤の整備を通じて契約自由の原則を実質的に確保することが説かれてきた[30]。DPF事業者は、ウェブサイトの構築を通じて利用者の意思決定に大きな影響を及ぼすことを踏まえれば、何らかの情報提供義務を負うべきであるという議論も成り立つかもしれない。しかし、情報収集は原則として自己責任によるべきであることから、DPFによる仲介の存在のみを理由として、DPF事業者に情報提供義務を課すのは容易ではない。たとえば、レビューの高評価を信頼して飲食店を訪れたが、その飲食店があまり美味しくなかったとしても、情報収集の失敗は自己責任であるため、DPF事業者の情報提供義務違反を問うことは困難であろう。そこで、私法上の情報提供義務論のみに立脚するのではなく、他の観点からも考察する必要がある。

② 公法的規制としての情報提供義務

第一に、ネットワーク産業ないしは公益事業[31]という視角から検討する必要があるのではないであろうか。日本において、電気、ガス、水道、鉄道などの生活に不可欠なインフラ産業は、ネットワーク産業として、自由な経済活動を制約するような行政規制が設けられてきた。ネットワーク産業に関する議論において強調されてきたのは、利用者の増加によって利用者の利便性が高まることや供給の独占が生ずる点である。Amazonなどの巨大DPF事業者を想定してみれば、利用者（出店者）が増えれば、利用者

（消費者）の利便性が高まることや、市場独占的な傾向があることは明らかであろう。そのため、DPF規制においては、ネットワーク産業に対する規制としての側面を踏まえる必要がある。DPF事業者は、市場管理者として、完全な自由競争が許されるわけではなく、健全なDPF市場の維持・構築を義務付けられるべきであり、その一環として、情報提供義務を課すべきである。

第二に、DPFの国家的性格という視角からも検討する必要があると考えられる。DPFとは、その規模を問わず、デジタル技術という非法的手段によって、デジタル空間を構築し、それを統治する存在、すなわち、私人としての性格のみならず、国家的性格も備えうる存在であることに着目すべきではないだろうか。DPF事業者は、❶デジタル技術を用いてウェブサイト（国家に相当）を自由に設計し、❷利用規約（法律に相当）を作り、❸利用者（≒国民）にルールを守らせる（統治に相当）ことができる。こうした見方を突き詰めるならば、国家は国民に対して一定の透明性を求められることと対比して、DPF事業者に情報提供義務を課すべきことになる。

以上のように、DPF事業者の情報提供義務については、私法上の規制という観点のみならず、公法上の規制という観点からも検討する必要がある。つまり、フランスにおいて論じられているように、公法と私法の境界線を曖昧にする存在としてDPF事業者を位置づけるべきである。ただし、DPF事業者は、その仲介役務の態様が多様であるだけではなく、市場管理者としての側面や国家的側面にもさまざまな程度があり、その性質を画一的に分析することが困難であることに注意しなければならない。そのため、DPF事業者の多様性を踏まえて、その機能や規模に応じた義務を課す必要があろう。このように考えるとするならば、少なくとも現行法のように特定のDPF事業者のみが情報提供義務を負うと解すべきではなく、DPFの規模や機能に応じて情報提供義務を負うと解すべきである。

(2) ビヒモスに求められる透明性

DPF事業者は、詐欺的取引に巻き込まれるリスクなどからDPF利用者を保護し、ひいては適正な市場を形成するという観点から、DPF利用者にとって必要な情報をウェブサイト上に表示すべきである。透明化法によって、DPF事業者は情報開示義務を負うが（透明化法5条）、仲介役務の態様に応じた個別の情報開示義務が定められているわけではない。これに対し、フランスでは、DPF事業者に対して、仲介役務の態様に応じた個別の情報提供義務が定められており、その内容は極めて詳細である。そのため、フランスの立法内容は、どのような情報提供義務をDPF事業者に課すべきかという、情報提供義務の具体的な内容について検討するうえで参考になると考えられる。特に注目すべきなのは、フランスでは、レビューが利用者にとって大きな影響力を有していることを考慮して、特別の情報提供義務が課せられている点である。利用者の意思決定におけるレビューの重要性を踏まえれば、日本においても、レビュー内容に関する審査の有無や、レビューの投稿についての対価の有無といった、レビューに関する情報の提供を義務付けることについても検討すべきであろう。

さらに、情報提供義務の履行としてDPF事業者がウェブサイト上に情報を表示する際には、DPFの利用者の理解力はさまざまであることを考慮して、通常の理解力を有する利用者であれば、その内容を容易に理解することができるような表現で表示すべきである。その際には、レビューに関する情報はレビューに近接して表示しなければならないといったように、ウェブサイト上のどの位置に情報を表示する必要があるのかについても検討する必要がある。どのような表示方法をＤＰＦ事業者に義務付けるべきかという問題は、一見すると形式的な議論に過ぎないと感じるかもしれない。しかし、ＤＰＦの利用者にはインターネットに詳しくない者も想定されることや、ウェブサイトの細かなページまで閲覧する利用者が少ないことを踏まえれば、専用のページに記載するだけでは不十分であるため、情報提供義務の実効性を確保するうえで重要な問題であろう。

(3) ビヒモスとリヴァイアサンの協働

フランスにおいては、消費法典によって小規模のＤＰＦ事業者にも情報提供義務が課せられている。ところが、ウェブサイト上にどのような形で情報を表示すればよいのかについての前例が乏しいことから、巨大ＤＰＦ事業者が情報提供義務の履行方法を具体的に示すことが求められている。これは、巨大ＤＰＦ事業者が他のＤＰＦ事業者の模範としての役割を果たすべきとの見地に立つものであり、ＤＰＦ事業者が国家と協働してＤＰＦ市場を適正化する役割を担うべきことを意味している。日本においても、情報提供義務を課す対象を特定ＤＰＦ事業者に限らないとすれば、ＤＰＦ市場を全体として健全なものにするために、巨大ＤＰＦ事業者が指導的役割を果たすべきことを意識すべきである。[32]

おわりに

今後、DPF事業者が加速度的に発展を続けることを踏まえれば、その市場独占的な傾向や国家的側面はより一層強まると予測される。さらに、デジタル技術の進展に伴って、DPFの提供する仲介役務の内容は更に多様化していくであろう。つまり、複数形のビヒモスは、それぞれに均質な存在ではなく、多様な存在であり、かつ、急速な進化を続けている。そして、私たちはビヒモスのいなかった世界に戻ることはできない。リヴァイアサンが、法規制という手綱を用いてビヒモスの行き過ぎを抑止すべき場面があるとしても、ビヒモスの強大な力を適切にコントロールすることによって、お互いの発展を支え合うことが求められる。フランスにおけるDPF規制は、DPF事業者に詳細な情報提供義務を課したうえで、巨大DPF事業者に指導的役割を担わせるものであり、このようなモデルの一つとして位置づけることができよう。

【注】

1 中田邦博「デジタルプラットフォーム取引と消費者保護――消費者法のデジタル化への対応」法セミ827号（2023年）3頁は、レビューが取引の決定要因の一つとなっているにもかかわらず、その法規制の不十分さを指摘する。

2 千葉惠美子「デジタル・プラットフォームビジネスにおけるプラットフォーム事業者の役割と責任」NBL1248号（2023年）27頁は、DPF事業者にはネット固有の忠実義務が課せられており、検索順位や表示順位を不当に操作する行為は、ＤＰＦ事業者に課せられる忠実義務に違反する情報提供であるという。このような方向性で議論を進めていくためには、ＤＰＦ事業者に情報提供義務が課せられる根拠や情報提供義務の具体化について、さらなる検討が求められよう。

3 Loi n° 2016-1321 du 7 octobre 2016 pour une République numérique, *JO*, 8 octobre 2016, n° 235. 同法については、曽我部真裕「フランスの『デジタル共和国法』について」法時91巻6号（２０１９年）71-72頁、村上裕章「デジタル共和国法――デジタル共和国のための２０１６年10月7日法律第２０１６-１３２１号（立法紹介）」日仏30号（２０１９年）１２７-１３０頁も参照。

4 フランス消費法典におけるＤＰＦ規制について、曽我部・前掲注（３）72-75頁、カライスコス アントニオス「ＥＵにおけるデジタルプラットフォーム取引に関するルール形成」消費者法研究第8号（２０２０年）22-23頁、石尾智久「フランス消費法典におけるデジタル・プラットフォーム事業者の情報開示義務」消費者法研究10号（２０２１年）１３９頁以下、大澤彩「デジタル・プラットフォームへのフランス法の『模索』と『挑戦』」法時94巻8号（２０２２年）64頁以下、クレール-マリー・ペグリオン-ジカ〔石尾智久訳〕「デジタル・プラットフォームと消費法」比較法学57巻2号（２０２３年）92頁以下も参照。

5 大澤・前掲注（４）69頁が指摘しているように、ヨーロッパレベルの規制として、Omnibus 指令によって情報提供義務を定めることが要請された際にも、フランス消費法典による規律で十分であり、これを強化する必要はないと認識されていたようである。そのため、フランスは、ヨーロッパにおけるＤＰＦ規制をリードする立場にあるといえよう。

6 本稿では、フランス法分析の一部については石尾・前掲注（４）に依拠したうえで、提言に即して、ＤＰＦ事業者の情報提供義務についてより詳細な検討をしている。

7 詳細は、石尾・前掲注（４）１４２-１４６頁を参照。

8 Conseil d'État, *Le numérique et les droits fondamentaux*, La documentation français, 2014, p. 224.

9 Conseil national du numérique, *Ambition numérique : pour une politique française et européenne de la transition numérique*, juin 2015, pp. 59-60.

10 Loi n° 2014-344 du 17 mars 2014 relativeàla consummation（1）, *JO*, 18 mars 2014, n° 65. 同法は、通称、アモン法と呼ばれている。

11 Décret n° 2017-1434, 29 sept. 2017 relatif aux obligations d'information des opérateurs de plateformes numériques, *JO* 5 oct., n°

22 : Décret n° 2017-1435, 29 sept. 2017 relatifàla fixation d'un seuil de connexionsàpartir duquel les opérateurs de plateformes en ligneélaborent et diffusent des bonnes pratiques pour renforcer la loyauté, la clartéet la transparence des informations transmises aux consommateurs, *JO* 5 oct., n° 23 : Décret n° 2017-1436, 29 sept. 2017, relatif aux obligations d'information relatives aux avis en ligne de consommateurs, *JO* 5 oct., n° 24.

12 情報提供義務の違反については、民事上の責任が発生するのみならず、行政罰として重い責任も定められている。消費法典L．111－7－1条によれば、DGCCRFは、情報提供義務に違反したDPF事業者に対し、自然人は7万5000ユーロを上限として、法人は37万5000ユーロを上限とする行政罰を課すと定められている。

13 詳細は、石尾・前掲注（4）146－157頁を参照。

14 条文訳においては、曽我部・前掲注（3）73頁、石尾・前掲注（4）147頁、大澤・前掲注（4）66頁を参照。

15 この点を捉えて、消費法典におけるPFの定義は、「メタ概念」であると述べる見解や（Judith Rochfeld, Célia Zolynski, « La « loyauté » des « plateformes ». Quelles plateformes ? Quelle loyauté ? », *Dalloz IP/IT*, Dalloz, 2016, p. 522）、「総称的定義（définition générique）」であると述べる見解（Manuella PERI, « Loi pour une République numérique et plateformes en ligne : approche(s) sectorielle(s) ou approche transversale ? Approche préventive ou approche curative ? », IRJS, 2018, p. 96））がある。

16 Carole Aubert de Vincelles, Geoffray Brunaux, Natacha Sauphanor-Brouillaud, Laurence Usunier, *Les contrats de consummation, Règles communes*, LGDJ, 2e éd, 2018, n° 561, pp. 539-540.

17 「順位付け（classement）」とは、インターネット上のいわゆるランキング表示ではなく、検索結果のように、何らかの基準に従って情報を表示することを意味する。

18 Grégoire LOISEAU, « La loi du 7 octobre 2016 et l'obligation d'information des opérateurs de plateformes », *CCE*, n° 11, novembre 2016, comm. 91によれば、全てのオンラインプラットフォームについて画一的な法的取扱いがなされるべきではなく、個別的規を定める必要性が説かれている。具体的には、役務が事業者によって提供されるのか、非事業者（non-profesionnel）によって提供されるのかを区別する必要があるとされている。

19 Juliette SÉNÉCHAL, « L'opérateur de plateforme en ligne, régulateur économique par fourniture de prestations de services interpersonnelles. Un phénomène complexe à saisir selon trois approches de droit économique transversales et complémentaires », *Rôle et responsabilité des opérateurs de plateforme en ligne : approche(s) transversale(s) ou approches*

sectorielles ?, IRJS, 2018, p. 6 : Grégoire LOISEAU, « Vers un droit des plateformes numériques », *CCE*, 2016, comm. 51.

20　レビューの投稿に関する裁判例として、パリ商事裁判所2021年12月22日判決20では、Y（HERETIC：消費者から詐欺被害に遭ったことなどの報告を受けて、その事実や詐欺の方法を掲載するウェブサイトの運営者）は、消費体験に関する日付を記載することなく、X（MAC ASSISTANCE：Apple製品のトラブルシューティングサービスを提供する会社）のアシスタントの失敗などに関する批判的なレビューをホームページ上で掲載したことは、消費法典L.111-7-2条及びD.111-17条に違反しているとして、関連するウェブページの削除が認められた。ここでは、投稿者の体験なのかどうかが疑わしいレビューであっても、企業の評判を大きく低下させることがあることを考慮して、レビュー管理者に重い責任が問われている。Tribunal de commerce de Paris, ordonnance de référé du 22 décembre 2021. 同判決についてはLEGALISを参照（https://www.legalis.net/jurisprudences/tribunal-de-commerce-de-paris-ordonnance-de-refere-du-22-decembre-2021/）。

21　Élise POILLOT, « Plateformes en ligne : portée de l'obligation de loyauté », *D.*, 2016, p. 2056.

22　クレール-マリー・ペグリオン-ジカ・前掲注（4）102頁。

23　régulation とは、英語の regulation のように国家的機関による直接の規制を意味するものではないため、「調整」と訳している。調整という訳語については、中村紘一ほか監訳『フランス法律用語辞典』（三省堂、第3版、2012年）366-367頁、山口俊夫編『フランス法辞典』（東京大学出版会、2002年）502頁、大橋麻也「独立行政機関とフランス行政法」早法94巻4号（2019年）127-129頁も参照。

24　Juliette SÉNÉCHAL, supra note19, pp. 32-35.

25　マッチング型のプラットフォーム事業者に関しては、前年の暦年に基づく1か月あたり500万人のマッチング活動であり、非マッチング型のプラットフォーム事業者に関しては、前年の暦年に基づく1か月あたり500万人の訪問者である。

26　Célia ZOLYNSKI, « Ubérisation et plateformisaton : l'emergence d'un droit des plateformes en lign », in Martine BEHAR-TOUCHAIS (sous la dir), *Les conséquences juridiques de l'ubérisation de l'économie*, IRJS Editions, 2017, n°9, p. 49.

27　デジタル共和国法草案第23条では、ベストプラクティスの指標（indicateurs）を定義し、この指標に基づく評価結果を公表することが定められていたが、デジタル共和国法ではこの規定は立法化されなかった。

28　DGCCRFとは、競争秩序の維持や、消費者保護、製品や役務の安全性等の確保を目的とする機関であり、経済省の管轄下に置かれている。DGCCRFは、電子商取引における消費者保護として、DPFの情報提供義務の実効性を確保する役割も担っている（https://www.economie.gouv.fr/files/files/directions_services/dgccrf/dgccrf/pne/2020/pne-2020.pdf）。

29 Judith ROCHFELD, Célia ZOLYNSKI, « La « loyauté » des « plateformes ». Quelles plateformes ? Quelle loyauté? », *Dalloz IP/IT*, 2016, p. 524.

30 中田裕康『契約法〔新版〕』（有斐閣、2021年）132頁。

31 友岡史仁『要説 経済行政法』（弘文堂、2015年）137–138頁。同『公益事業と競争法』（晃洋書房、2009年）1頁以下。

32 日本においても、透明化法によってモニタリング・レビューが採用されており、特定DPF事業者は、経済産業大臣に自主的取組を報告し、経済産業大臣がその取組に対する評価を公表し、その結果を踏まえてさらなる向上に努めなければならない（透明化法第9条）。実際、モニタリング・レビューによる成果が現れており、特定DPF事業者による情報提供等が改善されているようである（角田美咲「特定デジタルプラットフォーム取引透明化法の運用を経て――共同規制アプローチの成果と展望」NBL1325号（2023年）42–48頁）。モニタリング・レビューには、DPF事業者に対する規制という観点のみならず、他のDPF事業者に対して実践例を示すという意味があることも重視すべきであろう。

〔付記〕本研究は、公益財団法人日立財団倉田奨励金の助成を受けたものである。

Ⅱ　DSAの欧州委員会草案について*

ヨハネス・ブーフハイム／村山美樹　訳

1　導入——デジタル仲介サービスが有するシステム上のリスクに対するヨーロッパの答え

デジタル技術とデジタルなサービス、とりわけ意見表明のためのデジタルプラットフォームによって、民主的公衆は課題に直面しており、〔訳者：原著の収録されている〕本論文集ではこのような課題について述べられているが、この課題に対しては規制によって対応せざるを得ない。そこで近年、かつてのデジタル時代におけるより規制的でないアプローチでは、デジタル仲介サービスのもつある種のリスクを捉えることはできないという点について、合意が形成されてきたように考えられる。例えば、すべての人が、完全にフィルタリング・編集されていない表現をもって、数百万人からなる世間にアクセスすることが可能であり、あるいはメディアの経験や情報提供が、継続的に個別化や特定化へと向かい続けている傾向にあるが、これらのことは、まさに、デジタルプラットフォームやそれらのビジネスモデルを原因とする現象である。ここでの特別なリスクは、個別的な表現やコンテンツに由来するものではなく、それらを集約化するプラットフォームサービスの作用やコンテンツの広め方から、生じている。それに応じて、規制による対応も、個々のコンテンツを個別的に対象とするのではなく、まさしく個々のコンテンツを新たに可能にしたサービス提供者をも体系的に対象とする必要がある。このような方向性は、例えばドイツネットワーク執行法（NetzDG）のような形で、個々の欧州加盟国により当初は模索されていたが、いまや欧州委員会はみずからのデジタル戦略を転換し、再び規制の主導権を、デジタルサービス法案（DSA-E）および、デジタル市場法を通じて引き受けている。以下では敷衍されないものの、デジタル市場法案は、どれほどの規模のプラットフォームがその著しい経済的市場力を行使することを許されるのかという競争法上の問題に関わるものである一方で、ここで対象となる、デジタルサービス法は、デジタル仲介サービスの活動によって影響され得る民主的公衆というむしろ観念的な利益の保護に焦点を当てている。

2　概要

これを背景として、法案の第2章（3条から9条）ではまず、デジタル仲介サービスを手段としてユーザーが生み出し、伝達し、保存する違法なコンテンツについての、デジタル仲介サービス提供者の責任が規律されている。ここでは、電子商取引指令における責任モデルがおおむね変更を加えられることなく引き継がれている。

これに対して、法案の第3章（10条から37条）では、デジタル仲介サービスの新たな一般的義務、とりわけ、こうしたサービスに設定されるべき手続および透明性の義務が規範化されている。ここで、デジタルサービス法案は、サービス態様の違いに対応している。第1節（10条から13条）では、仲介サービスの提供者への新たな義務、とりわけ、ベルリンにおけるデジタルサービス一般利用規約に則したコンテンツモデレーション（12条）、モデレーション実務に関する年次報告（13条）、EU内の連絡機関、または代理人の明示といった義務を創設している。

第2節（14条・15条）では、ホスティング提供者の特別な義務が規範化されている。この義務付けの基準の中のうちで核心となる内容は、不快感を与える利用コンテンツを通知するシステムを、公に開かれた形で、かつ、ユーザー親和的に創設することを義務づけている点にある。通知に対する提供者の決定は理由づけられなくてはならず、匿名化されたうえで一般に公開されなくてはならない（15条）。

第3節（16条から24条）では、中規模オンラインプラットフォーム、すなわち中規模および大規模オンラインプラットフォーム、すなわち中規模および大規模なホスティング提供者に対して、そのホスティングで保存されたコンテンツを公に閲覧可能にしておくという、一般的義務に上乗せされた追加的義務を規律している。この点につき強調されるべきことは、この義務がユーザー親和的な苦情システムを創設するものであり、この義務によって、プラットフォームによって講じられた個別の利用コンテンツの停止または削除に対する異議申立手段が、容易に利用できるものとして創設されたという点である（17条）。

第4節（25条から33条）では、ＥＵにおいて４５００万人の通常利用ユーザーをもつ「巨大オンラインプラットフォーム（very large online platforms; ＶＬＯＰ）」に対する、さらに広範な義務について特別に定められている。このような巨大プラットフォームは、それが加盟国内での公衆、情報提供、政治システムへの組織的な影響力をもつことを考慮すると、それに由来するシステム上のリスクを、定期的に評価し（26条）、適切な措置を決定しつつ（27条）、この決定について釈明の機会を与えなければならない（33条）。最後に、この章の第5節（34条から37条）では、行為マニュアルのような自己統制についての新たな手段が取り扱われている。

デジタルサービス法案の第4章（38条から70条）では前述の諸基準を適用する各官庁の監督体制・執行体制に焦点が当てられている。第1節（38条から46条）では、個々の加盟国のなかで独立性を備えたデジタルサービスコーディネーター（39条）を創設されることが規定されている。この機関は、包括的な権限（41条）をもとに、デジタルサービス法の諸基準が遵守されていることを監察し、互いに調整しあう（45条）とされている。第2節（47条から49条）は、デジタルサービス法を適用する官庁の監督活動を公式な形に調整するため、ＥＵ一般データ保護規則の範例に準拠して、デジタルサービスのための委員会（Gremium）が設立されるとしている。第3節（50条から66条）では、巨大オンラインプラットフォームの監督領域における特別な権限および特別な構造が規定されている。ここでは、欧州委員会に固有の審査権限および決定権限（51条以下）が付与されている。最後に、第4節および第5節（67条から70条）では欧州委員会による、監督官庁間の有効な情報システムの構築について述べられており、欧州委員会は、デジタルサービス法案に基づいて制定される形で委任された特定の法律行為を行う権限が与えられている（例えば、あるサービスにおける通常利用者数の算出方法についてなどである）。

3　法案の要点および規制アプローチ

(1)　現行の責任特権の継続

電子商取引指令13条から15条では、現在、デジタル中間業者の責任特権が定められているが、デジタルサービス法案第1章は、この責任特権を引き継いでおり、さらに、この責任特権は直接適用可能なEU法の地位にまで引き上げられている（欧州運営条約Ⅱ編288条）。加盟国の諸規律は、この責任特権の転換において、現在電子商取引指令の効力のもとにある場合と同様になるように、統一されるべきだとされている。しかしながら、規則という法形式をとっているにもかかわらず、デジタルサービスへの責任特権が真に一致することはない。というのも、デジタルサービス法案は、依然として特権の要件のみを含んでいるのであり、したがって、責任を実定法によって基礎づける加盟国の諸規範を前提にしている。よって、こうした規範が欠けていたり、異なる形に修正が施されている場合、あるいは意図的に欠缺状態が放置され独自の〔訳者：責任に関する〕規制目的が追求されていたりする場合があるがゆえに、デジタルサービス法案は、この連合全体にわたる形態の多様性について、なんら変更を加えないのである。それゆえに、デジタルコンテンツについての責任の構成要件と責任の効果は、加盟国が構築する事項のままとなっている。このように均一にすることが抑制されていることは、理論的観点からすれば、歓迎されるべきことである。オンラインコンテンツおよび表現についての基準および限界――そしてそれらにも伴う責任法――は、そのような基準や限界が政治プロセスと深く関係し、民主的公衆を形づくる力を有するがゆえに、加盟国によって、決定されるべきとされていることを、この均一化に対する抑制的な態度は顧慮しているのである。というのも、民主的公衆および政治プロセスは、依然として当該加盟国で生じるものだからである。よって、まさにEU一般データ保護規則の大部分における完全な均一化も、批判的にみられなくてはならない。同規則は、情報社会における行為につき、包括的で連合レベルの、統一された実質的限界を置き、そのことによって、我々のコミュニケーション行為を支配的に決定する。データ保護法上の人格権保護についてのこの画一性は、加盟国の政治文化および表現についての憲法文化の多様性に適合しない。

個々のオンラインコンテンツについての責任体制を均一化することに対し抑制的態度をとることは、冒頭で素描したデジタルサービス法案の目的にも適合する。同法案は、デジタル仲介サービスから生じ得る、民主的公衆への特別な危険に対応するとされている。この特別な課題は、個別的なコンテンツの段階で生じるのではなく、当該コンテンツを集約したもの、ならびに新たに複製するための（および濫用するための）の手段から生じているが、これらは仲介サービスによって展開されている。したがって、仲介サービスの特定の活動、および、それに含まれる特別な危険性と結びついた義務については、デジタルサービス法案は、徹底的に完全に均一化された手段を取り、新たな手続、手段、執行手段を直接EU法によって定めることは論理的である。

デジタルサービス法案で予定されている責任特権の輪郭も、電子商取引指令における責任特権とほぼ一致している。3条から5条では、単なる導管サービスの提供者、キャッシングサービスの提供者、ホスティングサービスの提供者は――ホスティングサービスの提供者は違法性を認識する時点まで――責任を免除されている。7条では、電子商取引法15条を継続するかたちにおいて、一般的な監視義務および積極的な調査義務を排除している。同時に、同法案は、一定の違反行為を除去するために高権的に命じられることが、この特権に違反するものではないことを明示している（3条3項、4条2項、5条5項）。個別のケースにおける高権的な命令の結果としての削除義務および調査義務がどの程度まで許されるのかという点については不明確性が残るが、同法案は、ドグマーティクおよび実務にその解明を委ねている。

もっとも、高権的個別命令の際のデジタルサービス法案からの要求（8条・9条）には目新しさがある。この要求は、特定のコンテンツに敵対的な対応する命令や、しばしば先んじて命じられる、特定のサービス利用者およびその利用者の利用態様に関して照会を求める命令と関わる。同法案は、――他の部分と同様に――ユーザーデータについての照会と、ユーザーコンテンツの阻止を巡る争いを構造化し解決可能なものとするための、形式的基準および手続上の基準を定めている。同法案は、命令を実施するための措置について遅滞なく、命令機関に報告することを提供者に義務づけている。これらの規定はこうしたことを通じて、命令の実施についての監督をかなり容易なものとしているであろう。そのため、違法なコンテンツの除去に関する措置が不十分である場合にも、またそれが過剰な措置である場合にも（全般的な監視を強行することは義務だとみなされているが、それは間違いである）より適切に対応可能であろう。命令機関側は、サービス提供者および関係するユーザーが命令に対して行うことのできる苦情手続および法的救済についての情報提供と同様に、削除命令の理由あるいは照会回答の必要性を提示するという包括的な情報提供義務に服している。

（2）ユーザーコンテンツをめぐる多極的紛争の手続上の把握

デジタルサービス法案が、ユーザーを関係人に含めていることからして、当該法案が、ここでの紛争の状況が多極的なものとなることに気づいているということがわかる。同法案は、自らのコンテンツまたは個人データが関わっているユーザーを関係人とする必要性があることを手続の中で取りあげており、そのことを明白なものとしている。オンライン仲介サービスとオンラインコンテンツによってその権利が侵害された一般人の間の紛争は常にそのシェアされたコンテンツを作成した者の利益と関わっている。このように、その時々のコンテンツ作成者を関係人とすることは、欧州司法裁判所におけるGoogle対スペイン決定でも、ドイツネットワーク執行法の元来のビジョンでもなかった。連邦憲法裁判所は、忘れられる権利についての決定のなかで、この点についての修正をはかり、その試みは、ヨーロッパレベルでも耳を傾けられたようである。

削除、停止、情報照会の決定に関わる利害関係人すべてを手続に関係させることは、この部分のみならず、法案全体において貫かれている。14条5項によれば、コンテンツを通知した者は、根拠を示した形で、サービス提供者の決定について遅滞なく情報提供をうけなくてはならない。それと鏡写しのように、15条によれば、関係するユーザーは、自らの用意したコンテンツの削除について、公式に理由づけられた形式において情報を与えられなくてはならないとされている。比較的大規模なオンラインプラットフォームには、削除に関わるユーザーには苦情手続が開かれるようにしなくてはならないというさらなる義務が、こうした規律に結びつけられている（17条）。この苦情手続において、講じられた停止は理由のないものであったという結果になった場合、その停止は取り消されなければならない（17条3項）。いずれの場合にも関係するユーザーは、苦情に対する決定およびその理由について情報を与えられなくてはならない（17条4項）。これに際して、当該決定に対抗するために、中立的な調停機関（18条）または国家機関に助けを求めるための条件および可能性について当該ユーザーは教示を受けなければならない。

ここでのデジタルサービス法案のアプローチでは、個々のユーザーコンテンツをめぐる紛争が多極的であることを、手続において把握し、反映させたうえで、当該紛争を段階づけられた手続において、関心ある公衆と関係者の参加のもとで解決することが明らかとなっている。まず、通知者（14条）および「信頼できる通報者（19条）」によって――したがって、公衆の一部の者によって――無数にポストされるオンラインコンテンツから、サービス提供者によって審査に通させられるべきコンテンツが、同定される。適切な通報についての要求は、有意義かつ高精度な審査を可能とするために規定されている（14条2項）。このような手続を通して義務的にサービス提供者によって開始された審査（14条6項）は、完全に自動化――それに応じたマニュアル化――をされたうえで進行させることも許されている。すでにこのような事情が、通知メカニズムにとって、最初のフィルタリングが重要であることを示している。このような通知メカニズムは、サービス提供者によるモデレーション活動を的確なものとし、少なくとも一定の合理性を有する形でモデレーションを行うために必要な情報を与える。ただし、通知システムは、あらゆる個別事例において、その初期段階からすでに結果の正しさを必ずしももたらすものではない。これは次の点からも明らかである。すなわち、確かに通報者には、通知をしなければならないが、違法と認識されるコンテンツを除去する義務は――適法かつ契約遵守のコンテンツを改めて掲載するという対照的な義務とは異なり――規範化されてはいない。すなわちここで重要なことは、具体的な事例において法が実現し、個々の事例が正しいものであるかどうかではなく、関心ある公衆が、サービス提供者が行い、政治的に重要で影響力をもったモデレーション実践に、規範化された形で影響力を与えることができるということが重要なのである。

ホスティング提供者の決定が規定に沿って通知されると、停止された関係人はさらなる審査手続を起こすことが可能な状況に再び置かれる。この趣旨は、個別事例における正当性およびコミュニケーションの自由の確保をより確固なものにすることにある。この審査手続は、（適法かつ契約遵守のユーザーコンテンツの再掲載という）結果の義務を予定しており、手動による並行処理も要件としている（17条5項）。これにより、定式化され、細分化された理由付けを伴う決定へと再び至るが、その決定は、――調停機関および裁判所へと至るような――さらなる攻撃可能性を示したものでなくてはならない。よって、この手続段階においては、なお残された紛争問題の解決のために、法に熟達した者に、ここで扱われている問題の解明を委託しなくてはならない。そのために、極端なケースにおいては、不快なオンラインコンテンツは、公的に認められたものとして、互いに接続しており、一部は私人による、また一部は国家による審査手続（通知手続、苦情手続、調停手続、司法上の法的保護）によって解決される。これらの手続に対応するものとして、手続参加者が、自らのその都度のイニシアティブ権限を利用しようとする意思があるのかどうかについての事前審査がある。そのような審査はもちろんすべての個別事例において行われるわけではなく、多くのケースは、先行する手続段階の一段落においてすでに処理されていることを前提とする。通知システムおよび苦情システムの濫用があった場合、すなわち、明らかに勝つ見込みのないにもかかわらずイニシアティブ権限を要求している場合の停止可能性についての規定（21条で）は、その問題が階層化されることを法案が予期していることを示している。

（3）手続によるデジタル空間の構築

したがって、法案は典型的な法戦略の模範である。つまり、難しい規範的問題――誰がどの方法でいかなる基準に従ってオンラインプラットフォーム上の無数のコンテンツの除去について、および、これと併せて公的な討論の内容、形式、作法といったものについての決定をすべきか——について、実際には紛争解決のための実体的基準を定めずに、段階づけられた多数の手続のなかで、解決を導いている。このような意図的に手続によって構築するというアプローチは、実体法に固着させられたドイツの法文化——それは例えば、行政法のなかでも、または民法の請求権システムのなかでも観察され得る——にとってはかなり異質なものである。ＥＵ法はここでは法案の手続法的傾向に忠実なままである。このあり方はとりわけドイツネットワーク執行法上の義務付けプログラムとコントラストをなす。ドイツネットワーク執行法とは異なり、法案は、違法なコンテンツについて、定められた期限内において履行しなければならないような実質的な削除義務を何ら定めていない。他方、ドイツネットワーク執行法は、その当初の形式においては発信者の保護がなおざりにされており、対応の要求があったにもかかわらず、今日まで個別の決定についての公開（デジタルサービス法案15条参照）を予定していないが、このようなドイツネットワーク執行法と比して、法案は手続法上要求が多い。法案の手続法的アプローチは、監督手続にまで及んでいるが、この手続では、個々人に監督官庁への苦情申立権を規定するのみであり、教示を受ける権利または完全に法にしたがった教示を受ける権利を規定しているわけではない（43条）。

　したがってデジタルサービス法案は、主に手続および形式を保障しているのであり、結果を保障してはいない。公衆、手続の進行および手続の構築、理由付けの義務、参加の可能性について概括的に考慮すれば、結果として、オンラインプラットフォーム上でのコンテンツ提供も、規制によって達成すべき状態に合致することになり、——違法なコンテンツの飛躍的な拡散といった——一定のリスクが大規模な形で現実化することもないであろうと法案は信じている。それゆえデジタルサービス法案は、一方では一貫して体系づくりをしており、他方で、オンラインプラットフォーム上のコミュニケーションの望ましい全体像については、潔く不可知論的立場をとっている。この法案は、コンテンツ上なにかを前提とするのではなく、多くのアクターと利益を含む複雑な交渉プロセスのための新たな形式および手続を創設する。そしてこの交渉プロセスで、公共のコミュニケーションがどのようなものであるべきか、何を問題とすべきで、何を問題とすべきでないか、そして互いに認めてもらいたいもの、認められないものは何かについて交渉がなされる。この集団的な交渉プロセスはデジタルサービス法案によって、整理され、輪郭を与えられる。オンラインコンテンツにとって事実上効力をもちつつある基準はこれまでと同様に、デジタル空間の「新たな支配者（New Governors）」とされる私人である仲介業者によってその大部分が形成される。ただし、前提となるプロセスはもはやサービス提供者の不透明かつほとんど批判を許さない内部基準に従って行われるのではなく、公衆および関係者のイニシアティブの可能性、影響可能性、裁判による最終的な具体化可能性、包括的な透明性（例えば、10条から13条、15条5項、23条、24条、33条、34条）を有する、法的に定められた構造に沿って進行する。コンテンツモデレーションの実践は、利害関係者や関係人が個別に影響を与えられ、政治的に対抗し干渉することが可能となるような方法において、可視的に、あとづけ可能なかたちで、批判可能なものとなる。結果として生じるオンラインコンテンツの全体像に対してこのやり方は、ある程度の民主的正統性および民主的なフィードバックをもたらすが、これは、モデレーション実践についての実体的基準を設定することを通じた、コンテンツを固定化する法的な限界を絶対的に定めることでは、ここまで到達し得なかったであろう。意見表明の権利の限界および公的なコミュニケーションの全体像は、具体的な手続のなかで常に新たに定められ構築されていかなければならない。これらは、「発見」されたり、「確認」されたりするような、単純なものではないのである。

(4) 公衆の目のもとにある巨大オンラインプラットフォームの自己規制

巨大オンラインプラットフォームから生じるシステム上のリスク、および、こうしたリスクを抑えるために必要な手段について、デジタルサービス法案は、同様に不可知論的立場にある。26条以下では、巨大オンラインプラットフォーム、および、それが有するデジタル空間に存在する公衆への強大な影響には一定のシステム上のリスクが含まれていることについて、曖昧に示されるのみである。すなわち、違法なコンテンツを無制御に拡散されるリスク(26条1項a)、基本権行使の侵害(26条1項b)、公衆衛生、未成年者、公的議論および公共の安全(26条1項c)への不利益な効果を伴う「意図的な操作」がこうしたことにあたる。現在の議論では、これらの一群のリスクは、巨大オンラインプラットフォームと結びつけられているが、この一群のリスクは、考慮事由(Erwägungsgrund)(56条・57条)では重要なものとして具体化されていない。巨大オンラインプラットフォームのまさしくどの機能が、まさしくどのような方法でこうしたリスクを引き起こすかについては、読み手と適用者の想像と発想に委ねられているのである。それは、発見されたリスクに応じた「慎重な(sorgfältig)」リスク低減措置(27条)にも当てはまる。そのような措置には「コンテンツモデレーション機能の仕組みの調整」または、アルゴリズム的なレコメンダシステムの更新が該当し得る（27条1項）といったとしても、それは話を先に進めるものではなく、想定の範囲内である。わかりやすくいうと、たとえば、「礼儀正しくあれ」という要請があるにもかかわらず、礼儀正しくあるために何が要請されるのかという説明がないのと同様である。なお、ここで最も具体性があるのは、あとづけ可能、かつ、ユーザーによって影響を受け得るレコメンダシステム構築のための基準（29条）および、オンライン広告の包括的な透明性のための基準（30条）である。もっとも、ここでもまた、その大部分の事項が巨大オンラインプラットフォームに委ねられたままであり、さらに、デジタルサービス法案26条にあるシステム上のリスクとこれらの問題がどのように関連するのかという点については不透明である。

したがって、本節においても規制の焦点は、法案上でコンテンツ上の指図を行うことにあるのではなく、予定された形式と手続のなかにある。定期的なリスク評価と適切な報告を義務づけることは、リスクとその対処法に関する必要な知識を生み出し、プラットフォーム規制の実践からの意義ある経験が公衆と政治プロセスとに利用可能なかたちになることを目指している。同じことは、自身で行ったリスク評価に対しては「慎重な」方法で対処しなければならないという義務にも当てはまる。ここでも、提供者の義務的な自己規制実験を通して、巨大オンラインプラットフォームの活動に対する、将来行われる可能性のある厳格なコンテンツ規制のための知識と経験の備えを作り出すということが重要なことだと思われる。その限りで、巨大オンラインプラットフォームについての諸規定は、その本質において、大規模なプラットフォームのリスクについての対話および議論が総じて意義のある形で行われるための新たなフォーマットを基礎づけるものである。ここでは、リスクと対応措置に関する報告を連続的にアウトプットすることが促され、このプロセスが公衆の目のもとで行われ、独立機関により検証される（監査義務：科学データアクセス権、31条2項・4項）ことによって、巨大オンラインプラットフォームは、自らのサービスの可能性と機能とをより意識的かつ慎重に設計する方向へと導かれるとされる。デジタルサービス法案は、プラットフォームの実践で公的な弁明責任および可視性を強化すること自体が――例えばレコメンダシステムと宣伝広告（29条以下）をみよ――、サービスの発展に主として影響を与えている経済的論理のなかのカウンターバランスとなり得るということを確信しているのである。すなわちここでも、主に透明性と批判可能性に基づく手続法的な基本アプローチが見て取れる。このような介入が、巨大オンラインプラットフォームが引き起こす社会的課題を克服するために長期的にみて十分であるか否かは、なお予測不可能である。場合によっては、まさに巨大オンラインプラットフォームにはどのような危険があり、それに対してどのような措置で対処すべきであるかについて、いつかはコンテンツ上の立場を明らかにすることは不可避かもしれない。しかし、そのようなコンテンツ上の規制は、政治的に争われ、困難な問題となるのは必至であり、その規制を行う時期はなお到来してはいないであろう。プラットフォームの現象は、比較的新しく、リスクと副作用についての知識はいまだに暗示的なものにとどまり、曖昧である。

(5) 執行体制――実現しなかった主観的権利

法案が幾分慎重で控えめなのは、執行体制の段階でも認められる。法案上の執行体制は――EU一般データ保護規則が私人による執行と公的機関による執行を結びつけた混合モデルであるのとは異なり――公的機関によるものとして、また客観法的なものとして特徴づけられている。手続上の制度と、その都度要求される報告、透明性措置、理由付けは、客観法的なものであって公的機関が果たすべき義務として定式化されており、私法上の権利として定式化されてはいない。EU一般データ保護規則12条以下のような、直接的に私法上の効力を有し、民事裁判によって執行可能な（EU一般データ保護規則79条）関係する諸権利を備えた独自の節は、存在しない。そのため、プラットフォームとネットユーザーとの間の法的関係は、引き続き、主に契約によって構築される。第三者への不法行為もまた、直接効力をもつ責任特権によって、消極的にのみ規定されている。もっとも、普通取引約款（12条）を通じて、モデレーション実践を透明性をもった形で構築するよう義務づけられているが、それにより、このコンテンツモデレーションの範囲における新たな公法上の義務が、法律的な指導像として、コミュニティ・スタンダードを私法によって構築する際に、また司法による統制に影響を及ぼすという結果になることはあり得るだろう。それにより契約法は、――主に公法上の規制介入であるにもかかわらず――間接的にデジタルサービス法案を実現するための主なファクターとなり得るであろう。システム上のリスクに予め配慮するという義務は、巨大プラットフォームに固有のものであり、このような義務は、間接的な契約法的執行とは程遠い位置にあると考えられ、先に述べたことには当てはまらない。したがって、こうした義務とその他のデジタルサービス法案の多くの義務に関しては、依然として4章に基づいて公的機関による法執行が行われるのが通常である。もっとも、この義務は――繰り返しになるがEU一般データ保護規則における諸義務（EU一般データ保護規則77条以下）とは異なって――（少なくともその一部は）主観的権利を認めたものとして考えられていない。個々人は確かに、苦情を通じて行政機関の活動を促す機会を有してはいる（43条）。しかしながら、そのような苦情または不作為の申立てに対する公的機関の決定を裁判所が統制することは予定されていない。これは、法案のコンセプトにしたがえば、デジタルサービス法案の義務およびこれに関連する監督権限が、第三者に保護されるものではなく、したがって、公的機関による対応を求める市民の主観的権利を基礎づけてはいないことを示唆している。ただし、保護規範論を適用しているドイツでは、部分的に異なる結果へと至ることは、完全に排除されているわけではないように考えられる。もっともそのような主観化が、EU法上、企図されていたとはいえないであろう。新たな規制体制および監督体制から主観的権利を導くことに対して慎重な態度は、デジタルサービス法案全体が控え目なアプローチをとっていることと合致している。この道程がどこへむかうのか、どのようにすればプラットフォーム規制は最適にされ得るのかを、正確に知らない者は、主観法的な権利の帰属に慎重になるということであろう。このような主観的権利の帰属は、必然的に変化に抵抗する力を生じさせ、また数えきれないほど多くの権利者の利益が主張されることになるであろう。なぜなら、規範的な基準を主観化することは、当該基準を具体的に適用する際に、その適用を行う公的機関のもつ制御的作用の影響力を一部削ぐことになり、そして、集権化されておらず、互いに調整することもない、そしてほとんど予測することもできない裁判所による展開および継続的発展に、規範的な基準の適用をゆだねることになるからである。

4 欠缺と衝突可能性

デジタルサービス法案を、ここで描写したように、慎重深く、まずは枠付けを試みるものであるとして理解するのであれば、プラットフォーム規制の多くの問題に対して、法案は、内容を含んだ回答や考えるべき道筋を提供することを全く要求していないことが判明する。それゆえに、ほとんどすべての観点において欠缺が作られ得る。つまり、ヘイトスピーチ、ソーシャルボット、または節度を欠いたネットトリアクションに対して、法案はまさにどのようにしてネットワーク上対応するのであろうか？ 包括的な公開義務および通知義務（とりわけ、安全保障官庁（21条））は、ヨーロッパのデータ保護法上の基準および限界とどのような関係にあるのか？ これらすべての問いに対して、法案は、ほぼ手続法的枠付けのみを予め用意しているにすぎない。いくつか特別に切迫している欠缺および問題については以下で明らかにしていこう。

（1） フェイクニュース阻止についての発展途中のアプローチ

まず奇異であるのは、オンラインプラットフォームを通じたフェイクニュースの指数関数的拡散の問題について、デジタルサービス法案が、全体として言及せず、考えを示さないという態度を、依然として維持していることである。この点については、すでにドイツネットワーク執行法が回答しているが、それは外見的なものにすぎない。なぜなら、同法は、偽情報の拡散をソーシャルネットワークの主要な問題として挙げておきながら、規制の面については、刑法上重要でかつ、多くの場合、特定の人物に関係する特定の虚偽の主張という狭い領域のみを規制の対象としているからである。そのため、集団に関係する事項についての偽情報――例えば大規模な選挙違反があったと称するようなもの――は規制することができない。というのも通常、集団に関係する事項についての偽情報は、個人に関わる虚偽として再構成され得ず、それゆえに、刑法およびドイツネットワーク執行法の領域に位置づけられるものが、ほんのわずかにすぎないからである。デジタルサービス法案は、サービス提供者によるあらゆるコンテンツモデレーションの形態を対象とし、偽情報、もしくは、「操作」を巨大オンラインプラットフォームによって対処されるべきシステム上のリスクの一つとして挙げることによって、確かに、ドイツネットワーク執行法よりもその対象を広くしていると理解される。しかしながら、何が「操作」としてみなされなくてはならないのか、そして、要件事実の問題における「正しさ」および「信頼できる」といった語の定義について、プラットフォームの権限はどのように行使されるべきであるのかといった、中心的な問題について、同法案は沈黙している。法案は他の部分においても内容規制には禁欲的であるが、ここでの欠缺は、より多くの問題をはらんでいる。なぜなら、要件事実の問題においては、加盟国の適法性に関する基準あるいはコミュニティ規約における契約上の諸規約に遡って、それと当該問題を結びつけることがないからである。自由主義の秩序のなかでは、安定的で、権威によるお墨付きを与えられ、準拠することができるような要件事実についての知識がストックされることはない。したがって、サービス提供者の内部手続、調停手続、削除に対する国家的な保護は、通知されたコンテンツを削除するか、または削除しないかという点について、それが真実であるかどうかという観点から決定するための、安定的な照会先を持たない。そのために、何に基づいて、いかなる方法で、何が「操作」とみなされなくてはならないかといったことの定義は、完全にサービス提供者の手中にあるままである――これと結びついた莫大な権力とともに。この権力をそのように簡単に受け入れてしまうことは、法案の他の部分が、プラットフォームのもつ、デジタルな公衆への特徴的な影響を、民主的なもの、そして政治的なものと再び結びつけるという一貫したアプローチをとっていることと矛盾する。

（2） 加盟国のプラットフォーム規制との関係

① 権限上正当化される手続構築の制約

デジタルサービス法案の慎重なアプローチは、フェイクニュースへの防御柵に関しては不十分、または、全般的に不十分だと考えられるかもしれないが、たとえそうだとしても、委員会の法案が、オンラインプラットフォームのコンテンツ管理に対し、内容に関して厳格な形で制御していないことは、総じて歓迎されるべきである。この点については、責任について前述したことが、ここでも当てはまる。プラットフォームの活動、とりわけ巨大オンラインプラットフォームの活動は、確かに、域内市場と密接な関係をもち、EU全体の政治的状況、社会的状況に関わる。しかし、プラットフォーム規制の問題は、当該規制の内容を現状と調和させるのであれば、それぞれが全く異なっている加盟国の政治プロセス、文化および公衆と密接に関わることになる。これに対して、加盟国の法秩序を尊重しつつ、プラットフォーム規制の手続に関する一般的な枠組──特に、提供者によって用意されるべき内部手続を連合レベルで統一的に構築することは、十分に説得力のあることであると考えられる。なぜなら、加盟国の手続の規準は多様であり網羅することは難しく、また、サービスについても、そのサービスを提供するために費やすことのできる資源に違いがあるからである。そしてそれゆえに、そのような手続的規制は域内市場にとって重要であり、さらに連合の権限であることが理由づけられる。同時に、プラットフォームのコンテンツモデレーションおよび自己規制について共通の手続法的枠組があったとしても、それは、自国の公的なコミュニケーション空間におけるコンテンツの規制や、許容されるコンテンツの限界について審議し、構築する加盟国の権限を侵害するものではない。したがってデジタルサービス法案が規制について慎重なのは、権限法的な背景をも有する。

② プラットフォーム規制に関する欧州レベルでの統一的な手続枠組み

ここで権限レベルの議論に入ったが、この権限のレベルについていえば、プラットフォーム規制の領域において加盟国がすでに行っている試みと、デジタルサービス法案はどのような関係に立つのかということが問題になる。これにはとりわけ、多くの点で模範像を示してきたドイツネットワーク執行法が関わる。デジタルサービス法案およびこれに付随する資料では、この問題は間接的に言及されているにすぎない。そのため、いずれにせよドイツの側では、ドイツネットワーク執行法は国際的にもよく知られており革新的なデジタル規制であるとして、少なくともその一部を維持することに大きな関心が払われることが予想される。

規制されるサービスの側についていえば、これらのサービスがコンテンツモデレーションのための連合レベルの統一的手続の枠組みに大きな関心をもつことは当然であるといえる。ドイツネットワーク執行法によって予定される手続（苦情（ドイツネットワーク執行法3条）、再審査請求（ドイツネットワーク執行法3条a）、調停（ドイツネットワーク執行法3条b））と、同じように細分化されたデジタルサービス法案上の体制が並立していることについては、これに費やされる何重もの管理コスト・維持コストを主な理由としてすでに、プラットフォームからは批判的にみられているであろう。もっとも、そのような並立は、デジタルサービス法案の意図にも矛盾するものであると考えられる。というのも、委員会法案が統一性を企図していたことは明白だからである。法案は、あらゆる削除またはあらゆる停止に自らの体制を適用可能と宣言しており、方法についての手続のイニシアティブ（通知によるものか、または通知を伴わないか）または削除の理由付け（違法／契約違反）がどのようなものであるかによって区別してはいない。コンテンツモデレーションに関する統一的な手続を求めるこの傾向は、リソースコストだけが問題なのではなく、今日までのプラットフォーム規制における経験を視野にいれてのことであるのは明らかである。これまでの経験は、ドイツネットワーク執行法がそうであるように、国家の法規範侵害に対する実効的な手続や当該侵害を除去するための手段を設けるといった直接的な国家的干渉だけが、有効なわけではないということを教えてくれる。むしろ、国家的干渉がとりわけ有効となるのは、プラットフォーム独自のコミュニティ・スタンダードの改革とその厳格な執行を促すことによってなのである。それゆえに、近時、連邦通常裁判所が示したように、契約法上の執行措置の枠付け条件をより厳格に示すことが重要になっている。私的自治の原則に即して形づくられ、私的自治を契機としたコンテンツモデレーションについても、そのような基準がなければ、契約法に照らして、削除または停止が、規制的枠組からの安易な逃げ道となり、それによってネットワーク従事者のモデレーション実践は再び、彼らのみに任されてしまうであろう。したがって結果として、手続へ収束していく傾向がここでは示されている。遅かれ早かれ、多くの人たちに有用で、多くのケースで用いられるコンテンツモデレーションの手続方法が次第に明らかになるであろう。規制の任務で重要なのは、プラットフォームコンテンツに含まれる利益と課題を、多くの事例において適切に把握し、処理できるように、モデレーション手続の構築に影響を与えることである。高権的な要請をし、目的と基準が類似しつつも、細部において異なる多くの手続の並立は、この本質に反する。実際、〔訳者：そのような類似しつつも細分で異なる手続がある場合〕その手続のうち、どの手続も自明で標準的なものとなることはできないだろう。すなわち、このことは、デジタルサービス法案が標準化を意図していることだけでなく、実践的な有効性の点からも、ドイツネットワーク執行法の手続体制の排除が求められることを強く示唆している。

③　重点の転換――実効的な法執行に代わるプラットフォーム権力の囲い込み

ドイツネットワーク執行法とデジタルサービス法案には多くの類似した目的や手段があるにもかかわ

らず、そのようにドイツネットワーク執行法が排除される根拠は、いくつかの点について決定的な修正がなされているからである。というのも、デジタルサービス法案の手続的基準の基本的な関心事項は、ドイツネットワーク執行法のそれとは異なるからである。後者は、明らかに、オンラインコンテンツを通じて不利益を被る関係者たちの利益および権利を実現するための実効的な内部手続の創設を目指している。プラットフォームユーザーのコミュニケーションの自由に資する再審査請求および他の保護的な予防策は後にようやく追加されたものである。それに対して、デジタルサービス法案の通知システムは関係者の利益保護を主要な問題としているわけではなく、全ヨーロッパにわたる公衆を取り入れる情報システムの整備に主眼が置かれている。こうした情報システムによりプラットフォームにおけるモデレーション実践に対して一般人が正式な形で影響を与えることが可能となる。一般人を参入させるかたちのこの方向付けは、（プラットフォームユーザーのみならず、すべての者という）イニシアティブ権限が与えられる範囲や、（苦情の代わりに通知システムという）専門語の用い方において示されている。しかしこの方向付けは、とりわけ法効果を視野にいれた場合に明らかになるのである。すなわち、通知者は、自らが端緒となった手続の結果を知らされる資格を有するにとどまり、違法なコンテンツを削除する義務もなければ、通知が結果として認められなかった場合でも、その通知者に——削除によって関係者となる発信者とは異なり——、デジタルサービス法案17条以下の苦情システムにおける申立権が与えられているわけでもない。内部の苦情システムを創設することで対応し、個別に独自な形で関係者としての資格を付与することはあるが、そのような関係人としての資格は、デジタルサービス法案によれば、プラットフォームによって——いかなる理由からであってもよいが——自らのコンテンツが削除された発信者にもたらされる。このことは、イニシアティブ権限が与えられるための要件事実（あらゆるユーザーコンテンツの削除）に表れているほか、法案がここでのみ結果の義務（不当に削除された投稿の復元）を予定していることにも表れている。すなわち、デジタルサービス法案の苦情システムは、自らの投稿を公にするという発信者の基本権によって基礎づけられた利益を、手続法によって保護しているのである。端的にいうと、デジタルサービス法案の手続は、それによって、「新たな支配者」を民主的に再び結びつけるという問題に向けられているのであって、ドイツネットワーク執行法のように、デジタル空間における権利実現の欠缺や権利侵害の脅威に向けられているわけではない。

④　加盟国のコンテンツ上の基準の存続

もっとも、ドイツネットワーク執行法で規定されている削除結果を求める義務については、加盟国の規準を排除するのとは別の解決法が考えられる。事前に定められた期間内（ドイツネットワーク執行法3条2項）で削除せよというそのような義務は、手続の段階を明確に越える、法制度全体（ドイツネットワーク執行法1条3項）を参照する規律である。デジタルサービス法案は、すでにみたように、衝突を手続によって抑制することを試みるものであり、ドイツネットワーク執行法と似たような義務は規定されていない。ドイツネットワーク執行法の諸規律が引き続き妥当することは、デジタルサービス法案によって基準とされる手続上枠組の実践上の有効性を損なうわけではなく、むしろ、限られた数の明確に定められた犯罪構成要件を参照することで、義務プログラムを制限可能なものとし、この枠組を補完することになるであろう。いずれにせよ、プラットフォーム提供者のもつ、そのような実体法上の追加的義務は、加盟国それぞれが、個々の国で妥当している抵触法の枠内で転換されることになるであろう。これもまた、デジタルサービス法案が、個別的なコンテンツについての行為規範と責任規範の標準化を目指しているわけではなく、また、そうすべきでもないとされていることの結果だといえよう。そのように権限を制限することによって、加盟国に独自の構築の余地が残されるのであり、同時に、加盟国レベルでの規制的な「観測気球」があげられることによって後の時代において試みられる一定のデジタルサービスリスクに対するコンテンツ上の規制を試みるための備えとなるであろう。それとともに、すべての通知および削除の場面において有効となる統一的な枠組を求めるサービス提供者およびユーザーの利益が保障された状態のままとなるであろう。これに対して、法案の現在の立場によれば、例えば報告義務といった、コンテンツモデレーション手続に直接関わらない義務に対しても仲介するような形で解決をしているが、これは、法を標準化するという法案の目的に鑑みれば、到底受け入れられないと思われる。もっとも、この点については、立法手続の経過の中で認容されると考えられるかもしれない。なぜなら報告義務がそのように並立していても、EU法で規定されている義務付けプログラムの実効性に抵触しないであろうからである。

(3) 争いのある監督体制

立法手続において争われることが見込まれるさらなる問題は、委員会の法定立権限および委員会の監督権限ならびに新たに創設される各国の監督官庁（デジタル・サービス・コーディネーター）の地位に関係している。

EU一般データ保護規則の場合、委員会は、立法手続を通じて自らのさらなる権限を——とりわけ一般条項の枠組において——割り込ませることに失敗している。よって、プラットフォーム規制の場合においても、加盟国が国内のコミュニケーション空間を構築する権能を過度に削減させようとすることは予想され得ない。電子商取引指令における責任体制が継続されること、および、法案全体にわたってコンテンツ規制に慎重であることはむしろ、加盟国の政治プロセスにとってプラットフォーム規制の重大性が意識されていることを示唆している。その限りでいえば、ここで加盟国が自らの行為の主導権を、委員会に有利となるかたちで手放すことは、起こり得ないことである。

デジタル・サービス・コーディネーターの地位についても同様のことが当てはまる。政治的に独立した監督官庁が与えられるか否かという問題は、少なくともドイツの憲法理解によれば、民主制に関わる根本的問題である。この点について連邦憲法裁判所は近時、EU法の段階においても民主的責任のドイツモデルとパラレルであると主張し、独立した規制官庁について民主的に「困難である」と位置づけた。EUの一次法——例えば、欧州運営条約282条3項で規定されているEZBのように——が、ある機関の独立性を保障している場合、この位置づけが、連合レベルでも多数を獲得するか否か、そしてまた妥当させることを要求することができるか否かは、大いに議論され得る。しかし、新たに創設されるべきデジタル・サービス・コーディネーターの場合、条約の中ではその政治的独立性は示されていない。

また、この独立性を、――データ保護の代理人の場合のように――連合の一部である当該官庁が有する伝統によって、裏づけられることもない。むしろあらゆる状況が、デジタルサービスの領域における規制官庁に独立した地位を与えるべきではないことを示している。

デジタルサービス法案が、一方でヨーロッパレベルにおいては、政治と深く関係し、政治によって統制されている委員会に包括的な監督権限を認めるべきだとしつつ（51条以下）、他方で加盟国の監督官庁については政治的に独立であることを許してしまっているとすると、それゆえにそもそもデジタルサービス法案は自己矛盾しているのではないだろうか。このような場合、委員会は、巨大プラットフォームに対する政治的な手綱を離そうとしないにもかかわらず、同時に加盟国レベルにおいてはサービス規制が極めて重要な政治的な問題であることを認めていないということになるだろう。この場合、委員会は水を飲めと説教しながら、自らはワインを飲んでいるのである。

そのような類のダブルスタンダードを顧慮せずとも、加盟国におけるデジタル・サービス・コーディネーターに独立した地位を義務づけることは、――少なくともドイツの憲法によれば問題の多い――誤りである。独立性のための実質的根拠は明白ではない。データ保護の代理人とは異なり、デジタル・サービス・コーディネーターには、――少なくともその核心的な領域において――長い伝統によって形づくられた明確な規制の委託があるわけではない。デジタル・サービス・コーディネーターが対処すべきであるとされる危険は、せいぜい漠然としたものとしてしか観念することはできず、またその性質上、データ保護の事案より多層的である。データ保護指令の場合と異なり、さらにはＥＵ一般データ保護規則とは異なって、EU法上、法律によって定義された統一的なコンテンツに関する規制プログラムは存在しない。したがって、法律上の監督プログラムなしにコーディネーターは独立した規制官庁となるのであろう。そうだとすると、監督プログラム自体を実践の中で初めて定式化し、形づくることが求められることになりそうだが、その際、政治による介入は存在しないことになる。さらに、そして何よりも、デジタル仲介サービスの活動およびその危険を監督する場合においては、データ保護の代理人の場合のように、監督官庁の独立性を正当化し得るような、目的の衝突が存在しない。データ保護官庁における規制プログラムは元来、その本質的な部分においては、国家のデータ処理に関わっている。したがって、重要なことは、統制官庁であり、かつ個人のデータ保護の代弁者でもある国家機関の一部を、政治によって監督され、決定づけられている国家の目的遂行に対抗させているという点である。このように対抗することを保障するために、どのような形であれ、政治的な独立性を求めることは、説得的なやり方である。デジタル・サービス・コーディネーターの場合には、これに相応する目的の衝突は認められない。また、政治的に責任ある官庁の目的設定と論理との間で類似の摩擦が生じる可能性も認められない。デジタルサービス法案の場合、それによって、ある特定のサービス事業の一部が、国家による特別な規制に服することになるが、その理由は、社会的プロセスおよび政治的プロセスに対して一定のリスクが存在するからである。なぜ独立した地位がなければこのような規制が機能しないのか、その理由は明らかでない。反対に、独立した機関は、一般的な政治的領域と反省的に関わることがなく、それによって被規制領域からではない別の影響力とも反省的に関わることもないため、場合によっては、レギュラトリトキャプチャーが行われることも十分あり得るといえるのではないだろうか。また、サービス規制を政治の段階と反省的に関わらせることは、むしろ不可欠なのである。なぜなら、デジタル仲介サービスのビジネスモデルや活動を通じ、民主政のもとにいるすべての市民が政治的プロセスに関わるのだが、デジタルサービス法案は、この政治的プロセスが特に危険にさらされる場合に対処しなければならないからである。デジタルサービス法案は、――ドイツネットワーク執行法と同様に――市場のもつ固有の論理および新たな技術手段に対抗して、民主的な公衆が政治上の自己主張をするための一形式である。何がこの自己主張に必要であるかについては、全知とみなされる規制者によって、中立的に、独立して決定されることはあり得ず、政治的に交渉し激しく争われることが不可避である。それゆえに、――連合レベルの非常に鈍重な立法的統制を経由することなく――新たに創設される規制官庁の独立した地位のもとでこれをなすことは不可能であろう。民主的な状況や民主的な諸制度が規制によってもたらされることはないのと同様に、民主的な公衆の根本的な危殆化を、非政治的に、そしてもっぱら技術的に克服することもできない。権力の問題、政治的交渉の必要性、さらに公共のコミュニケーション規制は常に未完成で緊張関係に満ちているという性質をもつこと、こうしたものそれぞれへの法案の感受性がこの機関により失われることにでもなれば、それは残念なことでありポジティブな全体像を損なうことになるであろう。

【注】

＊ 原著は、Johannes Buchheim, Der Kommissionsentwurf eines Digital Services Act – Regelungsinhalte, Regelungsansatz, Leerstellen und Konfliktpotential, in: Spiecker/Westland/Campos (Hrsg.), Demokratie und Öffentlichkeit im 21. Jahrhundert - zur Macht des Digitalen, (2022), S. 239-261 である。脚注については、紙幅の関係から割愛した。

Ⅲ　コミュニケーション・プラットフォームへの透明性要請*

クリストフ・クレンケ／太田航平　訳

1　序——プラットフォーム規制の問題としての透明性

法学において、「コミュニケーション・プラットフォームへの透明性要請」を問題とすべきなのはなぜか。透明性それ自体は、たとえば空のグラスがもつような魅力しかない。このような空のグラスの中に何も存在しないうちは、そもそも目を向けてもそこには空の状態があるだけである。

しかし、本会議のテーマである「コミュニケーション・プラットフォームの規制」の下では、透明性というテーマは、いっそう色彩を帯びたものになる。プラットフォームは、今日のデジタル世界において権力的な役割をもつ。一方でインプットの面でいえば、このプラットフォームは個人に対し、これまで考えられないような、他者とのコミュニケーション方法を提供している。個人は、友人、団体あるいは、ほとんど世界中といってよい人たちと、即座にそして好きなときにコンテンツを共有できるのである。他方でアウトプットの面でいえば、コミュニケーション・プラットフォームを通じて、多様な情報を受け取ることができる。それは個人の投稿やストーリーズ、商業広告からジャーナリズムによって編集され作成された新聞記事やニュース番組に至るまで様々なものがある。その際、インプットとアウトプットの間にコミュニケーション・プラットフォームがあり、それはデジタルマスコミュニケーションのいわば「ボトルネック」であって、いまや中心的なキーポジションに位置している。このプラットフォームは、コミュニケーションの出発点において、インプットおよびアウトプットを行うことができるか（Ob）、できるとしてどのようにするのか（Wie）を決定している。プラットフォームは、多かれ少なかれインテリジェント・コンピューターシステムを通じて、どのようなルールでコミュニケーションを可能とするのか、どのようなコンテンツを、どのような方法で、またどのようなタイミングで、そしてどのような順序で個人に伝えるのか、さらにだれが、どのような条件でコミュニケーションから完全にあるいは部分的に排除されるのかを制御している。

そこで、このインプット・アウトプットの制御には2つの問題がある。第1に、この制御の大部分が不透明だということである。昨今このことは自明かもしれないが、アルゴリズムに基礎づけられた決定は、ケースによっては容易に追跡することができない。というのも、たとえばフィルタリングや通報、苦情処理のシステムがどのように機能しているのか、また、検索やソートのアルゴリズムがどのように機能しているのかは、そのほとんどの部分について謎であり、よくいわれるように「ブラックボックス」の中にある。第2に、インプット・アウトプットの制御が、その利用者の行動に権力的に影響を与える可能性を有しているということである。たとえば、この制御は最初のアクセスにおいて、利用者としてどの程度自由にコミュニケーションできるのか、またインターネット空間における人物としての自分に関するどのような意見を甘受しなければならないのか、さらには、どのような企業が製品を供給できるのか、自分の意見を形成するための基礎になるのがどのような情報で、それがどのようにして基礎となるのかについて判定している。

プラットフォームコミュニケーションの制御が技術的な制約により不透明である一方で、他方そのようなコミュニケーションが社会においてとてつもなく重要になっていることを総合的に判断した結果、コミュニケーション・プラットフォームの透明性を創出することは、まさに喫緊の規制上の問題になったのである。しかし、ここで本講演における主張を先取りしてしまうと、まさにこの規制問題を、立法者は国内レベルでもヨーロッパレベルでも未だ最適な形で解決していない。

どのようにしてこの結論に達したのかについては、以下で詳細に論じていく。まず2では、様々な形で想定される透明性要請をカテゴリー別に区別する。その後、3、4、5では、このような区別を基礎にして、様々な規範群を整理し、さらにそれぞれの規範群を上位にある規準に基づき評価する。最後に結語では、コミュニケーション・プラットフォームという「ブラックボックス」の、少なくともその一部でもこじ開けることがメディア法を立法する者の責任であることに賛意を示す。

2　プラットフォーム固有の透明性要請の目的

はじめに、プラットフォームに固有である様々な透明性要請の区別について詳細に解説する。この透明性要請については、可能性として、いくつかの分類方法がある。すなわち、たとえば**何が**透明にされるのか、**どのように**透明性を創出するのか、そして**だれに**あるいは**何に**対して透明性を確保するのかを基準にして分類することが可能である。個々の分類方法が意義のあるものかどうかは、原則として、その分類が何のためになされるのかに照らして判断される。いずれにせよ、分類することの目標は、法的な評価を可能するために有効なものを形成することである。それゆえ、透明性要請を、とりわけ、それが個々の場面においてどのような目的で行われるのかによって区別するよう要請されていると考えられる。とくに規制目的は、2つの点で法的に重要である。第一に規制目的は、規制権限を決定づける。とりわけ、EUとその加盟国との間の権限配分を考えるうえで決定的なのである。第二に透明性要請は基本権の担い手の負担になる（ここでいう基本権の担い手は、コミュニケーション・プラットフォーム自身であるが、場合によっては、創出された透明性と関係する利用者も含まれる）。このような負担が正当化されるかどうかは、とりわけ、その負担を課す目的がどれほど重要か、またこの目的を達成するために透明性要請がどの程度適合的で必要なのかで決まる。つまり憲法のイロハ（Einmaleins）が問題となる。

そのため、この規制目的という点に照らして、コミュニケーション・プラットフォームへの透明性要請を以下3つの態様に分類していこう。

（1） 個人的利益の保護

まずもっともわかりやすいのは、個人的利益を保護するための透明性要請である。たとえば、コミュニケーションされたコンテンツの背後にいる人物についてイメージをもつことしかできないであろう消費者の利益の保護がある。立法者が個人的利益の保護のために行動し、企業にも透明性要請を課したとしても、原則としてそこで問題となるのは、いわゆる第三者のための介入というまさに通常の介入である。このような透明性要請は、そこまで注目に値するものではない。というのも、以下で取り上げるものと比べて、このような個人的利益を保護するための透明性要請は、コミュニケーション・プラットフォームと関係するものが、ある程度存在するからである。

（2） 意見の多様性の保障

立法者が個人的利益を保護しようとするのではなく、意見の多様性の保障を目的とする場合、規制や基本権のあり方が別様に形づくられる。このような規制に含まれるものとしては、まさに古典的ではあるが、テレビ番組の編成に対するプログラム原則が考えられる。テレビ番組は、世相や代表的意見を適切な方法で示さなければならないが、同様に客観性原則および意見多様性原則に準拠していなければならない。たしかに、これはまさに実質的な内容に関する規準ではあるが、それはだれかのための規制目的に資するものではなく、放送における意見の多様性を保障すること、すなわちいわばメディア法の聖杯（Heiligen Gral）を得ることに資するのである。放送は、以前もそして現在においても、公の意見形成に重大な影響を与えるとともに、それによって民主制国家の基礎に影響を与えている。立法者が、意見の多様性を保障するために活動した場合、立法者は単純に基本権に介入しているのではなく、立法者は民主制の前提条件を確保し、形成しているのである。その際、立法者には、そのような活動に対して、ある程度の裁量も認められる。

もっとも、人口のおよそ半分（14歳から29歳でいえば実に70％以上）が、政治や経済、文化の分野で現在起きている時事の情報を得るために、日常的にインターネットメディアを利用し、その際、とくにコミュニケーション・プラットフォームを用いていることに鑑みれば、コミュニケーション・プラットフォームの領域においても多様性のための規制が求められるのも当然である。その際、プラットフォームの特性に鑑みれば、透明性要請だけが求められるわけではないが、この透明性要請こそ真っ先に求められるものなのである。

（3）効果的な統制と評価の実現

透明性要請の第三のカテゴリーは、個人的利益の保護や多様性の確保を要求することとは、少々異なっている。この透明性要請は、透明性要請とは別のルールに照らして効果的に統制できるようにするという目的に資する。ここでは、強権的な監視、すなわち、プラットフォームが法律上の義務を十分に果たしているのかを問うことが重要となる。しかしながら、ここでは将来に向けた評価も問題となりうる。すなわち、将来的に何か対応が求められるかどうかを判定するために、成文のルールあるいは不文のルールがどの程度実効性を有しているのかを評価することも問題となる。それゆえ、この透明性要請は、とりわけ副次的なものであり、この透明性要請を通じて監視あるいは評価されるルールに照らして考察されるべきである。

3　個人を保護するための透明性

コミュニケーション・プラットフォームに対するこのような3つのカテゴリーから、どのような透明性要請が認められるのかについては争いがある。ここでは、まず個人を保護するための透明性を創出するような諸ルールに目を向ける。このような目的のために、さらに以下の3つのカテゴリーに区別する。それは、意見表明の権利に関する利益を保護するのに資するようなルール、経済上の消費者利益を保護するための規定、そして最後にデータ保護法上の透明性規準である。

(1)　意見表明の権利に関する利益の保護

コミュニケーション・プラットフォームでは、その名が示すとおり、コミュニケーションが行われる。そこには、コンテンツを広める利用者がいるが、それゆえにそのコンテンツによってダメージを受ける可能性のある者もいる。とりわけコミュニケーション・プラットフォームでは、そこで生じる可能性のある衝突は、特に先鋭化する。まさに、このような特徴的な問題に対し、オーストリアの立法者はコミユニケーション・プラットフォーム法（KoPl-G）によって対処した。オーストリアの立法者は、この法律によって、特別な通報手続および審査手続を創設し、いわばプラットフォームを私人が管理する手続によって基本権保護を確立したのである。さらに利用者がこの手続的権利を事実上十分に利用できるようにするため、立法者は、この手続が実効性および透明性をもって形成されなければならないという基準をコミュニケーション・プラットフォームに示している。KoPl-G3条2項によれば、利用者は「コミュニケーション・プラットフォームにおいては、容易に見つけ出すことができ、常時利用可能で取扱いが容易な機能を用いて」活動できるようになっていなければならない。さらに当事者となったすべての利用者には、通報を処理する決定の本質的な理由を、遅滞なく知らせなければならない。この理由提示義務は、透明性の本質的要素でもある。

さらにデジタルサービス法[1]（DSA）も将来的には同様のものを導入しようとしている。この法は、その草案の14条において手続を規定しているが、この手続は利用者が容易にアクセスでき、さらに利用者に優しいものでなければならない。もっとも、理由提示義務についていえば、DSAは部分的にKoPl-Gよりも後退してしまっている。コミュニケーションされているコンテンツに関する通報が認容されない場合、DSAは、その決定を個々の利用者に伝えることを規定するにとどまっており、それに対して透明化された理由提示の義務は存在しない。それゆえ、DSAが欧州の平準化を目指しており、それと矛盾する国内法を将来的には退けるかもしれないことに鑑みると、DSAが決定の理由提示を義務にしていないことは、意見表明によって被害を受け、保護を必要とする個人の観点からは、切に改正が求められるべきである。

(2) 経済上の消費者利益の保護

以上のような法制化の要請を別にすれば、先述した透明性要請は、固有の問題を提起するわけではない。もっとも、経済上の消費者利益の保護に資するような透明化義務という観点は注目に値する。オーストリアの法では、このような観点はまずもって、電子商取引法5条以下の規定に結実している。電子商取引法5条自体は、一方で情報社会サービスに対して特別な記名義務を規定しつつ、他方で商取引に関するコミュニケーションの透明性を確保する義務を規定している。それゆえサービス提供者は、情報社会サービスに含まれる商取引に関するコミュニケーションが明快で、それ自体一義的に理解できるようなものであり、取引の相手方が理解しうるようなものになるよう特別な配慮をしなければならない。そうすることで、消費者は適切な対応ができるようになり、そのコミュニケーションの内容に対して、必要な批判的な距離をもって相対することができる。

当然かつ明白であるが、この商取引に関するコミュニケーションとは別に、コミュニケーション・プラットフォームでは購入誘導の可能性(Irreführungspotenzial)というものがある。提供されたコンテンツを整序することで、コミュニケーション・プラットフォームは、そのコンテンツを消費する消費者にとって、どの情報が重要なのかを制御しており、そこでは多方面にわたる個人化の技術が利用されている。そもそも消費者は、なぜ自分がその特定の情報を見ているのか、あるいは、なぜその情報を提供された方法で見ているのかについて、直観的に知ることはない。商取引に関するコミュニケーションを明らかにするよう義務づけても、このような購入誘導の可能性にほとんど対処することはできない。このため、DSAの草案に含まれる透明性規準は、従来の電子商取引法の水準を超えるものである。とりわけ29条は、大規模なオンラインプラットフォームに対して、レコメンドシステムの使用を規制している。このシステムは、完全にあるいは部分的に自動化されたシステムなのだが、オンラインプラットフォームは、利用者に特定の情報を提案するためにこのシステムを使用している。さらに、利用者が行った検索にもとづいて、あるいは他の方法により、表示される情報をどう序列化し、強調するのかが決められている。そして、DSA草案の29条は、特定のオンラインプラットフォームに対して、「普通取引約款の中で、明確かつ簡易で、容易に理解しうる方法により、レコメンドシステムで用いられる特別重要な項目、ならびにオンラインプラットフォームが利用者に認めているすべての選択肢を示す」ことを要求している。このような知識を得たうえで、利用者は「その特別重要な項目を（自身で）変更する、あるいは当該項目に関与できなければならず、その項目の中には少なくともプロファイリング[2]（一般データ保護規則[3]の意味するプロファイリング）に依拠していない選択肢が一つは存在しなければならない。どのようにすれば、オンラインプラットフォームがこの透明性要請に対応したといえるかに関する具体例としては、たとえば Facebook が設けている“Why am I seeing this”[4] という機能がある。これは、利用者に対して、なぜニュースフィードの中にある特定の投稿がその利用者に表示されるのかを明示するというものである。たとえば、とりわけ利用者の多くのアクセスにおいて当該投稿に「いいね！」がされているからであるとか、プロファイリングによって確定した選好に合致しているからであるとか、あるいは端的に利用者が当該投稿の製作者にお金を払っているからであるといったことを明示してくれる。もっとも、このようなアルゴリズムの透明性は、そもそもどのようなことに役立つのかという疑問が提起される。この透明性は利用者に対して、次のようなことを可能にするものでなければならない。この透明性があることで、一方で、利用者に表示されるコンテンツと必要な批判的距離をとることが可能となり、他方で、利用者は、そもそもこの条件のもとでも当該コミュニケーション・プラットフォームの利用を欲するか、あるいは、場合によってはより中立的で商業的なものではないレコメンドシステムを備えているような他のメディアの起用を欲するかについて、情報を与えられたうえで決定することが可能となる。

このような透明性に関するDSAの規定は、2つの点で注目に値する。第一に、この一連の規定が、明らかに経済上の消費者保護を超えるものであるという点である。消費者・利用者に対して、レコメンドシステムの本質的なパラメーターを知らせることは、第一義的には透明性要請により購入誘導を回避させることになる。しかし同時に、この透明性要請が当該規制目的を達成した場合には、結果として、その要請により市民たる利用者は、自身に提供され、意見形成にとって重要だとされる情報がどれほど重要であるかをより適切に評価できるであろう。要するに、それによってDSA草案9条は、多様性を保護するための反省作用をも有することになるであろう。

第二に、認められる透明化義務の範囲が抽象的なレベルであるということが、同様に注目に値する。この点、現在の一般的な見解にしたがえば、どのような形であれ、レコメンドシステムのプログラムコードを公開することは、規制の選択として認められない。コードを公開したところで、誰にとっても、少なくとも個々の利用者にとっては、何の助けにもならないであろう。というのも、コードを評価することは、個々の利用者にとっては、明らかに過剰な要求だからである。場合によっては、個別具体的なレコメンドについて、理解しうる形で解説するという義務が考えられるかもしれない。もっとも、DSAの透明化義務は、この点とは関係がない。なぜなら、（より一般的に）レコメンドの決定にとって本質的なパラメーターを解説する義務があるにすぎないからである。それゆえ、要求される透明化義務の程度は、むしろその中間のレベルに位置している。すなわち、ウィキペディアの記事のような、そのサービスのビジネスモデルに関する一般的かつ簡単な情報と、プログラムコードあるいは具体的なレコメンドの結果に関する細分化された正確な詳細情報との中間に位置している。このような妥協したような解決は、現在多方面において不十分かつ不完全（feigenblattartig）とみなされている。一部では「暖簾に腕押し規制（regulatorischen Schlag ins Wasser）」といわれ、また一部では「効果のない」規制手段、あるいは透明化義務の「アリバイとしての意義」しかないといわれている。もっとも、このような位置づけがなされるのは、透明化義務によって規制するというアプローチに対して、しばしば過剰な要求がなされているということを示しているのである。この立場からすれば、DSAの透明性要請が事実上著しく粗雑なものであったとしても、その効果は基本的に評判よりはよいものであるし、ヨーロッパ消費者法においては成年の消費者という指導像が存在し、そのような消費者には、自身で手に入る情報は事実上も自己責任で用いる能力があると考えられているということを考慮すれば、アルゴリズムを透明化する義務の有する効果を過小評価してはならないだろう。私の評価によれば、消費者は、レコメンドシステムにとって本質的なパラメーターを用いることで、コミュニケーション・プラットフォームで利用されているシステムの利点が何かについてイメージをもつことになる。さらには、当該レコメンドシステムを積極的に形づくるためにその手段を利用し、場合によっては別の情報源を開拓することになる。あるいは逆に、むしろ特定のサービスに対する信頼が強まってく可能性もある。最後に、それとは別に、古典的なメディアを、透明性という同様の基準によって評価できるようになるということも忘れてはならない。いくつかのニュースをピックアップしてみると、そこには一部についてではあるが著しい差異がみられる。しかし、新聞や雑誌の多くの読者は、どのような形であれ、その差異の根拠を知らされることはない。それゆえ、そのようなメディアの編集も、コミュニケーション・プラットフォームのレコメンドシステムに負けず劣らず「ブラックボックス」なのである。それゆえ、アルゴリズムの透明性を保障するということに関していえば、「エクスペクテーション・マネージメント」は、このような背景もあってまだまだ適切とはいえない。

（3）データ保護

そのほか、似たようなものとしては、データ保護法上の透明化義務というものがある。この義務によって、コミュニケーション・プラットフォームに対する透明化義務が目的とする最後の個人的利益を指摘する。この義務は同時にコミュニケーション・プラットフォームにとっても重要なものとなりうる。

というのも、コミュニケーション・プラットフォームのもつ選別のためのアルゴリズムおよび分類のためのアルゴリズムは、その大部分を、個人に関係する情報を加工したものに基づいており、とりわけプロファイリング技術を基礎にしている。EU一般データ保護規則（DS-GVO）は、このような場合、当該個人に情報提供すること、さらにDS-GVO23条3項によれば、自動化された決定を行う場合には「当該個人の権利および自由ならびに正当な利益を保護するための適切な措置」を要求している。この基準は、正しくも学説の多数説において、自動化された決定を説明させる権利のことを意味すると解釈されているが、[5] ここでも、そのような説明が個人にとって事実として役に立つかどうかは疑わしいとされている。ただ、この点についても、説明を求める権利が、まさにアルゴリズムの透明を向上させるのに寄与しうるということは是認できるであろう。もっとも透明化義務は、数ある土台のうちの一つにすぎないのであって、それゆえ当然、インテリジェンスシステムのコンテクストにおいて、データ保護を保障するために行われる規制上の取り組みが、そのような説明を求める権利だけであってはならない。

4　多様性を保護するための透明性

個人を保護するための透明化義務を現行法にしたがって概観した後は、以下において、多様性を保護することを可能にする透明化義務を取り上げる。目下あるいは少なくとも近い将来、オーストリア法においても、またEU法においても、コミュニケーション・プラットフォームにおける意見の多様性を特別に保護することを目的とした透明化義務が計画されているわけではない。この点が、コミュニケーション・プラットフォームに関する現代の法的枠組において、まだ対応されていない弱点だと思われる。どのようにして、この弱点を解消しうるかは、近時新たに公にされたドイツ連邦のメディア州際協定[6]（MStV）から読み取ることができる。とりわけ、この州際協定は、多様性を確保するための2つの透明性規準を有している。

（1） 表示義務

第一に当該州際協定は、ソーシャルネットワークにおけるテレメディアの提供者に対して以下のように義務づけている。「コンピュータープログラムを用いて自動的にコンテンツあるいはメッセージを提供する場合、そのために利用されるユーザーアカウントが、その外的表現からして、自然人が利用するために作られたものである限り、自動化されているという事実を示さなければならない。当該コンテンツあるいはメッセージには、それがユーザーアカウントを制御するコンピュータープログラムを導入して自動的に提供かつ送信されていることを示す表示を、読みやすい形で添付あるいは前置しなければならない。」[7] ソーシャルネットワークの事業者は、このような表示義務を遵守するよう法的に義務づけられている。[8] このような規制は、個人の消費者の利益だけでなく、公の秩序の利益や多様性確保に資するものであるが、この規制によって、ドイツの連邦諸州は、昨今デジタルプラットフォーム上のコンテンツが広範囲において、（たとえば「ソーシャルボット」[9]やそれと類似のプログラムによって）自動的に制御されており、多様化していることに配慮しているのである。この点、マーク・ザッカーバーグは欧州議会における演説で、一つの軍備競争について言及し、以下のように述べた。この軍備競争は現在、ソーシャルネットワークという平穏な世界の水面下で起こっているが、コミュニケーションの不可侵性が維持できるように、コミュニケーション・プラットフォームはこの軍備競争に立ち向かわなくてはならない[10]。しかしながら、このような困難には立法者も対処しなければならないと思われる。遅くとも、ケンブリッジ・アナリティカ社による操作行為をめぐる事件[11]があってからは、どのようにすれば、（そこに限定されないが、とりわけ民主的な選挙の直前において）自動的に拡散し、意図的に仕向けられたソーシャルネットワーク上のコミュニケーションを通じて、公の意見形成を制御することができるのかということに世界が注目している。もっとも侵害の小さい方策として、自動的に発生し拡散するコンテンツに関しては、少なくとも表示義務を規定しなければならないであろう。それによって、予断をもっていない利用者は、そのコンテンツの背後には何百何千もの同胞がいるのではなく、コンピュータープログラムがあるにすぎないということが一目でわかるようになる。

このような表示義務は法的にも特に問題なく許容されると思われる。たしかに、このような表示義務は、コミュニケーション・プラットフォームだけでなく、それに対応したコンテンツサービスの提供者にとっても基本権の制約を意味するであろう。もっとも、この基本権制約は、歪曲されないように意見の多様性を保護するためであれば、間違いなく正当化されるであろう。

(2) アルゴリズムの透明化義務

コミュニケーション・プラットフォームに透明性を義務づける第2の規準は、アルゴリズムの透明性を保障するための義務づけである。その規準によれば、いわゆるメディア仲介者(Medienintermediär)のプロバイダーは、MStVの93条1項で規定されているように「意見の多様性を保護するために以下の情報については、容易に認識し、直接アクセス可能で、いつでも利用しうるようにしなければならない。1．任意のコンテンツがメディア仲介者に採用される基準および採用されない基準、2．コンテンツを集積、選別、提示するかどうかの主な基準およびその評価(導入されたアルゴリズムの機能態様に関する情報で、理解可能な言語で書かれた情報を含む)」。

このような義務づけは、DSA同様、抽象的な水準にとどまっているが、DSAが比較的不明確な形で「本質的なパラメーター」と呼んでいたものを、明確かつより特定化された形で洗練させている。とりわけ、集積、選別、提示の基準と、その評価を互いに区別し、さらにコンピューターのアルゴリズムの機能態様とが区別されている。このことは、コミュニケーション・プラットフォーム事業者の義務を強化するとともに履行しやすい形に形成しているように思われる。

しかし同時に、このことは法的に重大な問いを提起する。すなわち、もしDSAがこのような形式で効力をもつことになった場合、DSAと同種の規定であるが、より広範な規定を有している州際規定加盟州の規定はどうなるのであろうか。この点について、デジタルメディア領域を規制する裁量は、依然として加盟諸州に与えられるのか、あるいはDSAが包括的な遮断効を展開するのであろうか。この問いに対する明確な答えを、たとえば視聴覚メディアサービス指令（AVMD-Richtlinie）とは異なり、ＤＳＡは、少なくとも草案の中では示していない。

それゆえ私見にはなるが、加盟諸州の規制権限に関するこの問いの答えは実に明確だと思われる。すなわちイエスである！　ＤＳＡは、ＥＵ機能条約１１４条に基づいたＥＵの域内権限に基礎をもっているが、このＤＳＡは、すでに強調したように、大規模なオンラインプラットフォームのレコメンドシステムに関していえば、消費者保護を図ることに有効である。それゆえ反対に、ＤＳＡで規定された透明化義務は、多様性を保護するような機能をもたない。そのため加盟州が、コミュニケーション・プラットフォームの多様性を規律することを根拠に、広範な透明化義務を課しても、ＥＵ法によってそれが妨害されることはない。

このような背景があるので、加盟諸州の立法者は、多様性を保護するため、レコメンドシステムに関するＤＳＡの基準よりも広い規制を定めることを検討すべきであろう。そこでは、一方で、依然として相対的に不明確な形である透明性規準が問題となるが、しかし他方で、透明性要請と並び立つ多様性の規律という別の要素が問題となるのも確実である（とりわけたとえば、報道機関による編集によって作られる記事に配慮した差別禁止という例がある）。そして多様性を保護することを根拠にすれば、立法者はコミュニケーション・プラットフォームに対して、さらにプラスαのことを要求することになると思われる。たとえば、フィルターバブルやエコーチェンバーのような悪いものと評価される現象を考えてみると、透明性があればそれだけで、これらの現象が排除されることは、ほぼありえない。

5　統制の透明性および評価の透明性

透明性要請の最後のグループは、統制および評価の透明性を創出ための規準であるが、以下で示すように、このグループも、あまり話題にはなっていない。

(1)　記録義務

たとえば、ここでは記録義務が重要となる。この記録義務は、オンラインプラットフォームに表示された広告の内容、広告を表示した企業、表示された時間、表示の目的および広告のターゲットを示したものを記録し、誰でもアクセスできるようにしておくよう将来にわたってオンラインプラットフォームを促すものである。

(2)　協力義務

さらに、コミュニケーション・プラットフォームが監督機関による監視に協力する義務も、透明性を作りだすための一形式としてとらえられる。たとえば、実に多くのオンラインプラットフォームは、当該オンラインプラットフォームがＤＳＡを遵守しているかを監視および評価するのに必要なデータについて、自身の営業所所在地を管轄とする公的機関がアクセスできるようにしておかなければならない。

（3） 透明性報告義務

さらに注目すべきなのは、いわゆる透明性報告義務であるが、この義務は近時、プラットフォームを規制するいくつかの規制方法において登場した。たとえば、オーストリアのコミュニケーション・プラットフォーム法（KoPl-G）4条によれば、違法なコンテンツではないかという通報にどう対処したかということについて、定期的に報告しなければならず、しかもその報告は監督機関に提出するだけでなく、誰でもアクセスできるようにしておかなければならない[12]。類似の規定は、DSA草案にもみられる[13]。たしかに、このような報告義務が、その義務によって実現されるべき目的達成にとって適合的かどうかについては、一部では疑問を呈する者もいる。とりわけ、洪水のように送られてくる情報を監督機関が評価できるのか、結果として報告義務により、ある種の不透明な透明性が生じてしまうのではないかということが懸念されている。もっとも、この透明性報告義務は、プラットフォームを規制する他の手段の効果を審査し、当該規制全体の適切性を評価するためには不可欠の手段だと考えられるべきであり、それゆえ、このような疑念も、公正な評価方法が導入されれば、反駁されるであろう。さらに、この分野においても、現在実施されているものに加えてプラスαのことが、プラットフォームには求められなければならないのは明らかである。とりわけ、この分野では、すでに多様性確保のサービスのところで詳しく言及し、何度も繰り返してきたフィルターバブルやエコーチェンバーについて究明することが可能となるであろう。もっとも、これらについては、管見であるが、これまで真に評価されるような明快な研究が存在しない。

6　結語

コミュニケーション・プラットフォームにおける透明性を創出することは、喫緊の規制問題である。この問題は、一方で国内レベルにおいて、他方でヨーロッパレベルにおいても、部分的には立法者に向けられた問題ではあるが、立法者はこの問題をいまだに適切に解決できていないと思われる。とりわけ、繰り返しにはなるものの、ここでは、自動化されたコミュニケーションの表示やアルゴリズムの透明性の確立を含む多様性確保のための透明性要請が不十分であること、また、コミュニケーションプラットフォームにおける多様性にとって重要な現象を追究し、評価するための透明性報告義務が拡充可能であることが指摘されるであろう。ただ、ＤＳＡはあくまで域内市場を規律するための手段であり、メディア法に特化したものではないことを鑑みると、ＤＳＡが、それらの点について変更することはない。そのため、コミュニケーション・プラットフォームという「ブラックボックス」の、少なくともその一部でもこじ開ける責任は、いまなお加盟国においてメディア法を立法する者にある。

【注】

＊　原著は、Christoph Krönke, Transparenzanforderungen für Kommunikationsplattformen, in: Grabenwarter/Holoubek/Leitl-Staudinger (Hrsg.), Regulierung von Kommunikationsplattformen, 2022, S. 136-149 である。なお原著に付されていた注は大幅にカットし、必要最低限のものだけ訳出している。

1　デジタルサービスのための単一市場に関する欧州議会及び欧州理事会規則案および指令 2000/31/EG の改正については COM (2020) 825 final. このデジタルサービスに関する法律が主に何をターゲットにしているのかについて、また、どの事業者に妥当するのか等については https://ec.europa.eu/info/strategy/priorities-2019-2024/europa-fit-digital-age/digital-services-act-ensuring-safe-and-accountable-online-environment_de を参照。

2　Art 4 Nr 4 DS-GVO は、「プロファイリング」を以下のように定義する。「個人にかかわる情報を自動的に処理するあらゆる方法。そこには、ある自然人のもつ人格的側面を評価する、とりわけ当該自然人の仕事能力、経済状況、健康、個人的嗜好、関心、信頼性、行動、居所あるいは移動に関する側面を分析し、予想する目的で個人に関わる情報を利用することが含まれる。」この最終的なプロファイリングの定義に対する批判的な見解や他の参考資料については、*Krönke*, Öffentliches Digitalwirtschaftsrecht (2020) 471 を参照。

3　VO (EU) 2016/679 des Europäischen Palaments und des Rates vom 27. 4. 2016 zum Schutz natürlicher Personen bei der Verarbeitung personenbezogener Daten, zum freien Datenverkehr und zur Aufhebung der Richtlinie 95/46/EG, Abl 2016 L 119/1 (一般データ保護規則).

4　これについては、Facebook が２０１９年３月31日に、https://about.fb.com/news/2019/03/why-am-i-seeing-this/ で公表した通知を参照。

5　この点については、*Krönke*, Öffentliches Digitalwirtschaftsrecht (2020) 477 で引用されているものや、*Wachter/Mittelstadt/Floridi*, Why a Right to Explanation of Automated Decision-Making Does Not Exist in the General Data Protection Regulation, International DataPrivacy Law (2017) 91 ff. を参照。後者では、別の見解が主張されている。

6　Medienstaatsvertrag (MStV) vom 23. 4. 2020 (GVBl S 450, 451, BayRS 02-33-S).

7　ＭＳｔＶ18条３項参照。

8　*Lent*, in *Gersdorf/Paal* (Hrsg), BeckOK Informations- und Medienrecht, 33. Edition 2021, MStV §18 Informationspflichten und Auskunftsrechte, §18 Rn 15 und 21 を参照。

9　ソーシャルボットは、その最終形態においては、事前に固定されたアルゴリズムに従って活動し、ソーシャルメディアプラットフォームの現実の利用者として偽称するような特別なコンピュータープログラムのことをいう。Milker, "Social-Bots" im Meinungskampf, ZUM 2017, 216 を参照。

10　ザッカーバーグの演説は、https://multimedia.europarl.europa.eu/en/ep-conferece-of-presidents-with-mark-zuckerbergfounder-and-ceo-of-facebook_20180522-1820-SPECIAL-UNKN_vd でみることができる。

11 ケンブリッジ・アナリティカ事件の詳細については、とりわけ Polanski, Some thoughts on data portability in the aftermath of the Cambridge Analytica scandal, EuCML 2018, 141 ff. を参照。

12 この報告義務は（登録者数100万人以上のコミュニケーション・プラットフォームの提供者だけは半年ごとに課される）、当該規定の注釈によれば、「透明性を通じた統制」という原則を考慮したものである。このKoPl-G4条の規定は、その大部分において、ネットワーク執行法（NetzDG）2条で規定されている報告義務と同じである。ErläutRV 463 BlgNR 27. GP 8 f. ならびに *Kresbach*, Das neue Kommunikationsplattformen-Gesetz in Österreich, MR 2021, 14 を参照。

13 DSA草案では、実に様々な立場の者に報告義務が課されている。たとえばDSA草案13条は2条の意味する仲介サービス提供者の透明性報告義務を規定しており、23条はオンラインプラットフォーム事業者の透明性報告義務を、33条は実に多くのオンラインプラットフォーマーの透明性報告義務を規定している。

COLUMN

DSAのポテンシャル――〈EU＝リヴァイアサンズ〉の挑戦

栗島智明

2022年、DPFに対するEUの新たな画期的ルールとして、「デジタルサービス法（DSA：Digital Services Act）」と「デジタル市場法（DMA：Digital Market Act）」がセットで誕生した。これによって、あらゆるユーザーの基本的権利が保護される、より安全なデジタル空間が実現するとともに、欧州単一市場の内外におけるイノベーションと成長、競争が促進されると公式に宣伝されている。

このコラムでは、このうちDSAに注目し、その制定に至る経緯と概要、特に「ピラミッド」型の規制手法と巨大オンラインプラットフォーム（VLOPs）の義務に着目して検討し、最後に、デジタル空間の統御におけるEUのポテンシャルを探ってみることにしたい。

1　DSA制定に至る経緯と概要

インターネット上の商取引について、EUではもともと「電子商取引指令」（2000/31/EC）による規制が行われてきた。これは、EU加盟国間におけるインターネット上の商取引を活性化させる目的で作られたものであり、仲介サービスプロバイダについての責任免除の規定（12条以下）を有していた。これが制定された当時、デジタル経済は登場したばかりであり、EU域内の人口に占めるインターネット・ユーザーの割合は、1999年にようやく10％を超えたところであった。つまり、ほとんどの人が、実際にはまだインターネットを利用していなかった時代である。20年後、日々のちょっとした情報収集はもちろん、買い物やホテルの予約、求人情報からエンターテイメントまで、あらゆる分野で人々がDPFに依存して生きることになろうことは、当時、誰が予想しただろうか。ましてや、DPFを介して広まる「誤情報」が、一国の民主主義を脅かすなどという事態を真剣に考える者など、ほとんどいなかっただろう。

しかし、それから時が過ぎ、現在、インターネットが生活にもたらす便利さ・豊かさとともに、その「負の側面」も、ますます明らかになってきた。ネット上では、DPFの力を借りて、ヘイト・スピーチやテロ賛美のプロパガンダが容易に拡散され、児童ポルノなどの違法なコンテンツも流通している。電子商取引指令が用意した責任免除規定は、もともと、事業者の萎縮を防止する目的で作られたものであったが、いまやDPFは、インターネットの「負の側面」にみずから積極的に対処すべきではないか、と考えられるようになった。このようにして、電子商取引指令の改正として新たに生まれたのが「デジタルサービス法（DSA）」(Regulation (EU) 2022/2065) である（ちなみに、DSAは呼称こそ「法」(act) となっているが、EUの法体系にいう「規則」(regulation) であることに注意）。

ここから分かるように、DSAとは、インターネットにおいて力を有しているDPF事業者に、従来よりも強い義務を負わせるためのEUの新たな規制の試みである。もちろん、電子商取引指令以来の免責可能性を完全に否定するものではないが、DSAの施行に従い、特に大規模なDPFの事業者は、違法なコンテンツを適切に削除する義務を負うのはもちろん、苦情申立てについてのユーザーの権利を実効的に保障し、さらには、コンテンツ・モデレーションやおすすめ・広告表示における透明性も確保していかなければならない。電子商取引指令とは異なり、DSAでは、EUおよび加盟各国の関係当局による行政的な監督・執行のための様々な仕組みが用意されていることも特徴である。

このようなDSAの最大の目的は、デジタル領域における消費者の権利・自由の保護を強化するとともに、DPF事業者が社会一般ないし民主主義に対して潜在的に有する脅威に向き合うことである。これこそ、論者によってDSAが「プラットフォーム基本法」とまで表現されるゆえんである。DSAは、2022年10月に制定され、2023年8月からの部分的施行を経て、2024年2月には完全に施行されている。

さて、DSAが用意する様々な規制内容について具体的に紹介・検討することは、本コラムの紙幅をはるかに超える。ここでは、公権力とDPFの関係という観点からとりわけ注目される「ピラミッド」方式の規制について、その意義を検討することにしよう。

2 「ピラミッド」方式とは何か——特に「巨大オンラインプラットフォーム」について

DSAの大きな特徴は、オンライン事業者の役割・規模・影響力に応じて、遵守すべき義務を加重的に定めている点にある。図に示されている通り、規制対象は4段階に分けられており、一番下位にある「仲介サービス」

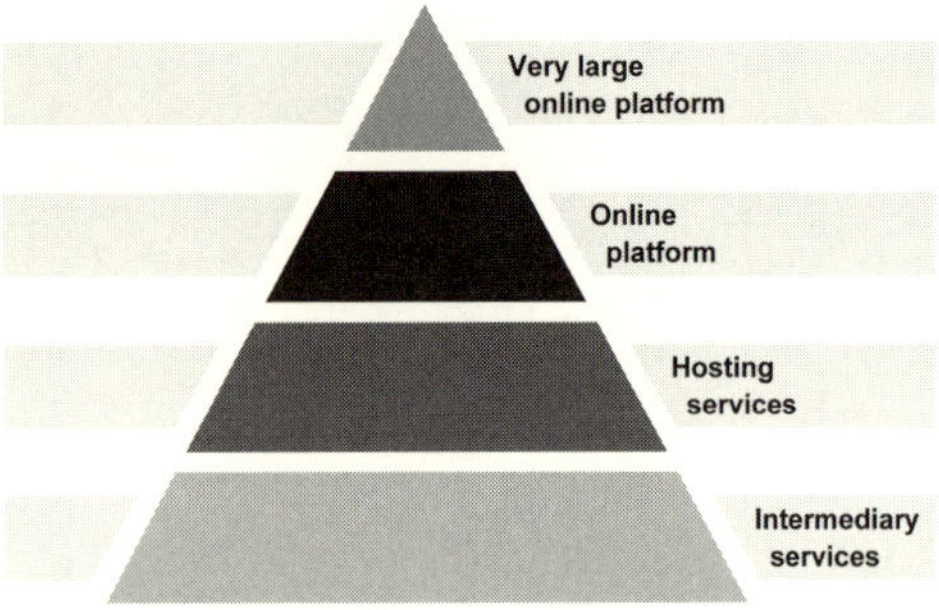

図　DSAにおける事業者の分類
（欧州委員会の公式サイトより）*1

の義務が最も少なく、そこから上にのぼって規模が大きくなればなるほど、様々な義務が課されていく構造になっている。これが「ピラミッドモデル」として呼称される、DSAの規制である。

この背景には、〈個々のプラットフォーム事業者は、インターネット上の生態系（エコシステム）において及ぼす社会的な影響の大きさに応じて、それぞれ相応の義務を負うべきだ〉とする発想が存在する（比例原則）。そして、DSAにおいて最も注目されているのは、ピラミッドの頂上に位置づけられる①巨大オンラインプラットフォーム（VLOPs：very large online platforms）および②巨大オンラインサーチエンジン（VLOSEs：very large online search engines）の規制である。これらは、EU域内における月ごとの平均アクティブ・ユーザーの数が4500万人を上回るものとして定義されており（33条1項。なおこの閾値は、EUの総人口の10％を目安としている）、前者にはFacebook、YouTube、X（旧Twitter）、Amazonを筆頭とする計20のサービスが含まれ、後者にはGoogle Search、Bingの2つが含まれる。*2

VLOPs／VLOSEsについて、欧州委員会のインパクトアセスメントでは「事実上の公共空間（de facto public spaces）」として表現されており、これらは、社会や民主主義の全体に重大な悪影響を波及的にもたらすリスク（いわゆる「システミック・リスク」）を持つものと認識されている。ちなみに、これらのサービス提供者の多くは、巨大な経済的支配力を同時に有しており、冒頭で触れた（DSAの姉妹的な存在である）DMAにいう「ゲートキーパー」としても認定されている。

さて、ここで分かることは、ファイナンスの分野や、食品安全・環境法といった分野でこれまでも採用されてきたEUの「リスク・ベース」の規制アプローチが、デジタル領域においても導入された、ということである。すなわち、機能不全の際にもたらされる影響の大きさとその蓋然性の高さに応じて、異なるレベルの規制が適用されるのである。

リスク・ベースの規制において典型的なことであるが、VLOPs／VLOSEsは、みずからのリスクについて、測定・分析・評価することが義務付けられている（34条）。ここで詳述は避けるが、古典的な行政の介入手段のほか、「規制された自己規制」のシステムや、各種の報告義務といった、様々な規制手段が巧みに掛け合わせられている。さらに注目すべきことに、（ピラミッドの中位・下位に位置づけられるサービスとは異なって）VLOPs／VLOSEsの義務違反については、欧州委員会がみずから監督し、場合によって介入をすることになっている（56条2項）。ここからも、これらの事業者の特殊なリスクに対してEUがいかに高い関心を有しているかが理解されよう。

とはいえ、あらゆるDPF事業者が、社会に対する大きなリスクを有しているわけではない。例えば、前述のピラミッドの二段目にあたる通常のオンラインプラットフォーム事業者に対しては、VLOPsと同様、ユーザーによる異議申立システムの構築や透明性報告の義務などが課される一方で、リスク評価の義務は対象とならない。

実際、民主主義を脅かしうるほどのリスクを持つDPFは、数えられる程度にしか存在しておらず、また、特に小さな事業者に対して過度な負担を課すことが将来的なイノベーションや事業発展を阻害しかねないことを考慮すれば、DSAにおいて採用された「ピラミッド」型の規制アプローチは、積極的に評価されるべきものと思われる。

3　巨大プラットフォームの制御は成功するか？

結局、「新たな支配者（new governer）」とも称される巨大オンラインプラットフォームは、DSAを通じて、今後、適正に制御されることになるのだろうか？　それとも、EUは、デジタル空間の支配者としての地位を、やはりDPF事業者に奪われていくのだろうか？

DSAはまだ施行されたばかりであり、今後どのように運用されていくかは、不明確な点も多い。そのため、EUが今後、巨大プラットフォームをうまく制御していけるかについて、現時点で断定することは残念ながら不可能と言わざるをえない。

もっとも、特にVLOPs／VLOSEsがもたらしうる社会的なリスクを適切に認識したうえで、EUで統一的な対策の試みが始まったこと自体、極めて意義深いものである。EUは約4億5千万人という巨大な人口を誇り、経済規模では、アメリカにはわずかに及ばないものの、世界のGDPの約20%を占めている。さらに、EUの規制は一般に域外の国々や企業にも影響を与え、そこでもEUの規制が自主的に遵守されるという、いわゆる「ブリュッセル効果」が見られることもよく知られている。すでに個人情報保護の分野で見られたように、デジタル領域で、このことは特に当てはまる。

巨大な「ビヒモス」を前にして、個々の国家権力（リヴァイアサン）など、もはや無力であるようにも思われる。しかし、これが一致団結したEUならばどうか？新たなデジタル空間の創出に向けたEUの取り組みからは、今後も目を離すことができない。

1　European Commission, "The Digital Services Act", https://commission.europa.eu/strategy-and-policy/priorities-2019-2024/europe-fit-digital-age/digital-services-act_en（2024年2月18日最終閲覧。以下同じ）。

2　2024年2月時点でVLOPsに指定されている20事業者は次の通り。Alibaba AliExpress, Amazon Store, Apple AppStore, Booking.com, Facebook, Google Play, Google Maps, Google Shopping, Instagram, LinkedIn, Pinterest, PornHub, Snapchat, Stripchat, TikTok, X（旧 Twitter）, Wikipedia, XVideos, YouTube, Zalando. 参照、European Commission,"Digital Services Act: Commission designates first set of Very Large Online Platforms and Search Engines" (25 April 2023), https://ec.europa.eu/commission/presscorner/detail/en/ip_23_2413; European Commission, "Commission designates second set of Very Large Online Platforms under the Digital Services Act" (20 December 2023), https://digital-strategy.ec.europa.eu/en/news/commission-designates-second-set-very-large-online-platforms-under-digital-services-act

ヨハネス・ブーフハイム（Johannes Buchheim）
マールブルク大学法学部教授。専攻：公法。担当：第4章Ⅱ。

村山美樹（むらやま みき）
青森中央学院大学経営法学部講師。専攻：憲法。担当：第4章Ⅱ訳者。

クリストフ・クレンケ（Christoph Krönke）
ウィーン大学法学部教授。専攻：公法。担当：第4章Ⅲ。

太田航平（おおた こうへい）
平成国際大学法学部准教授。専攻：憲法。担当：第4章Ⅲ訳者。

栗島智明（くりしま ともあき）
埼玉大学大学院人文社会科学研究科准教授。専攻：憲法。担当：第4章コラム。

執筆者紹介

編者

石塚壮太郎（いしづか そうたろう）
日本大学法学部准教授。専攻：憲法。担当：提言、第1章Ⅱ。

執筆者（掲載順）

山本健人（やまもと けんと）
北九州市立大学法学部准教授。専攻：憲法。担当：提言、第1章Ⅰ。

見崎史拓（みさき ふみひろ）
名城大学法学部准教授。専攻：法哲学。担当：第1章Ⅲ。

水谷瑛嗣郎（みずたに えいじろう）
関西大学社会学部准教授。専攻：憲法・メディア法。担当：第2章Ⅰ。

アナ－ベッティナ・カイザー（Anna-Bettina Kaiser）
ベルリン・フンボルト大学法学部教授。専攻：公法。担当：第2章Ⅱ。

イネス・ライリング（Ines Reiling）
ベルリン・フンボルト大学学術助手〔＊原著執筆時〕。専攻：公法。担当：第2章Ⅱ。

藤田蘭丸（ふじた らんまる）
日本大学大学院法学研究科博士後期課程。専攻：憲法。担当：第2章Ⅱ訳者。

玉蟲由樹（たまむし ゆうき）
日本大学法学部教授。専攻：憲法。担当：第2章Ⅱ訳者。

飯田匡一（いいだ きょういち）
慶應義塾大学大学院法務研究科研究員、弁護士。専攻：情報法。担当：第2章コラム。

田平恵（たひら めぐみ）
東京都立大学法学部教授。専攻：経済法。担当：第3章Ⅰ。

成冨守登（なりとみ しゅうと）
同志社大学大学院法学研究科博士課程（後期課程）。専攻：経済法。担当：第3章Ⅱ、第3章コラム。

石尾智久（いしお ともひさ）
金沢大学法学類准教授。専攻：民法。担当：第4章Ⅰ。

怪獣化するプラットフォーム権力と法　第Ⅱ巻
プラットフォームと権力
——How to tame the Monsters

2024年9月5日　初版第1刷発行

編　者————石塚壮太郎
発行者————大野友寛
発行所————慶應義塾大学出版会株式会社
〒108-8346　東京都港区三田2-19-30
ＴＥＬ〔編集部〕03-3451-0931
〔営業部〕03-3451-3584〈ご注文〉
〔　〃　〕03-3451-6926
ＦＡＸ〔営業部〕03-3451-3122
振替 00190-8-155497
https://www.keio-up.co.jp/
装　丁————鈴木衛
印刷・製本——萩原印刷株式会社
カバー印刷——株式会社太平印刷社

Printed in Japan ISBN978-4-7664-2979-4